인류세 시대의 생활개벽

조성환

작년 1월, '인류세(anthopocene)' 개념을 널리 알린 네델란드의 대기화학자 파울 크뤼첸(Paul J. Crutzen, 1933~2021)이 세상을 떠났다. '인류세'란 간단히 말하면 "인간의 행위가 지구의 환경을 변화시키는 시대"라는 뜻이다. 한나 아렌트식으로 말하면 "인간의 활동이 인간의 조건을 변화시키는 시대"인 셈이다. 우리가 무심코 버리는 쓰레기 하나하나, 플라스틱 하나하나가 우리의 생존 조건에 위협을 가하는 시대에 살고 있다는 뜻이다. 그렇다면 인류세 시대에 우리는 무엇을 해야 하는가? 어떤 삶을 살아야 하는가? 그것은 『중용』식으로 말하면 우리의 행위를 삼가고 조심하는 '신행(愼行)'이 될 것이다. 동학적으로 말하면 우리의 활동을 경건하게 하는 '경행(敬行)'이라 할 수 있고, 개벽파의 개념으로 말하면 라이프스타일을 바꾸는 '생활개벽'이 될 것이다.

이번 동학 특집호에도 시민사회에서 동학을 매개로 삶의 양식을 개선하려고 하는 운동가들의 글을 모았다. 13명의 저자들 중에는 대학교수도 있고 공무원도 있다. 디자이너도 있으며 대학원생도 있다. 그러나 이들은 모두 각자 자기 분야에서 더 좋은 사회를 만들기 위해 진지하게 고민하고 실천하는 분들이다. 이런 분들의 행위와 활동이 더 좋은 세상을 만들어 가는데 밑거름이 되리라 확신한다. 이런 주옥같은 글들을 『다시개벽』에 실을 수 있어서 행복할 따름이다.

먼저 <다시 뿌리다>에서는 동학을 하는 시민(侍民) 세 분의 목소리를 담았다. 하나같이 도시와 농촌에서 인문학의 씨를 뿌리는 실천가이다.

여성동학다큐소설 『비구름을 삼킨 하늘』의 저자 이상미의 「나대다, 유랑하다, 행동하다—어느 여성의 시민활동 성장기」는 제목에 나타난 그대로 일종의 '성장 에세이'다. 헤르만 헤세의 『데미안』이나 카프카의 『변신』의 동학 버전 같은 느낌이다. 아이의 건강 문제로 우연히 공주로 이사 와서, 그리고 동학을 만나서, 어떻게 자신이 평범한 주부에서 '행동하는 시민(侍民)'으로 변해갔는지를 자기고백적으로 서술하고 있다.

그런 점에서 공감하는 바가 컸다. 나도 원광대에 가서 동학과 개벽을 만나지 않았다면 지금 이런 일을 하고 있지는 않았을 테니까 말이다. 내가 원광대에서 식민도시+개벽도시 '익산'을 재발견했듯이, 저자도 '공주'에서 자신의 정체성을 새롭게 발견하고 변화된 삶을 살게 되었다고 고백하고 있다. 그런 점에서 저자의 글은 일종의 '도시인문학'이자 '개벽문학' 같은 느낌도 불러일으킨다. '공주'라는 작은 도시에서 전개하고 있는 여성운동, 어린이운동, 예술운동, 인문운동의 목적을 "그 어떤 이유로도 억압받지 않고 자기 자신으로 살아갈 수 있는 개벽 세상을 위해 함께 행동하는 것"이라고 밝히고 있기 때문이다. 저자의 열정과 이상이 곳곳에 배어있는 글이다.

시골에서 되살림운동을 하는 김은정의 「되살림: 천지마음을 그리워하는 re;design」은 한때 '인문디자인'과 '살림철학'에 심취한 적이 있던 나로서는 반가운 글이었다. 저자는 한국말 '살림'과 한자어 '拙(졸)'에 담긴 미학적 의미에 주목하면서 살림과 서툼의 아름다움을 피력하고 있다. 양자를 합치면 '시골살림의 미학[拙生美學]'이라고 할 수 있을 것이다. 여기에서 '살림'은 "생명을 키우는 일상의 아름다움"이고, '되살림'은 "품어서 다시 살리는 것"을 의미한다. 그것은 마치 겨울이 가면 봄이 되살아나는 자연의 생생(生生)의 운행과 같다. "촌스러운 시골이 아름다운 것은 되살림의 자연과 가까이 있기 때문이다"는 저자의 말이 귓가에 맴돈다.

전주시 공무원이자 인문강좌 기획자인 오충렬 주무관의 「한 젊은 청년의 초상—내 마음의 평화를 찾아서」는 이상미의 「나대다, 유랑하다, 행동하다—어느 여성의 시민활동 성장기」처럼 한 편의 자전적 에세이 같은 느낌이다. 게다가 도시에서 동학을 공부하면서 인문학을 하는 도시인문학이자 도시동학이라는 점도 다르지 않다. 다만 이상미의 글이 소설적이라면 오충렬의 글은 시적이다. 그것도 농촌을 노래하는 시이다. 그런 점에서는 김은정의 「되살림: 천지마음을 그리워하는 re;design」과 비슷한 느낌이다. 실제로 저자는 어렸을 때 꿈이 농부였고, 그래서 농대에 진학했다고 밝히고 있다. 그래서인지 저자의 글에는 소년의 향기가 묻어난다. 그 소년은 도시에 살지만 농촌을 사랑하고, 공무원을 하면서도 인문학을 함께하며, 시대의 변화에도 철학적 고민을 놓지 않는, '양행(兩行)'을 하는 시민인문학도이다.

이어서 <다시쓰다>에서는 동학 연구자들의 글 6편을 실었다. 대부분이 동학을 연구하면서 경험했던 '고민'들을 담고 있다. 필자 중 절반이 20-30대 소장학자들인 것도 주목할 만하다.

먼저 「동학이어야만 말할 수 있는 것들을 위하여」의 저자 유신지는 한국현대문학을 연구하는 소장학자로, 『다시개벽』 2호에 「개벽문학의 현황과 전망」이라는 글로 독자들에게 인사를 드린 적이 있다. 이 글은 기타지마 기신(北島義信) 명예교수가 발행하는 『リ-ラ-(遊) vol.12 "宗教観対話と平和構築"』(2022.03)에 「開闢文学の動向と課題」라는 제목으로 일본어로 번역되어 실리기도 하였다.

이번에 쓴 글은 한국문학에 나타난 동학사상을 연구하는 소장학자로서의 깊은 고민을 담았다. 글을 읽는 내내 최근에 원광대학교 동북아시아인문사회연구소에서 발행하는 《동북아로(路)》 vol.6에 실린 일본의 동학연구자 나카츠카 아키라 명예교수(1929~)의 인터뷰 제목이 생각났다. 그것은 "나는 왜 동학을 연구하는가?"이다. 저자 역시 자신이 '동학문학'을 연구하면서 겪어야 했던 '정당화의 경험'들을 소개하고 있다. "왜 서양철학과는 달리 동학을 연구하려면 이런 변명들을 해야 하지?" 생각해보면 나 역시 지난 10년 동안 비슷한 경험을 한 것 같다. 거기에 대한 나의 답은 "우리의 정신이 식민지화되어 있기 때문"이라는 것이었다.

동학농민혁명 연구자이자 사범대학에서 학생들을 가르치고 계시는 김태웅의 「동학농민혁명사는 이웃과 동네의 역사가 되어야 한다」는 연구와 교육에 두 발을 딛고 있는 분의 글이어서 그런지 생생하고 호소력 있다. 최근에 여주에서 있었던 동학농민혁명 학술대회에서 "지역사로서의 동학 연구와 동학교육"을 주제로 발표하시는 것을 듣고, 내용이 너무 좋아서 무리하게 원고를 부탁드렸다. 아울러 이날 학술대회의 발표를 듣고 "동학, 어떻게 할 것인가?"가 지금 시대의 화두가 되고 있다는 확신을 얻었다. 동학에 관한 교과서 서술의 문제점과 동학을 보는 지역 간의 견해차 등을 지적하면서 구체적인 대안을 제시하고 있는 점이 경청할 만하다고 생각한다.

종교학자이자 동학연구자인 김남희의 「동덕(同德)이 동덕(動德)하는 세상」은 동학의 '영부'와 '주문'을 수양론의 관점에서 새롭게 해석하고 있다. 수운은 신비 체험을 통해 상제로부터 영부와 주문을 받았지만, 그것을 탈주술화하여 '신경성(信敬誠)'의 도덕을 완성해 나가는 동학 고유의 수양론으로 정립하였다는 것이다. 아울러 이러한 수양을 하는 동학인(東學人)을 '동덕(同德)'이라고 부르는데, 동덕은 단지 사적 차원의 신앙 활동을 하는데 머무르지 않고, 사회 안에서 공적 역할을 다하는 '시민'을 말한다고 주장하고 있다. 천도교 도인들이 서로를 부르는 '동덕' 개념을 "덕의 사회화를 실천하는 시민"으로 해석한 점이 돋보인다.

「동학의 다양한 목소리」의 저자 박병훈은 문학과 종교학적 관점에서 동학을 연구하는 소장학자이다. 2020년에 지도교수인 최종성과 공동으로 번역한 『시천교조유적도지—그림으로 읽는 또 다른 동학사』를 간행하였다. 동학에는 천도교뿐만 아니라 시천교, 동학교, 수운교와 같이 다양한 갈래가 있으며, 각각의 특징을 지니고 있다는 문제의식 아래, 그동안 소외되어 왔던 "복수의 동학들"을 추적하는 작업을 하고 있다. 실은 나도 이런 선행연구의 자극을 받아 최근에서야 '시천교'에 관심을 갖게 되었다. 그리고 시천교 계열에서 동학의 역사를 정리하고 문헌을 보존하는 작업에 공을 들였다는 사실을 알게 되었다. 이 글은 본문의 서두에 인용되고 있는 최종성의 『동학의 테오프락시—초기동학 및 후기동학의 사상과 의례』와 같이 보면 이해에 도움이 될 것 같다.

한국정치사상을 연구하는 중견학자 이나미의 「김치와 우리 민족」은 여러 가지 점에서 흥미로운 글이다. 먼저 동학을 통해 본 '한국인론'이다. 이런 시도는 아마 처음이지 않을까 생각한다. 게다가 중국, 일본과의 비교까지 시도하고 있다. 이런 비교를 통해 동아시아 삼국의 차이를 강조하는 데서 그치지 않고, '배타적 민족주의'를 극복할 수 있는 '시너지적 민족주의'를 제안하고 있는 점이 미래지향적이다.

특히 한국 남성과 한국 여성의 "쌍방이 모두 미워하는 대상은 (남성 일반이나 여성 일반이 아니라) 한국인"이라는 지적이 인상적이었다. 최근에 어린 딸들과 같이 본 추억의 만화 「달려라 하니」(1988)에서도 비슷한 장면을 보았기 때문이다. 국제대회에 처음으로 출전한 하니의 적수는 외국인이 아니라 같은 한국인이었다. 외국 선수는 오히려 부상 중에도 선전하는 하니를 격려해 주고 갔다.

마지막으로 현대유럽 정치철학자인 양진석의 「시천적 민주주의를 향하여」는 이번 호에서 인터뷰 다음으로 긴 글이다. 먼저 유럽철학 연구자가 동학에 대해서, 그것도 논문 2편 분량의 방대한 학적인 글을 투고해 주신 데 대해 편집위원의 한 사람으로서 깊은 감사를 드린다. 이 글은 제목에도 드러나듯이 "동학의 시천주 사상을 바탕으로 한 민주주의의 기획을 위한 예비작업"이다. 그리고 그 이론적 작업에는 사회학자 김상준의 '중층근대성론'이 바탕에 깔려 있다. 이것은 나의 동학 이해에 기타지마 기신의 '토착적 근대론'이 깔려있는 것과 유사하다.

그러나 저자가 비판하고 있는 토착적 근대론은 '한국식 근대화론'은 아니다. 오히려 저자가 주장하는 '한국적 근대성'에 가깝다. 왜냐하면 나는 '한국식 근대화'라는 말을 쓴 적도 없고, 무엇보다도 '한국식'이라는 표현 자체를 꺼려하기 때문이다. 이 점은 최근에 쓴 「동학의 자생적 근대성: 해월 최시형의 인간관과 세계관을 중심으로」(2020)에도 표현되어 있다. 나는 '자생적'이라는 말을 선호한다. 이 점은 허남진과 박맹수도 마찬가지라고 생각한다.

그리고 토착적 근대론은 동학이 한국만의 독특한 근대성이라는 것을 주장하는 데 의미가 있는 것이 아니라, 오히려 정반대로 인도나 아프리카, 남미 등에서 공통적으로 볼 수 있는 세계사적 사건의 하나라는 것이 핵심이다. 다만 이들의 공통점은 하늘이나 사티아 그라하, 우분투와 같은 토착 개념 내지는 토착 사상으로 제국주의에 대항하는 사상운동을 전개했다는 점이다. 또한 나를 포함하여 박맹수와 허남진은 저자가 비판하는 이데올로기적 기획을 옹호하는 입장이 아니라, 오히려 저자가 지향하는 생태적 전환 기획에 가깝다. 이 점은 박맹수의 『생명의 눈으로 보는 동학』(2014)이나 허남진의 「통합생태학의 지구적 전개」(2021) 또는 나의 「생태문명에 관한 동서양의 대화—토마스 베리와 해월 최시형을 중심으로」(『동학의 재해석과 신문명의 모색』 2021)을 보면 쉽게 알 수 있다. 그리고 이러한 입장은 안효성의 「동학의 토착적 근대성과 생명평화사상」(2019)에서 지지해 준 적이 있다. 이렇게 보면 오히려 저자가 비판한 박맹수, 조성환, 허남진의 입장은 저자가 지향하는 방향성과 상통한다고 생각한다.

<다시말하다>의 「차옥숭, 모든 종교는 '나 없음'에서 만난다」는 지난 호와 마찬가지로 편집장이 가장 공을 들인 코너이다. 이번 호에서 가장 긴 글이고, 가장 많은 시간이 투자된 글이다. 이 인터뷰에서 우리는 한국 현대사의 주요한 현장들이 마치 영화의 한 장면처럼 등장하는 것을 볼 수 있다. 한 사람의 인생에 이렇게 많은 이야기가 담겨있다니—. 인터뷰를 정리한 홍박승진 편집장은 후기에서 "역사가 통째로 다가오는 느낌이었다"고 술회하고 있는데, 나도 인터뷰를 하는 내내 같은 느낌을 받았다.

게다가 인터뷰의 주인공 차옥숭 교수는 이미 2000년대에 서양의 생태신학을 섭렵하였고, 그것을 다시 해월동학과 연결시키고 있다. 이제야 이 분야

를 연구하기 시작한 나로서는 놀라울 따름이었다. 우리에게는 이러한 선구적
이고 귀중한 연구자들이 곳곳에 숨어 있다는 사실을 인터뷰를 통해서 새삼 알
게 되었다. 이것이 "다시 말하고 다시 듣다"의 힘이 아닐까?

　<다시읽다>에 실린 권수현의 「'한남 콘텐츠'는 어떻게 혐오를 부추기는
가? ─ 넷플릭스 <지금 우리 학교는>의 '서사'가 초대하는 폭력의 향연」에서
는 시점을 현대로 돌려서, 최근 들어 사회적 이슈가 되고 있는 이성(異性) 간의
'혐오' 문제를 다루고 있다. 2022년 1월에 넷플릭스에 공개된 <지금 우리 학
교는>은 좀비 바이러스로 인해 끔찍한 재난 현장이 되어버린 고등학교를 무
대로 한 학원 좀비물이다. 저자는 이 작품이 우리에게 익숙한 폭력과 혐오 코
드를 활용하면서, 잔인한 폭력을 정당화하고 성차별적 혐오를 부추기고 있다
고 지적하고 있다. 아울러 이와 같은 무성의한 콘텐츠는 폭력과 혐오의 바이
러스를 전 세계에 전파하는 거대한 숙주에 다름 아니라고 비판한다.

　마지막으로 <다시잇다>에서는 『개벽』과 『천도교회월보』에 실린 두 편의
글을 소개하였다.

　먼저 원암재 오지영의 「시자문답(侍字問答)」은 1910년 9월~1911년 1월에
『천도교회월보』에 실린 글을 세 편의 글을 동학/천도교 연구자 박길수가 현대
어로 번역한 것이다. 나는 '오지영'이라는 이름만 들어도 가슴이 떨린다. 오지
영은 나의 고향이자 직장이 있는 익산에서 일제강점기에 천도교 운동을 한 인
물이기 때문이다. 무엇보다도 그는 처음부터 국학문 혼용을 쓰지 않고 한글을
고집하였다. 그런 의미에서 같은 익산에서 활동한 소태산 박중빈이나 가람 이
병기와 상통한다. 이들도 하나같이 한글경전, 한글시조 운동을 한 인물들이었
기 때문이다. 그러나 아직 오지영은 『동학사』의 저자로만 알려져 있을 뿐 『오
지영전집(3권)』에 담긴 그의 사상은 전혀 연구가 되어 있지 않다.

　「시자문답」은 아직 '한울'이라는 개념이 등장하기 이전에 쓰여진 일종의
'ᄒᆞᄂᆞᆯ철학'이다. [편역자 주]에서 밝히고 있듯이, 이 시기는 ᄒᆞᄂᆞᆯ이나 하ᄂᆞᆯ 또
는 ᄒᆞᄂᆞᆯ 등이 혼용되던 시기이다. 내가 조사한 바에 의하면 「시자문답」의 마

지막 편이 나온 지 5개월 뒤에, 『천도교월보』 1911년 6월호에 처음으로 이종일과 오지영이 '한을(님)'이라는 표현을 쓰기 시작한다. 그리고 같은 해 12월호에 처음으로 '한울' 개념이 등장한다. 따라서 「시자문답」은 '한울' 개념이 나오기 전에 'ᄒᆞ늘' 개념으로 철학을 한, 그것도 하늘의 의미를 문답형식으로 재구성한 선구적인 문헌인 셈이다. 오지영의 이 작업이 이후에 이돈화의 '한울철학'으로 이어졌음은 두 말할 필요도 없다. 그런 의미에서 이돈화의 『신인철학』 서두에 나오는 한울철학은 오지영의 「시자문답」을 잇고 있다고 할 수 있다.

　이어서 김명옥의 「활동으로부터 초월로—전 인간의 연화(軟化)를 구제하고 치유하는 한 방안으로」는 『개벽』 20호(1922년)에 실린 소춘 김기전의 글을 현대어로 번역한 것이다. 김기전(1894~1948)은 니체 연구자 김정현에 의하면, 니체 철학을 한국에 처음으로 소개한 선구적인 인물이다. 1920년에 『개벽』 창간호에 실린 「힘[力]만능주의의 급선봉 푸리드리히 니체 선생을 소개함」이 그것이다. 그로부터 2년 뒤에 쓴 글이 「활동으로부터 초월로」이다. [해설]에서도 지적하고 있듯이, 제목에 나오는 '초월'에서부터 니체의 그림자가 느껴진다. 그런데 그 '초월'을 과거의 인습[因循]에서 벗어나는 것으로 해석하고 있는 점이 개벽파답다는 생각이 든다. 또한 "성벽 속에 유폐된 당신의 자아를 해방하여 우주의 대(大) 자아에 접속하게 하라"는 메시지는, 서구 근대의 자폐적 '자아' 개념을 뛰어넘고 있다는 점에서, 니체의 초인(超人)과 장자의 대아(大我)와 이돈화의 '한울'을 연상시킨다.

　이상으로 이번 호에 실린 13편의 글을 간략히 소개하였다. 하나 같이 귀중하고 의미 있는 글들이라 <권두언>을 쓰는데 일주일 가까이 걸렸다. 때문에 이번 호의 발행도 많이 지체되었다. 독자 여러분의 넓은 양해를 바란다.

RE: ACT

나대다, 유랑하다, 행동하다

어느 여성의 시민활동 성장기

이
상
미

【저항과 투쟁의 도시 공주에서 살다】

내가 현재 살고 있는 곳은 공주시 금학동이다. 집에서 도보로 10여 분 거리에는 동학농민혁명 당시 큰 싸움터였던 우금티가 있다. 128년 전 수많은 동학농민혁명군이 목숨 걸고 싸워 넘고자 했지만 끝내는 실패하고 "무르팍으로 내밀어도 나갈 수 있었는데, 주먹만 내질러도 나갈 수 있었는데…"라는 통한의 구전이 남아 있는 바로 그 우금티 너머에서 매일매일 살아가고 있다.

공주로 이사를 온 것이 1999년 5월이었고 지금까지 23년을 살고 있으니 이곳은 나에게 제2의 고향이다. 2002년은 온 나라가 월드컵으로 들썩이던 해였고, 나는 월드컵이 끝난 다음 날에 둘째 아이를 낳았다. 그 아이가 6개월 될 즈음 아토피 증상이 나타났고 나는 부랴부랴 안전한 먹거리에 대해 고민하게 되었으며 다행스럽게도 공주생활협동조합(이하 '공주생협')을 만났다. 그 당시에는 생협 조합원이 되면 교육을 받았는데 어쩌면 내 생애 처음 받게 된 의식화(?)교육이었다. 벌써 20년이 지난 일이라 교육 내용은 기억나지 않지만 생협의 역사와 의미, 안전한 먹거리 등에 관한 것이 아니었나 싶다.

공주생협에서 여러 사람들과 만나면서, 며느리, 아내, 엄마 등 가정에서만 머물렀던 내가 사회로 눈을 돌리게 되었다. 이후 평범하고 조용한 중소도시 공주가 아닌 저항(하는)의 도시의 면모를 알게 되면서, 나는 서서히 투쟁하는 사람으로 변화해 갔다.

그 첫 시작은 2006년 전국적으로 격렬한 사회적 저항과 투쟁을 일으켰던 FTA 반대 시위였다. 공주에서도 사)동학농민전쟁 우금티기념사업회(이하 우금티기념사업회)나 공주농민회 등이 소속 된 공주민주단체협의회와 공주생협처럼 식량주권과 안전한 먹거리에 관심 있는 조직이 모여 공주시민들에게 FTA의 부당함에 대한 선전전과 거리 시위에 동참하며 연대한 기억이 생생하다. 이 경험은 나를 다시 2008년 미국산수입소고기반대 촛불시위 현장에 서게 했다. 전국적으로 번진 미국산수입소고기반대 촛불시위는 공주에서도 열렸으며, 이 현장에서 공주생협에서는 그 어느 때보다 적극적으로 조합원들을 조직하고 자체 부스를 열어 먹거리 등을 제공하며 동참하였다. 그 이후 2010년 4대강 반대시위를 비롯하여 2016년 박근혜정권퇴진 민중총궐기 현장과 2018년 젠더 이슈 관련 시위 등 수많은 저항과 투쟁의 현장인 공주의 거리에서 혹은 서울의 광화문 일대에서 민주시민으로서의 역할에 충실하려 노력했다. 그 현장에서 함께했던 많은 사람들이 지금의 내 삶에 큰 영향력을 주었다.

그중 한 대표적인 분이 정선원 선생님이다. 선생님은 공주생협을 만든 초기 조합원이기도 했지만 중학교 역사 선생님으로, 우금티기념사업회 이사로 활동을 하시는 중이었기에, 나도 자연스럽게 동학에 관심을 가지게 되었다. 선생님은 공주시 전역에 흩어져 있는 동학에 관련된 사람들이나 이야기들을 직접 찾아다니면서 구전 자료를 수집하고 책으로 엮는 등 공주지역의 동학 역사의 발굴과 발전에 큰 공헌을 한 분으로, 내가 여성동학다큐소설 공주편(『비구름을 삼킨 하늘』, 모시는사람들, 2015)을 쓸 때 자료를 제공한 일등 공로자이다. 나는 책을 쓰기 이전부터 선생님께 강의도 듣고 함께 공주 동학의 발자취를 따라 답사를 다니기도 했다. 하지만 나에게 공주 동학의 강력한 첫 기억을 남겨준 것은 거리 축제이다.

우금티기념사업회는 공주에서 동학농민혁명 정신을 계승하고자 1993년에 결성되었으며 매년 우금티 전투일인 10월~11월 즈음에 우금티추모예술제를 연다. 이 행사는 현재 우금티 현장을 중심으로 추모 제례, 추모 예술제, 청소년과 함께 하는 공주 동학 답사 등으로 진행되지만 기억하기로는 2006년까지도 참여자들과 시민들이 공주시의 구 중심 시가지 도로 한쪽을 막고 거리를 행진하는 큰 거리 축제였다. 나도 공주생협 조합원들과 참여하여 행사 전 미리 모여서 대나무로 만든 커다란 쌀 모형을 아이들과 함께 밀고 끌며 거리행진을 하면서 우금티까지 걸어갔다.

또 다른 인연으로는 공주생협 조합원 중에는 어린이책시민연대 공주지회(이하 '어시연 공주지회') 회원들이 몇 명 포함되어 있었다. 나는 공주생협 활동가로 어시연 공주지회 회원들과 함께 하는 사업을 진행하기도 하고 서로의 행사에 참여하면서 얼굴을 익혀 회원 가입을 했다. 어시연 공주지회는 공주책읽는시민행동(이하 '시민행동')을 거쳐 현재의 공주책읽는여성행동(이하 '공책여행')으로 완성되었고, 이 여성들이 내 삶의 소울메이트가 되었다. 공책여행은 주1회 책을 읽고 생각을 나누며 성평등한 민주사회 발전을 위해 민주시민으로서 행동하는 여성단체이다. 나는 이 단체의 회원으로 15여 년 동안 어린이책을 비롯하여 동학 관련 책과 현재의 페미니즘 관련 책 등 수많은 책을 읽었고 생각을 나누었으며, 때로는 치열한 토론을 통한 비판적인 생각이 행동으로 이어지도록 내 삶을 변화시켰다.

【여성동학다큐소설에 도전하다】

내 삶의 가장 큰 도전 중 하나는 여성동학다큐소설 공주편의 저자로 참여한 것이다. 지금 다시 생각해도 무모한 도전이었고 13권의 책이 완성된 것은 하늘과 사람들이 함께 만든 기적이다.

처음 고은광순 선생님이 "각 지역의 여성들을 모아서 여성동학다큐소설을

공책여행 구성원들

쓰고 싶은데 함께 할 수 있냐?"는 제안을 했을 때 당연히 단번에 거절했다. 하지만 지인들의 부추김(?)과 그때 내 나이가 마흔다섯 살로, 앞으로 살아갈 날이 그동안 살아온 날보다 많지 않을 것이니 뭐가 두려운가 하는 자각과 함께 이 역사적이고 거대한 프로젝트에서 빠지면 두고두고 후회할 것 같았다. 그리하여 2013년 겨울 끝자락, 동학을 창시한 수운이 태어나고 천도를 받았다는 경주 용담정에 15명의 여성들이 모였다. 한의사, 현직교사. 명상지도자, 인권운동가, 시민활동가, 동학도의 자손까지 사는 곳도 나이도 직업도 정체성도 다른 여성들은 10일 동안 천도교인들과 합숙하며 동학과 동학사상 등을 몸으로 체험하며 배웠다. 우리의 최종 목표는 동학농민혁명이 일어난 지 120년이 되는 2014년까지 각자 자신들의 지역을 대표하여 여성동학다큐소설을 쓰고 출판하는 것이다. 문제는 1년 안에 동학 관련 역사장편소설을 써야 하는데, 15명 중 소설을 쓴 경험이 있는 사람은 단 한 명이었고 그것도 청소년소설이었다. 창작소설도 힘든데, 역사적 사실에 대한 자료를 수집하고 조사하고 공부하고 스토리를 구상하고 기타 등등 전문가도 몇 년이나 걸린다는 그 어마어마한 것들을 '쌩초보자(?)'들이 그것도 15명이 집단으로 책을 낸다는 것은 거의 불가능한 일이었다(라고 나는 예정보다 1년 뒤인 2015년 12월에 책이 완성되기 직전까지 확신했다). 실제로 초기에 우리가 쓴 초고는 소설이라기보다 논문에 가까웠다.

'동학언니'(동학다큐소설 작가 집단을 이렇게 불렀다)들은 본격적으로 집단적 소설 쓰기를 위해 한 달에 한두 번 청산 고은광순 선생님의 집에 모였다. 눈앞에 저수지가 펼쳐지고 계절마다 다르게 변하는 주위의 풍경이 그림 같은 청산 고은 광순 선생님의 자택에서 1박 2일 동안 동학언니들(직접 책을 쓰신 분들 말고도 이런 저런 도움을 주신 여성들이 더 많았다)과 함께하는 날들이 나에게는 힐링의 시간이었다. 소설을 써야 한다는 어마어마한 부담감도 있었지만 동학언니들로 묶여 따로 또 같이 여성동학다큐소설로 다가간다는 그 말할 수 없는 충족감으로 중간에 멈출 수 없는 이유였다.

그리고 우리에게는 동학에 관한 것은 무엇이든 물어보면 척 척 척 대답해 주시는 동학 전문가 박맹수 선생님이 있었다. 선생님은 처음 경주 용담정에서 시작할 때부터 소설이 출판된 마지막까지 함께 하면서 그동안 쌓아 오신 동학에 관련된 모든 지식을 아낌없이 나눠주셨고, 중요한 동학 유적지 답사 안내까지 맡아주셨다. 그 외에도 많은 분들이 기꺼이 도움을 주셨다.

하지만 이런 도움 외에 소설에 대한 기본적인 지식이 전무 했으므로 책모임에서 매주 책을 읽고 토론을 하고 가끔 발제를 하며 글을 쓴 경험이 그나마 내가 믿고 있는 전부였다. 고맙게도 어시연 공주지회의 책 목록에 동학 관련 책 추천이 받아들여져서 거의 1년여를 회원들과 함께 동학을 공부하고 이해하는 기회가 되었다. 이후 어시연 공주지회부터 현재의 공책여행에 이르기까지 공주의 동학 관련 행사에 연대단체로 참여하고 있으며 개별적으로는 우금티기념사업회 이사, 우금티전적알림터 지킴이, 공주동학해설사로도 활동하고 있다.

역사소설의 가장 기본이 되는 것은 역사적 사실을 왜곡하지 않으면서 소설적인 재미가 함께 들어가도록 하는 것이라고 생각한다. 더구나 내가 써야 하는 역사소설은 동학과 공주 그리고 여성이라는 분명한 키워드가 있었다. 이것을 실현하기 위해 특히 공주 지역의 실존 인물인 윤상오, 이유상, 장준환, 임기

준, 오정선에 대한 공부에 집중했다. 하지만 그들에 대한 역사 기록은 한두 줄 뿐이었고 시대도 조선 후기였으니 책상 앞에 앉아 머리카락을 쥐어뜯으며 텅 빈 노트북만 바라본 날들의 연속이었다. 그러나 한 줄이라도 뭐가 되든지 써 본 후에 서로의 글을 읽어 보고 피드백을 주면서 집단적 글쓰기를 한 동학언 니들과 몇 번을 썼다 엎었다 하면서 말도 안 되는 이야기를 들어주고 여성 주 인공인 의령이라는 이름도 지어준 어시연 공주지회 여성들의 전폭적인 지지로 조금씩 소설의 윤곽을 잡을 수 있었다.

내가 쓴 여성동학다큐소설 공주편은 이렇게 많은 사람들의 연대와 관심으 로 함께 완성한 소설이다. 그럼에도 불구하고 소설을 쓴다는 것은 자신만의 세계관을 드러내야 하는 고독하고 고통스러운 작업이다. 최종적으로 주인공 인 여성만 빼고 모두 실존 인물로 역사적 사실에 이야기를 덧붙이는 방식으로 구성하였지만 가장 큰 고민은 '내가 이해한 동학과 동학사상을 어떻게 소설 속에 녹여낼 수 있을까'였다.

동학에서는 모든 사람은 각자 한울님을 모시고 있는 존재라고 한다. 내 존 재와 타인의 존재를 넘어 우주의 숨쉬는 모든 생명체를 존중하며 이를 행동 으로 실천하는 것이 동학의 핵심이다. 이처럼 동학을 배우며 동학사상의 많은 부분에 감화되었는데 그중 하나가 바로 유무상자(有無相資)였다. 선한 동기(마 음)라도 가진 자가 못 가진 자에게 베푼다(준다)는 것은 그 관계의 불평등함이 이미 깔려 있다. 그러나 가진 자(유)와 못 가진 자(무)가 서로(상) 나눔 혹은 의 지함(자)에는 평등한 관계가 전제된다.

내가 이해한 동학의 인간과 생명체에 대한 존중과 유무상자의 평등은 현 재 우리 시대에 가장 필요한 것이기도 하다. 이런 동학이, 동학사상을 행하는 사람들이 불과 120년 전에 이 땅에서 살고 있었고 새로운 개벽 세상을 위해 전국에서, 그리고 공주에서도 수많은 사람들이 목숨을 바쳐 싸웠다는 사실을 소설적 재미와 감동을 통해서 알리고 싶었다. 그동안의 동학 소설과는 다르게 여성의 눈을 통해서 말이다.

여성동학다큐소설이 주인공이 여성이라는 점 말고도 여성의 주체성, 여성과 주변 인물들과의 관계, 여성을 표현하는 방식 등이 총체적으로 여성주의적 관점이어야 한다는 것을 안타깝게도 나는 책을 쓰고도 한참 후에 알았다. 현재 젠더교육활동가로 내가 쓴 소설을 평가한다면 어떤 장면들은 너무 부끄러워 전국에 흩어져 있는 책들을 모두 회수하여 다시 고쳐 쓰고 싶은 심정이다.

동학에서 여성을 존중한 이야기들 가령, 수운이 천도를 깨닫고 처음 한 일이 부인에게 큰절을 하는 것이고, 두 명의 여성 노비를 해방 시켜 딸과 며느리 삼았다는 이야기가 그 대표적이다. 그래서 우금티예술제에 참가하는 공책여행의 구호는 '성평등의 시작은 동학이다'에서 '페미니즘의 시작은 동학이다'로 정했으며, 이는 여성동학다큐소설 공주편을 위해 함께 읽고 이야기 나누고 행동한 결과이다.

【공주책읽는여성행동과 페미니즘 공간 '나,됨'을 만들다】

2021년 공책여행 총회에서 나는 개근상을 받았다. 코로나19가 창궐하는 불안한 시기에도 눈이 오나 비가 오나 한결같이 공책여행 여성들을 만나서 위로를 받았으니 당연한 결과이다. 여성에게 안전하고 자유롭게 이야기 나눌 수 있는 사람과 공간이 있다는 것은 축복이다. 이 공간을 만들기 위해 함께 한 사람들이 너무나 고맙고 소중하다.

공책여행의 전신인 어시연 공주지회는 공주도서관에서 정기모임을 했다. 지금처럼 주 1회 모여서 책을 읽고 이야기를 나눈 후에 점심을 먹고 차도 마시면서 아이들이 유치원이나 학교에서 돌아오기 전까지 충만하고 해방된 시간이었다. 그러나 빌려 쓰는 공간은 제약이 너무 많았다. 정해진 시간에만 이용할 수 있었고 매주 모임이 끝난 후에 밥 먹고 차 마시는 돈도 너무 아까웠다. 가끔은 아이들을 데리고 함께 놀 수 있는 우리만의 아지트가 필요했다. 몇

년 동안 이 문제를 고민하다가 숙원사업이 되어 버렸다. 그러다가 2015년 12월에 나를 포함한 회원 4명이 모여서 공주 옥룡동에 보증금 5백만 원에 월세 20만 원의 2층 상가를 계약했다. 드디어 정성껏 구운 빵을 나눠 먹을 수도 있고 책을 읽고 이야기하고 아이들과 함께 맘껏 떠들며 놀 수 있는 우리의 아지트가 생긴 것이다. 비록 한여름은 에어컨이 없어서(다행히 1년 후에 후원 받았음) 못 모이고, 한겨울에는 아지트 주방의 수돗물이 얼고 밖에 있는 화장실이 터져서 계단으로 물이 폭포처럼 흘러내려서 1년에 4개월 이상 아지트 이용이 불가능했지만 말이다. 하지만 3년의 시간을 보낸 옥룡동 아지트는 가부장제 안에서 여성으로 산다는 것에 대한 절망을 서로 치유해 주는 집단적 상담의 공간이자 서로에게 용기와 힘이 되는 깊은 우정의 장소였다. 그리고 어릴 때부터 엄마 따라 왔다가 의도치 않은 공동육아가 되어 함께 놀기도 하고 온갖 시위 현장에 따라다닌 아이들은 엄마들은 빼고 자기들끼리 새로운 우정을 맺으며 산다.

여름은 덥고 겨울은 추웠던 옥룡동 시대를 마감하고, 2019년 2월 중동으로 아지트를 옮겼다. 중동 아지트 시대는 공책여행으로 페미니스트로서 정체성을 확인하고 페미니즘 공간으로 탈바꿈을 시도한다. 페미니즘 동네책방 나, 됨("여성들이여 내가 되자, 맘껏 나대자"라는 뜻)이라는 간판도 달고 공책여행을 알리는 사업을 추진하자 그동안 보이지 않았던 여성들을 만날 수 있었다.

현재 공책여행은 매주 금요일 밤 7시 10분에 정기적으로 모이며, 나이도 직업도 다양하다. 같은 책을 읽고 이야기를 나누는 20대 비혼 청년이나 50대 기혼 여성은 평등한 관계를 지향하며 서로 다른 삶의 맥락을 이해하고 존중하려는 페미니스트다.

공책여행이 페미니즘 여성 단체로 변화된 것은, 2016년 강남역여성혐오살인사건 이후 한국 사회에서 어쩌다 살아남았다는 동질적인 여성의 현실에 집단적으로 눈을 뜬 것이 시작이었다. 그 후 2018년 전국적으로 일어난 미투운동을 경과하면서 더 이상 시민행동으로만 머물러 있을 수 없다는 자각과 실천이 이어졌다. 특히 대통령 후보였던 충남도지사 안희정의 위력에 의한 성폭력 사건 1심 무죄선고에 분노한 충남 지역의 풀뿌리여성단체와 연대하여 공주 법원 앞에서 '안희정 유죄 판결을 위한 1인 시위'를 시작으로 성평등한 사회를 위해 다시 거리로 나올 수밖에 없었다. 촛불혁명 이후 대통령이 탄핵 되고 페미니스트 대통령이 되겠다고 공약한 사회에서도 여성들에게 달라진 세상은 아직 오지 않았다.

【젠더교육활동가로 행동하다】

나의 페미니스트 정체성은 2017년 충남성평등교육전문강사단(이하 강사단) 양성과정으로 시작되었다. 당시 충청남도가 전국 성평등 순위에서 매년 하위권을 면치 못하자 충남양성평등비전 2030의 본격적인 실행 과제의 하나로 "도민 대상 성평등교육"을 강력하게 추진하였다. 강사단 양성과정은 그 일환으로, 전문적으로 성평등교육을 할 수 있는 강사 풀을 확보하고자 충남여성정책개발원에서 실시된 프로그램이었다.(당시의 충남도지사가 안희정이었기에 강사단이 더욱 분노했다) 이 과정은 황금명륜(골디), 이현제, 루인, 권김현영 등 대한민국에서 젠더전문가로 이름을 날린 강사진이 10개월 88시간의 기본, 심

젠더너머 멤버들

화, 실전 과정을 거쳐 충남성평등교육전문강사단으로 22명이 위촉되어 현재는 나를 포함하여 13명이 활동하고 있다. 올해로 5년 차인 강사단은 충남여성정책개발원에서 매월 1회씩 워크숍을 열고 집단의 성인지

감수성을 높이기 위해 개별 강의 시연과 피드백, 이슈토론, 현장강의 모니터링, 보수교육 등을 진행하며 충청남도에서 강의를 의뢰한 기관 및 단체 등에 강사를 배정하는 등 조직적이고 체계적인 조직으로 자리를 잡았다. 나는 공책여행에서의 책 토론 경험과 실천행동이 강사단의 성인지 관점으로 연결되는 최상의 조건에서 젠더교육 활동가로 성장했다. 이때에도 여성동학다큐소설을 쓸 때처럼 여성주의 관련 책을 추천하여 함께 읽고 토론하고 젠더 이슈에 연대하며 공책여행 여성들과 함께 페미니즘에 대해 공부했다.

또한 강사단 양성 과정을 통해 공책여행과 더불어 삶의 전환점이 되는 사람들을 만났다. 당시 전라권이 주 활동 영역이던 황금명륜 선생님과의 인연으로 알게 되어 2018년 이후 지금까지 함께 놀면서 활동하고 있는 페미니즘 극단인 '아무튼, 유랑단'의 페미니스트 8명은 인생의 또 다른 동반자이다.

공책여행과 강사단의 영향력은 천안에 만든 페미니즘 공간인 젠더교육연구소 젠더너머로 확장되었다. 강사단 5명과 아무튼 유랑단의 단원이기도 한 여성 목수 1명이 참여하여 만든 젠더너머는 40여 평의 빈 공간을 2021년 2월부터 4월 1일까지 약 두 달에 걸쳐 가벽 세워 사무실 만들기, 벽에 페인트칠하기, 타일 붙이기, 테이블 만들기, 책꽂이 만들기 등을 직접 실행하여 완성한 페미니스트 공간이다. 여성 목수를 제외하고는 집에서 못 하나 박지 않았/못했

던 여성들이었지만 '한번 해 볼까? 할 수 있다, 해도 된다, 하니까 되네, 그동안 못한다고 배웠던 거구나'라는 놀랍고도 엄청난, 당사자로서의 경험을 다시 강의 현장의 사례로 전달한다.

책을 읽고 생각을 나누며 행동하는 공책여행, 페미니즘 연극을 통해 실천하는 아무튼 유랑단, 강의현장에서 사람들을 직접 만나 설득하며 행동하는 강사단과 젠더너머는 성평등한 세상을 위해 행동한다는 점에서 다르지만 같다.

한살림 빵 선생님에게 배운 천연발효종빵(깜빠뉴)을 만들기 위해서는 많은 시간이 필요하다. 천연발효종과 우리밀가루, 소금 약간만 넣고 반죽하여 8시간에서 12시간 이상을 숙성시킨 다음 무쇠솥으로 1차 굽고 다시 가정용 오븐으로 색을 내야 하는, 그야말로 기다림과 정성이 필요한 작업이다. 이때 마지막 5분은 가장 지루하면서도 중요한 시간이다. 그 지루한 시간을 견디지 못해 잠깐 한눈을 팔면 여지없이 빵의 윗면이 까맣게 타버려서 오랜 시간 공들인 것이 허사가 될 수 있으므로 오븐에서 꺼내는 마지막까지 눈을 떼면 안 된다. 나는 이런 사실을 종종 잊어버리고 딴 짓을 하다 빵을 태워 버리고 후회 한다.

나에게 소중한 사람들과 오랫동안 우정과 연대로 함께 성장할 수 있었던 것은 천연발효종빵을 만들 때의 마음가짐과 거의 같다. 각자 다름을 존중하며 오랜 시간 기다려주고 서로에게 정성으로 대하면서도 익숙하여 방심한 관계가 까맣게 타 버리지 않도록 사람과 집단에 집중하는 것이다.

동학은 믿는다고 하지 않고 행(동)한다고 한다. 나는 여성을 포함한 소수자가 그 어떤 이유로도 억압받지 않고 자기 자신으로 살아갈 수 있는 개벽 세상을 위해 함께 행동하고 있다.

이상미(동동)
◈ 직접 구운 천연발효종빵과 그에 어울리는 제철 과일 잼,
내 사랑 고수를 넣어 만든 고수페스토를 아지트 '나,됨'의
식탁에 둘러앉아 공책여행 여성들과 책 읽고 먹고 마시고
사랑하며 사는 게 제일 좋다 ◈ 매주 수요일 10시부터
5시까지 천안 두정동 젠더교육연구소 젠더너머에서 지킴이
활동을 하고 있다 ◈ 페미니스트 클럽이라는 큰 간판으로
남성연대의 백래시를 받았지만 우리는 절대 멈추지
않는다 ◈ 아무튼 유랑단은 지구상에 유일한 최고로 멋진
페미니스트 극단이다 ◈ 역사는 결국 진보한다 ◈ 언젠가는
반드시 성평등한 세상이 올 것이라는 것을 믿으며 오늘도
반걸음 행동한다

되살림

천지마음을 그리워하는 re;design

김은정

【살림: 생명을 키우는 일상의 아름다움】

2009년경부터 지금까지 시골을 다니며 '되살림작업'을 하고 있다. 디자인에 가까운 활동인데, 우리 뿌리에 맞게 소화해 '되살림작업'이라 지었다. '되살림'은 여러 해를 거쳐 디자인을 대치하는 단어로 찾은 말이다. '디자인'의 해석은 다 다르겠지만, '되살림작업'은 어제와 오늘, 도시와 시골을 이어주는 뿌리가 되는 말이다.

'되살림'이라는 말을 쓰면서 '살림'을 배우고 있다. 아직은 몸에 배지 않아 서걱거린다. 생활 속으로 잘 정돈되려면 갈 길이 멀다.

과거 내 생각도 그랬듯, '살림'은 여성만의 힘들고 하찮은 가사 노동이라 치부된다. 시간당 돈을 받는 잣대로 재면 더욱더 분명해진다. 빨래하고, 밥을 짓고, 청소하고, 집안 돌봄을 줄일수록, 휴식을 취하거나 일을 할 수 있는 시간을 늘릴 수 있다. 시간이 돈이 되고, 돈이 가장 높은 가치가 되는 돈의 세상이 만든 기울기이다.

'살림'은 돈을 받지 않는 시간과 노동이 들어간다. 그래서 비효율적이라 생각이 들고, 얕잡아보기 쉽다. 가치는 돈을 받아야 생기는 것일까.

퇴계 이황은 집안일이 공부에 방해된다는 생각을 버리라 한다. 그는 생활

6

속에 세상 이치가 있고, 생활 공부와 마음공부는 같다 한다. 그는 자성록自省
錄에서 이렇게 남겼다.

> 생활(生活)이나 생명(生命)이라고 할 때 쓰는 '생(生)'이란 글자는 '살아간다',
> '살아 있다'라는 뜻입니다. '세상의 모든 사물을 살게 하는 마음'과 함께 있는
> 것이 바로 '생(生)'이란 글자입니다. 달리 말하면 지속하는 생명력과도 통합니다.
> 그러므로 주자는 '천지의 마음은 '생(生)'이라는 한 글자에 담겨 있다.
> 모든 사물은 태어나고 살아가기 때문에 사물로 존재한다. 생명력이 없다면
> 모든 생명체는 말라 죽어버린다.' 라고 하십니다.[i]

일하지 않는 날 대부분은 집을 돌본다. 살림을 늦게 배운 터라 손이 야물지 않
다. 시간과 공을 들여야, 뭐 하나 반듯하다. 시간은 생명을 쓰는 일이다. 그래
서 살림을 하며 하루를 보내는 것이 아깝지 않다. 생각해 보면 내가 지금까지
별 탈 없이 생명력 있게 살아온 건, 엄마의 밥 덕분이었다. 엄마의 살림이 나를
살게 했다. 살림은 선비의 깨달음인 이전에 생명을 키우는 일상의 마음이다.

하지만 생명을 키운다는 명분으로 살림을 강요하는 것은 폭력이 될 수 있
다. 살림하는 주체도 생명이기 때문이다. 살림은 모든 생명과 생활을 살리는
일이다. 일방적인 희생이 있다면 그건 '살림'이 아니다.

돌보고, 아끼는 마음이 점점 희미해진다. 이 시대에 '살림'을 새롭게 담을
그릇이 필요하다. 계속해서 살림이 '집안일', '여성의 일'로 규정된다면 생명을
살리는 말 자체가 사라질지 모른다. 새롭게 장만한 말에는 여성이 '살림'으로
부터 자유로지고, '살림'으로 살아나길 바란다. 그리고 귀하게 대우받기를 바
란다.

~~~~~~

i   신창호, 『조선의 지성 퇴계 이황의 마음공부법 '함양과 체찰'』, 미다스북스, 2010년 1월 25일 참조.

도시에서의 시간은 임금을 받는 노동 시간이 되었다. 이것은 모든 가정을 지배했다. 가정에서의 노동은 시간을 허비하는 아까운 것이 되었다. 가정은 하숙집에 지나지 않게 된 것이다.[2]

매일 잠자고, 밥 먹고, 똥 싸는 인간이 동물과 다른 점은 자기 공간을 아름답게 꾸미며 사는 것이다. 팬데믹 이후 집을 꾸미는 모바일 서비스와 상품들의 수요가 급증했다. 물건을 사들여, 좋은 공간을 만들고 싶은 것이다.

살림은 가장 아름다운 인테리어다. 물건이 제자리를 찾고, 따뜻한 온기가 흐를 때, 집의 아름다움이 살아난다. 집에 생기가 돌고, 그 공간에 사는 사람을 살리는 것이 살림이다. 삶은 누가 대신해서 살아주는 것이 아니다. 그러면 일상과 삶의 순간을 아름답게 살리는 살림도 대신해 주는 일이 아니다. 자신의 것이 되어야 한다.

곰곰이 살펴보면, 우리의 삶에는 돈이 없어도 구할 수 있는 것들이 더 많다. 비싼 가격을 쥐야 귀하다는 생각이 들겠지만, 가격을 비교해도 가격표가 달려 있지 않는 것들이 있다. 바람, 공기, 태양, 비, 구름, 밤과 낮처럼. '살림'이 그렇다. 생명에 필요한 중요한 것들은 값없이 주어진다. 값을 매길 수 없을 뿐이지 값어치가 없는 것이 아니다.

【되살림작업: 촌(村)스럽게 디자인하다】

'되살림'은 일상적으로 동사형 '되살리다'로 쓴다. 많은 도시인이 '되살림'을 한살림의 '되살림 운동'으로 인식할 것이다. 다시 살려내는 작업인 '되살림작업'도 거기서부터 빌려 쓴 활동명이다.

디자인은 일상에서 피부 같은 말이 되었고 중요한 방법론이다. 하지만 지

2   존 버거 지음, 박범수 옮김, 『본다는 것의 의미』, 동문선, 2000년 4월 30일 참조.

금 나에게 디자인은 생생(生生)하지 않다. 무엇보다 디자인은 굉장히 서구적이고 도시적이다. 헐렁한 큰 바지 같다. 아무리 멋을 부려도 멋이 나지 않는다.

실제로 내가 시골에서 하는 일은 디자인 업무이다. 브랜딩을 하고, 로고를 만들고, 패키지와 공간을 디자인한다. '되살림작업'이라 부르는 것은 '디자인에 생명감을 어떻게 부여할 수 있을까?'라는 고민이 있어서다.

생명감은 스스로 길러오는 것이다. 생명 감각은 전문적인 접근이 필요하거나, 생각과 사고로 가르칠 수 없다. 그래서 서구의 디자인 방식으로는 답이 잘 안 나온다. 모든 생명이 스스로 살아내는 능력이 있다. 하지만 그 말은 잘 믿기지 않는다. 그래서 넋을 놓고 포기한다. 그때는 포월(包越): 감싸고 함께 넘어줘야 되살림의 힘이 생긴다. 그것이 '살림'이다.

시골에는 시골이 얼마나 아름다운지 잘 모르는 분들이 많다. 촌스럽다 생각한다. 촌스러운 것이 아름답지 못하다고 생각이 드는 건, 도시와 비교되어서이다. 시골은 촌스러워야 아름답다. 그래서 시골 디자인은 '되살림'에 무게 중심을 둘 필요성이 있다.

촌스러운 시골이 아름다운 건, 자연 가까이에 있기 때문이다. 자연은 저절로 그러하고, 스스로 아름답다. 이미 충분한데 디자인으로 정제(精製)하는 건, 하지 않아도 되는 일을 애써 하는 일이다. 비실용적이고 비효율적이다. 시골은 그대로 잘 지켜질 때 가장 아름답다.

현장에 가면 여전히 개선의 방향성을 두고, 전문성만 요구할 때가 많다. 그런데 경험상, 도시와 같은 방식으로 디자인하면 소통이 잘 안 되거나, 시골다움을 잃는 경우가 더 많다. 시골은 도시와 사정이 다르고 미감도 많이 달라 접근 자체를 다르게 해야 한다.

되살림 안내자로 새롭게 만들기보다는 품고 되살리는 방향으로 작업을 했다. 각오는 했지만 여러 시행착오와 많은 부딪힘이 있었다. 하지만 확신한다. 그것은 나의 실력에 대한 것이 아니다. 여러 농가, 농부, 시골 엄마, 시골 풍경에서 받은 영감 덕분이다. 그리고 시골은 도시가 절대 가질 수 없는 스스로 아름

2019년 농사펀드 담양먹감촌 판매 디자인. 도장을 활용해서 소규모로도 제작할 수 있는
방법을 고안, 주민들의 지속가능한 사용법을 고민하였다.

2019년 농사펀드 담양먹감촌 판매 디자인. 도장을 활용해서 소규모로도 제작할 수 있는
방법을 고안, 주민들의 지속가능한 사용법을 고민하였다.

다운 힘이 있다는 확신이다.

특별히 편애하는 작업이 있다. '담양 먹감촌' 브랜딩 작업이다. 먹감촌은 2015년 처음 만나 지금까지 이어져 함께하고 있다. 긴 시간 애정이 쌓인 것이다. 시작은 첫눈에 반한 먹감 때문이었다. 1초의 망설임 없이 "예"라고 했다. 토종감이라 해서 더 관심이 갔다. 먹감은 시중에 나오는 단감이나, 대봉과는 다른 미감을 가지고 있었다. 특히 나무 꼴이 아름다운데 먹감나무는 할머니 마법사같이 검고 신비롭다.

2018년 마르쉐@문화비축기지 담양먹감촌 출점 디자인. 사진은 송정아 선생님.

담양 용면은 오래전부터 먹감이 많았다. 먹감은 먹시라고도 하는데, 둥글네모난 3센티미터 크기로 표피가 곱고 반질반질하다. 볕을 받은 부분이 검게 변색이 되어 '먹시' '먹감'으로 불린다. 나뭇가지가 가늘어 전문으로 수확하는 손길이 필요하다. 또 80년대부터 신품종이 나와 사람들이 씨 없이 큰 품종을 선호하기 시작했다. 자연스럽게 알이 작고 씨앗이 많은 토종감이 애물단지로 전락했다.

용면은 담양에서도 외진 곳에 위치했다. 뒤로는 추월산이 굽어보고 앞으로는 담양호가 펼쳐지는 풍광 속에 무공해 먹시 나무 수천 주가 아름답게 자랐다. 일조량이 적지만 물 좋고 공기마저 좋아 성장이 더딘 만큼 농작물의 속이 야무지게 자라는 지리적 특성을 가졌다. 마을에 버스가 다니지 않을 때부터 담양 용면마을 먹시는 지역 재래시장에서 전국구 먹거리 역할을 톡톡해 해냈다. 감이 익어 가는 10월에서 11월은 '먹시 꽃이 피는 계절'이라고도 불리기도 했다. 그 시절 용면 사람들은 먹시 덕분에 학교도 가고, 살림도 꾸려 나갈 수 있었다. 과거는 지우면 그만이지만, 어떤 이들에게는 조심히 꺼내서 보는 귀한 보물 같다.

먹시를 브랜딩하면서 가장 먼저 한 일은 어른들의 입에서 입으로 전해지는 '말'을 모으는 것이었다. 먹감은 어떻게 쓰였는지? 어떻게 따는지? 언제 먹는지? 책에 있지 않은 오랜 지혜의 '입씨'로 받아 낼 수 있었다.

한로(24절기 중 17번째 절기)가 되면 먹감의 알이 차고 속에서 익기 시작해. 점점 물러지지. 그런데 한로 지나면 15일 후 상강 때 서리를 맞고 따야 제 맛이 나. 옛날에는 감나무에 올라가서 땄는데 나무가 부서질 염려 있으니 로프에 의지해서 안 떨어지도록 유연한 나뭇가지에 갈퀴로 당기면서 땄지. 6살부터 바구니를 들고 감을 주웠어. 하루 품삯으로 4kg 가량의 감을 받았지. 9살 무렵부터는 종일 감을 따주고 노임을 받았어. 그 당시 감을 딸 땐 망에 200개씩 땄지, '망 내려간다!' 소리 들리면 어린 내가 나무 밑에서 왔다 갔다 하고. 그랬지."

- 2015 최덕봉 할아버지의 입씨

이후 콘텐츠를 만드는 일은 쉽게 이어졌다. 어른들의 '입씨'는 가장 먹시다운 브랜딩으로 자랐다. 올해는 담양호와 먹감촌 자연에서 편히 쉴 수 있는 워크숍을 기획 중이다. 지금은 '까망감'이라는 브랜드로 함께 작업한다. 2015년 당시 작업, 그 모습과 같지 않지만, '까망감'으로 되살아났다. 이름도, 디자인도 더 아름답고, 현대적으로 진화되었다. 이 일은 자연이 스스로 그렇듯, 그 지역 농촌 3세대로부터 일어났다. 사물을 생명력으로 다루면 자연스러운 되살림이 일어난다.

되살림의 '되'는 '다시'라는 뜻으로, '다시'는 크고 '뚜렷하게 해서 원래 그가 있던 곳으로 가게 하다'라는 뜻이다. '다'는 크다는 뜻이고, '시'는 '높게' '뚜렷하게'라는 뜻이다. 오늘날 '다시'는 '되돌림'이라 쓰이는데, 되풀이된다는 뜻의 '거듭'과는 다르다. '다시'는 지금보다 나아지는 방향성을 가진, 크고 높고 밝게 되살리는 움직임이다.[3]

'다시'를 디자인하면, DNA 모양이다. 시작점에서 둥글게 이어져 끝을 맺을 것이 아니라, 처음 시작점에서 나아

최덕봉 어르신(2016년).

가 조금 더 큰 회오리를 그린다. 그러면 DNA와 같은 나선형이 된다. 생체적으로 생명은 나선 모양으로 성장한다. 우리말은 이미 과학이라는 말이 생기기도 전, 현미경보다 선명하게 생명의 이치를 담아냈다.

'되살림작업'의 운동성은 DNA 나선 방향이다. 디자인을 생명처럼 다룬다. 그래서 디자이너라는 역할보다 되살림 안내자의 역할이 알맞다. '되살림작업'은 대안 작업이다. 어떤 경우는 '디자인'이 정확하고 잘 맞을 수 있다. 아름다움은 조화로 빚어진다. 옳은 답이 하나면, 균형은 깨져 버린다. 자연계는 다양하게 존재하고 공존할수록 아름답다. 모든 생태계가 그렇지 않을까?

요즘 지역 디자인이 대세이다. 도시는 더 함께 나눠 쓸 자원이 부족하고, 디자인 역시 이미 포화 상태이다. 그래서 Local 콘텐츠로 기회를 잡고 있다. 반가운 일이다. 도시에 밀집된 인구가 분산될 수 있으며, 도시와 시골이 이어져 지역의 활기를 불어넣을 수 있다. 하지만 조심스럽다. 시골 풍경이 도시의

3   박현, 『나를 다시 하는 동양학』, 비나리, 1999년 6월 30일 참조.

모습을 닮아 가고 있다. 다양한 삶들이 사라지는 것이다.

시골 디자인은 좀 더 섬세하고 따뜻한 작업이 필요하다. 천지 마음이 우선되어야 한다. 그렇지 않으면 그곳의 자연과 사람이 배제될 수 있다. 바람, 공기, 태양, 비, 구름, 밤과 낮은 누구에게 특별히 더 주거나, 덜 주지 않는다. 아주 작은 곳에도 구석구석 존재한다. 디자인도 촌(村)스럽게 디자인하는 태도로 천지 마음을 그리워해야 한다.

【수졸(守拙): 어눌한 아름다움으로 흐르고 내맡기는 믿음의 감각】

우리말 중 가장 아름다운 말은 '아름다움'이 아닐까? 이 말은 '앎'과 '다움'을 엮어 만들었다. '아름다움'은 다양한 해석이 있지만, 존재가 자기다움을 잘 알고, 잘 있는 것이다.

'아름다움'을 얕게 보면 무언가를 더하거나 덜하게 된다. 좀 더 나은 상태로 만들려는 인위적인 의도가 개입된다. 나 역시 그리 배웠다. 그래서 늘 헤맸다. 만약 예술가로 가는 길에 첫 이정표가 '서양 미술사'가 아닌 '아름다움'이었다면, 미대 진학은 하지 않았을 것이다.

요즘을 트렌드로 분석하면 취향의 시대라 한다. 나는 어떤 취향을 가지고 있는 사람인지가 중요한 정체성이 되었다. 안타까운 건, 취향을 소비로 드러내는 것이다. 개인의 향기는 내면에서 풍기는 거라 하면 '좋아요'를 받을 수 없을지 모른다. 오히려 향수 넘버로 나를 소개하는 것이 쉬운 소통 방식이다. 취향을 휘두른다고 나다운 멋을 낼 수 있을까? 있는 그대로 존중받고 싶지만, 현실은 그렇지 않다.

skill up! '잘'하고, '잘' 보여야 나로 인정받는 피로한 시대에 살고 있다. 타인의 시선이 '나다움'을 정의 내릴 수 없다. 이 시대에 나를 지키는 건 자유롭고 굳건한 '무딤'이 필요하다.

『도덕경』 45장에는 '대교약졸(大巧若拙); 대단한 기교는 어눌하고 무뎌 보인다'라는 말이 있다. 이것은 예술의 최고 경지를 두고 하는 말이다. '졸拙'은 기교나 기술에 두지 않는다. '졸'은 동아시아인의 오랜 사유이다. 그래서 '졸'은 무디고 둔탁하여 허술해 보이는 미감을 가졌다.

'수졸(守拙)'은 '졸'을 지킨다는 뜻이다. 졸부, 졸렬, 졸망 '졸'이 지킬 만큼 근사해 보이지 않는다. 하지만 졸재기(拙齋記)에 권근(權近)의 말처럼 옛 선비들을 '졸'을 높은 덕목으로 여긴다.[4]

졸(拙)한 것은 교묘한 것의 반대다. '졸'이란 남이 버리는 것을 내가 취하는 것이다. '졸'한 사람은 처음에 부끄러워할 줄 앎으로써 마침내는 부끄러워 할 것이 없게 되어, 족히 호연(浩然)하게 스스로 존재하게 되고, 부족한 것이 없는 것이기 때문에 '졸'을 기르는 것은 덕을 기르는 것과 다름이 없다.

'졸'은 기술로 완성되는 것이 아니다. 아름다움 너머의 아름다움으로 봐야 '졸'이 보인다. '졸'의 미학으로 추사(秋史)의 세한도(歲寒圖)를 든다.[5] 세한도는 서툰 듯 자연스럽게 그리는 '졸미(拙美)'로 숙성된 그림이다. 자연을 정밀히 베끼려고 기교를 부리지 않는다. 자연의 속성을 닮아 틈을 보이는 것이 '졸미(拙美)'의 진동이다. 모든 존재는 완벽하지만 어눌하기도 하다. 자연도 반듯함이 없다. 어눌하고 모자라면 사랑으로 채워지는 것처럼, '졸'의 아름다움은 어눌한 틈 사이로 완성이 된다. 채워지는 것은 저절로 일어나는 것이다. 졸의 미학은 기교를 먼저 부리지 않는다. 시와 때를 기다리는 흐르고 내맡기는 믿음의 감각이다.

'수졸(守拙)'이라는 말은 책이 아닌, 집을 펼치면서 만났다. 2018년 안동 5

---

4 권근은 고려 말 – 조선 초의 문신 학자(1352~1409)이다. 『양촌선생문집』, 「기류(記類)편」 제11권 참조

5 조선 헌종 때 제주도에 유배 중에 있던 추사 김정희가 그린 그림. "지금 그대가 나를 대하는 것을 보면, 내가 곤경을 겪기 전에 더 잘 대해 주지도 않았고 곤경에 처한 후에 더 소홀히 대해주지도 않았다. 그러나 나의 곤경 이전의 그대는 칭찬할 만한 것이 없겠지만, 나의 곤경 이후의 그대는 역시 성인으로부터 칭찬을 들을 만하지 않겠는가? 성인께서 유달리 칭찬하신 것은 단지 엄동을 겪고도 꿋꿋이 푸르름을 지키는 송백의 굳은 절조만을 위함이 아니다. 역시 엄동을 겪을 때와 같은 인간의 어떤 역경을 보시고 느끼신 바가 있어서이다." –김정희. 세한도 발문(歲寒圖 跋文) 중.

수졸당 윤은숙 종부님의 건진국시 손 칼질(왼쪽). 수졸당 장독(오른쪽) .

개의 고택이 모인 협동조합을 브랜딩 디자인 하는 일이 있었는데, 고택 중 하나가 '수졸당'이었다. 수졸당[6]은 퇴계이황(退溪 李滉)의 손자인 동암 이영도(東巖 李詠道)의 종택이다. 동암종택이라고도 불리다 이영도의 맏아들 이기(李岐)의 호를 따 수졸당이라 불리게 되었다.

　수졸당의 귀한 물건은 눈치 채지 않게, 몸을 숨기며 자리를 지킨다. 수졸당 풍경도 '졸'로 펼쳐진다. 안채 뒤뜰에는 종부님이 오랫동안 모으고 닦아온 장독대들이 즐비하다. 뚜껑도 제각각에 무심히 모여 있다. 항아리가 예사롭지 않아 여쭤 보니, 당시 최고로 귀한 것으로 한 해 두 해 모았다 하셨다. 그리고

[6] 퇴계 이황의 손자인 동암(東巖) 이영도(李詠道, 1559~1637)와 그의 아들 수졸당(守拙堂) 이기(李岐, 1591~1654)의 종택이다. 재사는 동암 이영도의 묘사를 지내는 곳이다. 이영도는 영특하고 포용력이 있어 퇴계의 후예답다는 평을 들을 정도로 뛰어남을 인정받았다고 한다. 수졸당의 원래 위치는 퇴계 선생께서 분가하여 처음 터를 잡으셨던 양진암 터 아래쪽에 있었으나 1975년 안동댐 완공으로 인하여 현재 위치로 이축되었으며 본채, 정자, 사당, 재사로 이루어져 있고 2003년 지방문화재로 지정되었다.

툭 던지듯 "항아리가 괜히 반듯하게 놓이면 안 돼. 쓸 때 편한 자리가 제자리지." 하시며 애정이 어린 손길로 어루만진다.

수졸당 유두차사 건진국시상.

음식 솜씨와 차림상도 어눌함을 지킨다. 수졸당의 나이는 500살이 다 되어 간다. 그리고 그보다 더 깊은 역사의 내림음식이 있다. 값으로 따지기 어려운 시간의 가치와 손맛은 응당, 유명 셰프의 요리보다 깊은 풍미와 감동을 준다. 하지만 근사하게 보이려 하거나 불필요한 장식을 하지 않는다. 음식은 그냥 음식인 것이다. 그래서 맛이 몸속 깊이 전달된다. 담는 그릇도 담백하다. 손님은 특별히 좋은 그릇에 담아 주지만, 맛보다 화려한 멋으로 뽐내지 않는다.

수졸당의 미감은 보이는 곳에서 드러나지 않는다. 시선 넘어 구석구석 밴 '졸'의 아름다움으로 읽어야 잘생긴 감동을 느낀다. 최순우 선생님은 한국의 미는 물러서야 보인다고 했다. 한국인의 시선은 늘 먼 곳을 바라보고 있어 코앞에 다가서서 들여다보기보다는 한 걸음 뒤로 물러서서 봐야 한다. 그래야 정말 필요한 아름다움을 발견할 수 있으며, 참아름다움을 길러온 솜씨를 알아볼 수 있다 한다.[7]

수졸당은 한 번에 마음을 훔치지 않는다. 소박한 매무새와 바름이 시선에 차오를 때, 어느 순간 쉽게 뺏기지 않는 아름다움이 찾아온다. 거기에는 그만한 이유가 있다. 허투루 값비싼 물건을 사거나, 구실이 허술한 물건은 들이지 않는다. 물건 하나 쉽게 버리지 않고, 함부로 밖에 돌리지 않아 모든 살림살이

[7]   최순우, 『최순우의 한국미 사랑 '나는 내 것이 아름답다'』, 학고재, 2016년 6월 15일 참조.

가 풍경이 된다. 간혹 촌스럽고, 낡은 것도 있지만 그 물건은 적재적소 생활에 맞는 쓰임이 있다.

수졸당의 '졸'의 아름다움은 오랜 전통을 지켜냈다. 안동은 자작한 맑은 고기 국물에 콩가루가 섞인 밀가루 반죽을 채 썰듯 얇게 썬 면발을 건져먹는 건진국시가 있다. 건진국시는 손이 많이 가고 귀한 음식으로 유두차사(流頭茶祀)[8] 때 올라가는 음식이기도 하다.

하늘과 조상이 물려 준 마음을 끌어안고 지킨 덕에, 수졸당은 유두차사 풍습과 내림음식이 남아 있는, 안동의 유일한 집안이 되었다. 희소성을 강조하는 요즘 시대 큰 경쟁력이다. 그리고 굳건히 버틴 힘은 뭉클한 영감을 준다. 그래서 수졸당을 함께 지키고자 하는 사람들이 작년부터 모이고 있다. 나도 다시 '수졸당: 촌(村)스러운 디자인'에 참여한다. 촌(村)스러워 지켜낸 아름다움과 가치를, 어제와 오늘 도시로 이어가는 일이다. 촌스러움의 현대식 재해석이 꼭 필요하다. '수졸'의 졸박한 미감도 매력적인 디자인 되어야 한다.

유행하는 스타일과 기호는 변화무쌍 바뀐다. 하지만 아름다움은 예쁨과 달리 깊은 힘이 있다. 긴 세월 수졸당이 지켜온 힘을 믿는다. 촌(村)이 가진 힘이다. 우리는 촌(村)스러움에 원심력을 두고 춤을 추기로 했다. 시시때때를 믿고 따르는 어눌하고 아름다운 모습으로.

---

[8] 유듀차사는 경상북도 칠곡군에서 음력 6월 15일(유두절)에 새로 나온 곡식을 조상에게 올리는 의례이다. 유두절은 새로운 과일이 나고 밀 수확을 끝낸 시기이다. 따라서 이날 조상과 농신에게 햇과일과 정갈한 음식을 차려 제를 지냄으로써 안녕과 풍년을 기원한다. 이는 밀을 수확하여 처음으로 자손들이 먹는다고 조상들에게 고(告)하는 일종의 밀 천신(薦新) 성격을 띤 제사이다. [향토문화전자대전]

김은정

◈ 이어이어작업소 소장 ◈ 촌村스럽게 디자인하다로
시골을 다니며 디자인하고 있다 ◈ 시골의 아름다움을
회복하는 '되살림작업'을 연구하고 실천한다 ◈ 몸과 마음,
영혼은 하나이고, 삶이 예술로 회복되어 누구나 예술가가
될 수 있는 spirit art를 작업한다 ◈ 예술이라는 글자가
생기기도 전, 아름다운 본성과 예술을 탐구한다

한 젊은 청년의 초상

내 마음의 평화를 찾아

오 충 렬

볕을 찾아 나선다. 따스한 햇볕을 따라 간다. 얼마나 걸었을까. 움푹 꺼지고 비교적 넓은 분지가 나온다. 따뜻한 볕으로 가득 차 있다. 그동안 얼었던 땅들이 녹아 질퍽하다. 기다란 통나무가 놓여 있다. 나무에 걸터앉아 고개를 드니 멀리 기린봉의 날망(산마루)이 보인다. 이내 고개를 떨궈 볕을 받는다. 따뜻한 태양의 빛이 온몸으로 들어온다. 겨울 햇빛. 아무리 쬐어도 지루하지 않다. 얼마나 쬐었을까. 몸이 따스해져 고개를 드니 여전히 기린봉이 멀리 서 있다.

빛은 볕이다. 볕은 따뜻함이다. 무언가 홀린 듯 따뜻한 볕을 따라 갔다. 어둠 속에서 한 줌의 빛이 흘러나왔다. 가까이 다가갈수록 빛은 점점 밝아졌다. 오랜 기다림이었다. 가까이에서 볕을 쬘 수 있었다. 빛을 찾아 나서는 일은 삶에 있어서 어떤 의미인지 모른다. 설명할 수 없었고 말로 표현할 수 없었다. 기나긴 여정이었다. 그 무엇, 알 수 없는 무엇을 찾아 나가는 여정의 시작이었다.

머릿속에 시의 흔적이 남아 있다. 제목도 모르고 어느 시집에 실린 시인지도 모른다. 언제부터 이 시를 좋아했는지도 기억이 안 난다. 그저 마음속 한편에 흔적처럼 남아 있을 뿐이었다. 사람들이 좋아하는 시 있냐고 물으면 이 시를 읊었다.

"찬 서리 / 나무 끝을 날으는 까치를 위해 / 홍시 하나 남겨둘 줄 아는 / 조선의 마음이여."

무엇이 맘에 들었을까. '홍시 하나'일까, '조선의 마음'이었을까. 아니면 김남
주 시인이었을까. 오랫동안 묻어 두었던 시의 시인과 시집을 우연히 알게 되었
다. 지금 생각해 보면, 검색해 보면 바로 알 일이었다. 자료를 찾으러 서고에
찾으러 갔다가 시집들이 쌓여 있는 모습을 볼 수 있었다. 신경림, 안도현, 유안
진 등. 궁금해 한 권씩 들춰 봤다. 쌓인 책 맨 아래에 뜻밖에 김남주 시인의 시
집이 있었다. 『사랑의 무기』. 오래된 시집만 몇 권 들고 나왔다. 나는 그 시집
들을 집으로 가져가서 볼 요량으로 퇴근할 때 가방에 넣었다. 그리고 그 시집
들은 며칠 동안 책장에 꽂혀 있었다. 그러다 어느 날 새벽에 문득 깨어 김남주
시인의 시집을 읽었다.

　그만 볼까 하다가 혹시 그 시가 있을까 싶어 끝까지 읽어 나갔다. 맨 끝장
하나가 남았다. '이 시집이 아닌가?' 하다가 끝장을 넘기는 순간, 아주 짧은
시가 있었다. 제목이 '옛 마을을 지나며'였다. 시의 첫 문장을 보는 순간 알았
다. 그 시라는 것을. 내 머릿속에 남아 있던 시 한 편이 어느 시집에 수록되었
는지 모르고 살았는데 김남주 시인의 세 번째 시집 『사랑의 무기』 속에 맨 마
지막 장에 있었다. 어느 시집에 실려 있는 누구의 시인지 알고서도 내 마음이
크게 달라진 것은 없었다. 다만 궁금한 것은, 왜 이 시가 내 머릿속에 남았냐
하는 것이다. 그리고 왜 잊히지 않았냐는 것이다. 잊지 않으니 어딘가에 남아
서 찾아 갈 수 있었다.

【고민의 나의 힘】

얼마 전에 아이들과 함께 밥을 먹으면서 이러저런 이야기를 나누었다. 그러던
중 아들이 뜬금없이 물었다. "아빠, 어렸을 때 꿈이 뭐야?" 순간 여러 명사가

뇌리를 스쳤지만 어렵지 않게 "농부!"라고 대답했다. 의사나 변호사같이 멋있는 꿈을 이야기할 줄 알았나본데, 농부라는 말에 실망하던 눈빛을 잊을 수 없다.

　실제로 농사를 짓고 싶어 농대를 갔지만, 농사짓는 것과는 거리가 있었다. DNA 조작과 슈퍼 돼지, 종자문제 등이 나를 괴롭혔다. 이미 우리나라는 절대적 빈곤에서 벗어나 쌀이 남아돌았고 쌀의 중요성에 대한 인식도 예전 같지 못했다. 그땐 쌀 수입 문제가 사회적으로 큰 이슈였다. 그 한복판에서 고뇌하며 보냈다. 유일하게 관심이 가는 주제는 식량 문제와 농업의 가치였다. 지금으로 말하면 농업의 인문학이었다. 농업의 가치는 일반 경제학으로 이해하면 안 된다는 말이 지금도 기억에 남는다. 이런 수업 말고는 딱히 관심 가는 주제가 없었다. 전공보다는 철학, 역사 등의 과목을 신청해서 주로 사회대와 인문대를 맴돌았다. 서양철학과 동양철학 수업을 들었다. 서양철학은 하면 할수록 나와 잘 맞지 않는다는 것을 느꼈다. 동양적 사유에 매력을 느꼈다. 장자의 장쾌하고 자유분방함의 사유에 매료되어 폭 빠져 버렸다. 또 하나는 '인물성동이론'이었다. 인간과 만물의 성(性)이 같은 것인가 다른 것인가에 대한 논쟁이었다. 이것은 마치 화두 같았다. '아니 그 옛날의 우리 선조들은 왜 이런 문제에 집착했던 거야. 지금이야말로 이런 논쟁이 필요할 때가 아닌가.' 그리고 그 언저리에서 동학을 만났다. 쉽게 접할 수 있는 동학 이야기가 전봉준과 농민전쟁이 중심이다 보니 처음에는 그러한 내용을 주로 다루었고, 아니 거의 현실 비판하다 수업은 끝나 갔다. 쌀 수입 문제로 농민들이 거리로 나왔을 때 언저리를 맴돌았다. 그때 불렀던 노래가 '동학농민가'였다. "…유도불도 누천년에 운이 다했다…." 무슨 말인지도 모르고 불렀다. 이런저런 의문만 남기고 졸업. 졸업 때까지 공부했던 친구들은 내가 농대인지를 몰랐다.

　"청천 하늘에 잔별도 많고 우리네 가슴에는 수심도 많다."

좋아하는 노래의 한 구절이다. 그 옛날에도 근심 걱정이 끊이지 않았나 보다. 밤하늘에 떠 있는 별만큼이나 우리네 삶 속에 걱정이 많다는 뜻이다. 나 역시 고민 속에서 살았다고 해도 과언이 아니다. 고민의 힘으로 살았고, 고민은 곧 삶의 의지였다.

　　대학교를 마칠 즈음, 나는 자연스럽게 백수가 되었다. 자발적 백수이기도 하고, 구조적 백수이기도 했다. 그 시기는 IMF 직후여서 다들 취직이 그리 잘 되진 않았다. 갈 곳은 많았지만 오라는 데는 없었다. 좀 더 정확히 말하자면 하고 싶은 것은 많았지만 나를 받아줄 곳은 없었다. '세상은 넓고 할 일은 많다'고 했지만 내가 할 일은 없었다.

【함께 공부하다】

무작정 서울 가는 밤기차에 몸을 실었다. 밤기차는 그리 낭만적이지 않았다. 서울에 내렸을 때 스산한 밤공기만이 나를 반겼다. 선배 집에 기거하며 아르바이트를 하느라 전전긍긍하였다. 유일한 낙은 주말에 산을 찾는 것이었다. 어느 날 신문에 '수유너머'라는 곳이 소개되었다. 대학로에 있을 때였는데 익숙한 이름은 고미숙 선생이었다. 그분의 책을 재밌게 읽었던 기억이 있어서 무작정 찾아갔다. 더군다나 '공부 공동체'라고 하니 더욱 반가웠다. 영화를 보고 이야기하는 시간이었는데, 도착하니 고미숙 선생이 반갑게 맞이해 주었다. 밥도 저렴하게 먹을 수 있었고, 다양한 세미나도 만원이면 참가할 수 있었다. 나는 신화에 관심이 많아 신화 세미나에 참여해 함께 공부하였다. 화요토론회 때는 정해진 주제를 가지고 사람들과 함께 토론하였다. 고병권, 이진경 선생 등 만나 볼 수 있었다. 함께 공부하는 재미를 조금이나마 맛볼 수 있었다. 그땐 왜 수유너머가 대학을 벗어나 세상에 나오게 되었는지 알 수 없었다. 그리고 공부를 하면 할수록 어떻게 살아야 하는지에 대한 고민이 깊어졌다. 외로운 서울살이에서 공부가 나를 위로하였다.

공부는 언제 해야 하는가. 뒤돌아보니 삶이 절박할 때와 변화를 모색할 때 공부하였다. 또 무언가 새로운 것을 찾고자 할 때 사람들과 모여 공부하였다. 도시인류학 세미나를 꾸릴 때도 그랬다.

도시인류학에 관심 있는 후배가 도시 공부를 해 보자고 했다. 생각해 보니 도시에 대한 관심은 있었지만 도시에 대해 제대로 공부를 해 본 적은 없었던 것 같다. 도시 공부를 해보고 싶은 생각은 있었지만 막상 하려니 어디서부터 어떻게 시작해야 할지 알 수 없었다. 후배의 얘기를 듣고 한번 해 보고 싶은 생각이 들었다. 대학원에서 함께 공부했던 후배는 도시 공부는 다양한 분야의 사람이 있어야 한다고 했다. 인류학과 사람들로만 꾸리면 안 된다고 했다. 건축이나 조경학과 사람이 있었으면 좋겠다고 말했다. 평소 도시에 관심이 있는 사람들에게 얘기해서 음악, 건축, 도시재생 등 다양한 분야의 사람들과 도시인류학 세미나 팀을 꾸렸다. 세미나 주제를 정하고 책을 선정해 돌아가면서 발제하고 토론을 하였다. 『미국 대도시의 죽음과 삶』(제인 제이콥스, 그린비), 『모더니티의 수도, 파리』(데이비드 하비, 글항아리) 두 권의 책을 끝냈다. 중간에 그만 둔 사람도 있었지만 남은 사람끼리 공부를 이어갔다. 공부를 계속하면서 우리 전주의 도시 문제가 눈에 들어왔다. 계속해서 공부만 할 것인가? 무언가 해야 하지 않느냐 하는 의견들이 있었다. 그럼 무엇을 어떻게 할 것인지 논의해 보기로 하였다. 공부는 더 이상 의미가 없었다. 공부도 하고 활동도 할 수 있으면 더욱 좋으련만, 일단 배운 것을 써 먹어 보아야 하지 않을까. 도시재생 공간과 재개발 공간의 현장을 나가 보았다. 막상 나가니 우리가 무엇을 할 수 있을지 막막했다. 그러던 중 우리끼리만 고민하지 말고 다른 사람들과 함께 이야기해 보기로 하였다. 우선 평소 가까이 지내는 지인에게 고민을 이야기하였고, 먼저 무엇을 할 것이지 논의하였다. 카페에서 모여 자신이 생각한 모임 내용을 발표하고 정리하였다. 넷이 논의를 어느 정도 마치고 주위에 같이 할 수 있는 사람을 모으기로 하였다. 몇 개월 후에 주위 사람들에게 알려 함께하고자 하는 사람들을 모았다. 모임 이름도 '딴짓'이라고 지었다. 함께 공부하면서 많은 것을 느낄 수 있었다. 언제 함께 공부해야 하는지, 그리고 공부와 실천의 관계가 어떠해야 하는지도 사유할 수 있었다.

【인문학하다】

학교 다닐 때 공부를 안 해서 그런지, 업무를 평생 공부해야 하는 '평생교육'에 몸을 담게 되었다. 무슨 인연인지 모르겠지만 공부와 인연이 있는 일로 맺게 되었다. 처음 맡은 업무가 학습 동아리를 지원하는 일이었다. 이 일을 시작하기 전에는 시민들이 그렇게 열심히 공부하는 줄은 몰랐다. 자생적으로 스스로 공부 모임을 꾸려 책을 읽고 토론하는 모임이 많았다. 동아리 지원을 하면서 함께 공부하기의 중요성을 알게 된 계기가 있었다.

   그때는 동아리에 한참 열정이 있었을 때였다. 사람들이 모여 책을 토론한다고 하면 무조건 나서 찾아갔다. 그때 만난 책모임도 있었다. 이 모임은 시작한 지 얼마 되지 않았을 때였는데 회장님과 만나서 이야기 하던 중에 다음 책을 『88만원 세대』로 하였다고 한다. 책 선정이 예사롭지 않아 그 모임에 가보았다. 도서관에서 모였는데 열 명 남짓한 사람들이 열심히 토론하고 있었다. 대학원 수업을 방불케 할 정도로 열띤 토론이었다. 그 모습이 참 신기하게 다가왔다. 대부분이 젊은 여성에, 중년이 여성들이 섞여 있었는데 왜 이렇게 열심히 토론을 할까 하는 의문이 들었다. 그 뒤에 이 모임의 후일담을 전해 들었는데, 그 책을 토론한 이후로 이 모임은 깨질 지경에 이르렀다고 한다. 참여한 몇 분이 취직을 하거나 대학원에 진학해서 회원 수가 대폭 줄었다는 것이다. 참여자들은 개인의 삶의 문제가 꼭 개인의 문제뿐만 아니라 구조적인 문제와 이어져 있다는 것을 볼 수 있는 안목이 생겼고, 무엇보다 자신의 삶을 어떻게 살 것인지 많이 고민하였다고 한다. 경력 단절 여성들도 있었는데 아이들만 바라보던 삶에서 세상으로 나가는 일을 감행하였다고 한다.

공부의 어떤 면이 그런 변화를 가능하게 하였을까 생각을 하였다. 책을 읽는다고 생각이 바뀌기란 쉽지 않은 일이다. 공부를 많이 하고 책을 많이 읽었다고 생각이 바뀌는 일은 잘 일어나지 않는다. '어찌하여 책을 읽고 함께 토론하면 자신의 삶의 문제를 고민하고 세상의 변화를 생각하는가? 나아가서 그것을 실천하려고 하는 것인가?' 하는 의문이 끊임없이 들었다. 이러한 독서동아리의 모습을 보면서 나는 독서모임에서 함께 책을 읽고 토론한다는 것이 무엇인지 관심을 가지게 되었다.

관심이 깊어지며 독서동아리 지원에서 자연스럽게 인문학으로 옮겨갔다. 평소 인문학을 접하고 관심은 있다고 생각하였지만 막상 인문학 강좌를 기획하고 설계하려니 무엇부터 해야 할지 막막했다. 십 여 년 전만 해도 인문학 붐이던 시절에 인문학이란 말만 달아도 백여 명은 너끈히 모였다. 소위 인문학 전성 시대였다. 시민인문학을 기획하기 위해서는 몇 가지 질문을 던져야 했다. 왜 인문학인가, 세상은 어떤 인문학을 원하는가, 대중 인문학의 허와 실은 무엇인가 등등…. 그 즈음 신문에서도 시민대학이 홍보되었고, 자생적인 인문학 모임도 많았다. 이천년도 초반만 하더라도 '수유너머'와 '철학아카데미' 정도였던 인문학 공동체들이 '대안연구공동체'와 '문탁네트워크' 등 백여 개가 넘게 생겨났다. 여기에 발맞추어 다양한 인문학 서적들도 출판되었다. 이러한 사회현상 속에서 인문학은 어떤 역할을 해야 하고 우리 또 어떻게 해야 하는가에 대한 고민이 깊어졌다. 인문학을 해 나가면서부터 그동안 내가 만났던 사람, 공부했던 내용 등등이 별개로 떨어져 있던 것들이 마치 구슬이 하나의 실에 꿰어지듯이 이어졌다.

공부를 하는 방법은 크게 세 가지로 구분한다. 강좌, 동아리, 세미나. 가장 기본이 되는 것은 강좌다. 강좌도 대중 강좌와 주제 강좌나 심화 강좌로 나눌 수 있다. 대중 강좌는 많은 사람들에게 관심을 갖게 하여 공부를 하고자 하는 마음을 생기게 하는 것이다. 그렇게 해서 입문을 하면 대개 그다음에는 주제성이 뚜렷한 강좌를 찾게 되고 좀 더 깊이 있는 공부를 원하게 된다. 그러므로 기본이 되는 강좌를 잘 설계해야만 한다. 근현대를 주제로 하여 '현대 인문학 산책'이라는 주제로 3년 동안 '한나 아렌트', '감정과 욕망' 등 다양한 주제를 다루었다.

사람들은 서양의 철학이나 사상, 교양의 내용을 선호하는 경향이 뚜렷했다. 동양적 지식과 서양의 지식의 균형을 찾고 싶었다. 새는 한쪽 날개로 날수 없듯이 인문 교육을 기획하는 사람으로 세상을 균형 있는 바라보는 기회를 제공해 주고자 하였고, 서양 인문학에 치우친 것 같아 현대문명 속에서 동양적 사유를 찾고 싶었다. 나아가 생태나 생명 등을 주제로 기후변화나 환경 문제를 다룬 인문학을 기획하고자 했다. 김지하 선생을 통해 일찍이 동학과 생명에 관한 이야기를 접해 동학이 생명에 관한 이야기를 해 줄 수 있을 거라는 생각이 들었다. 가깝게 계시는 조성환 선생님을 찾아가 동학을 현대적으로 해석해 시민들에게 알리는 강의를 해 달라고 부탁드렸다. 2018년도 원광대학교와 처음으로 <동학과 근대성>이라는 주제로 '자생적 근대를 찾아서', '최시형의 생명사상', '전봉준의 평화사상', '동학과 한국사상' 등의 세부 프로그램으로 전주시평생학습관에서 강좌를 진행하였다. 이렇게 맺어진 인연으로 다음 연도에는 동학을 폭넓게 해석한 <근대문명에서 생태문명으로>라는 주제로 생태문명과 생명사상으로 동학을 본격적으로 다루었다. '토마스 베리의 통합생태론', '존 캅의 생태문명철학', '생태철학자들이 만든 마을 Totness: 타고르에서 쿠마르까지', '중국의 향촌건설운동과 생태문명건설', '최시형의 생태공화철학', '장일순과 한살림운동' 등을 세부 내용으로 시민인문강좌로 개설하여 사람들의 많은 관심을 받았다. 참여자들은 질문도 많이 하였고 지금 어떻게 행동해야 히는가에 대한 이야기도 오갔다. 지식이 더 이상 아는 것에 머물지 않고 실천적 영역으로까지 옮겨 간 것이다. 인문학이 아닌 '시민'인문학이 되어야 하는 이유도 여기에 있다. 이렇게 다시 맺어진 동학과 나의 인연은 대학에서 느꼈던 막연함에서 벗어나 동학을 구체적인 삶에서 만날 수 있게 해 주었다.

　그 무렵 전봉준 장군 순국한 장소인 종로(전옥서 터)에 시민들이 성금을 모금해 동상이 세워졌다는 소식이 귀에 전해졌다. 『다시개벽』잡지가 발간되고, 김용옥 선생이 『동경대전』을 우리말로 옮겼다는 이야기도 전해졌다. 김용옥 선생이 내신 책은 많은 사람들이 읽는다고 하니 고무적인 일이라고 생각한다. 매번 중국 고전들만 번역해 아쉬움이 남았는데 어쩌면 지금이 때라고 생각해 책을 내셨는지 모르겠다. 한편에선 수운 선생이 경주에서 남원까지의 왔던 길을 더듬어 그 길을 걷는 사람들이 있었다(수운 옛길, 오늘 걷다 -용담에서 은적암까지).

　나는 얼마 전에 한문 공부를 다시 시작하였다. 다산 선생도 연암 선생도 글을 한글로 쓰지 않았다. 『동경대전』역시 한자로 쓰여 있다. 물론 한글 가사도 있지만 주요한 생각은 한문으로 표현되었다. 물과 구름(水雲), 바다와 달(海月). 수운 선생과 해월 선생을 한글로 적어 보니 새롭다. 그럼에도 번역으로 말고 『동경대전』원본으로 보고 싶은 욕망이 생긴다.

　내 책상 앞에는 『다시개벽』과 『동경대전』, 『지구적 전환』그리고 생태 잡지 『바람과 물』이 나란히 꽂혀 있다. 사람들과 함께 무엇을 공부하고 같이 고민해야 하는지 생각한다. 인문학을 아는 것과 하는 것은 다르다. 올해 시민인문학을 어떻게 설계해야 하는지 벌써부터 설렌다.

오충렬

◈ 남원에서 나고 자랐다. 수운 선생이 머물며 많은 경전 글을 집필했던 은적암이 있던 교룡산성 자락에 살았다 ◈ 자전거로 십 년을 쉬지 않고 달렸다 ◈ 떼로 타는 것을 지양하고 이벤트가 아닌 생활 속에서 자전거 타기를 지향한다 ◈ 날것의 바람을 좋아하고 비가 오면 우산을 받쳐 들고 빗소리를 들으며 산책하길 좋아한다 ◈ 인간과 자연의 관계를 사유를 하고 있다 ◈ 인간의 서식지는 계속 확장된 만큼 만물의 삶의 공간은 줄어들고 있다 ◈ 자연을 어떻게 인식하고 관계를 재정립할 것인지 자연감수성에 대해 생각하고 있다 ◈ 전주에 살고 있으며 매일 자전거로 출퇴근하고 있다

다시쓰다

RE: WRITE

동덕同德이
동덕動德하는 세상

【주술과 종교】

알베르 까뮈의 소설 『페스트』에는 오랑시에 갇힌 사람들이 각자의 방법으로 페스트 공포에서 벗어나려는 장면이 등장한다. 확산 초기에 시민들은 페스트를 '사악한 인간에게 내리는 신의 징벌'로 여겼다. 그들은 가장 먼저 교회로 달려가 신에게 이 징벌을 거두어주기를 간구하며 속죄했다. 하지만 페스트 확산이 계속되고 전염병이 언제 끝날지 모르는 불확실성이 커지자 그들은 주술적 행위로 페스트 공포에서 벗어나려고 애썼다. 심지어 점성가들이나 성인들의 예언을 찾아내어 발병 추이를 적극적으로 해석하려는 사람들도 생겨났다.

전염병에 대한 두려움과 이 전염병에 대처하는 오랑시 시민들의 주술적 행위가 단지 소설적 상상이 아니라는 것을 인류는 최근에 경험하게 되었다. 신종 감염병인 코로나19에 대한 치료제도 예방 백신도 없던 2020년 초, 인터넷에는 비과학적인 민간 예방법들로 넘쳐났다. 경기도 성남의 한 교회에서는 소독한다며 신도들의 입에 분무기로 소금물을 뿌리기도 했다. 한 대형교회 목사는 코로나19 바이러스부터 몸을 지켜준다는 이른바 '안티코로나 바이러스 카드'를 배포하려다 제지당했다. 인터넷 쇼핑몰에는 코로나 예방 부적이 수천 원대에서 많게는 10만 원 가까운 가격에 판매되기도 하였다.

사실 종교의 기본적인 역할은 기복양재(祈福禳災)이다. 태초부터 인간은 지진, 홍수, 전염병 등의 재난을 해명하려고 노력해 왔다. 인류는 신화를 통해 자신에게 닥친 재난을 의미화했고, 좀 더 적극적으로 초자연적·신비적 힘을 빌려 재난에 대한 길흉(吉凶)을 점치고 화(禍)를 멀리하고 복(福)을 가져오려는 주술적 행위를 했다. 주문이나 마술, 또는 부적이나 주구(呪具)로 어떤 대상을 지배하거나 변화시키려는 주술적 행위는 원시사회에서만 있었던 미개한 종교 현상이 아니라 이성과 과학을 중시하는 현대 사회에도 횡행하고 있다.

한 종교 집단은 코로나19의 대규모 집단 감염을 유발하고, 인터넷에 떠돌던 민간 예방법이 인포데믹(Infordemic·정보감염증) 현상을 초래하고, 소금물을 통한 정화 행위와 '안티코로나 바이러스 부적'과 같은 비과학적인 행동들이 사회적 물의를 일으켰다. 이런 면에서 사람들은 종교의 역할에 대하여 다시 생각하게 되었다. 코로나19 위기 속에서 한 개인의 주술 행위를 단지 사적인 종교 행위로만 볼 수 없다는 것을 알게 되었다.

【영부(靈符), 주문(呪文) 그리고 탈주술화】

조선 후기에도 역병은 발생했다. 특히 1821년 당시 음력 7월 말에 처음 유행하기 시작하여 이듬해인 1822년에 온 조선을 휩쓸었던 콜레라는 수십만 명의 사람들을 죽음으로 내몰았다. 더구나 발병 원인을 알 수 없는 괴질에 걸려 참혹한 고통 속에서 죽어 가는 것을 목격한 사람들의 공포는 이루 말할 수 없었다. 파리외방전교회 선교사인 샤를르 달레(Claude-Charles Dallet, 1829-1878) 신부는 자신의 저서인 『한국천주교회사』(1874)에서 역병의 참상을 "어디를 가나 죽음이요, 약은 하나도 없었다. 어떤 가정이든지 초상이 나고, 어떤 집에든지 시체가 있고, 또 가끔 행길에 송장이 즐비한 경우도 있었다."라고 묘사했다.

수운의 생전에도 콜레라와 같은 전염병은 만연했다. 당시 조선은 국가적 차원에서 여제(厲祭: 국가적 감염병에 지내는 제사)를 시행하고 민간에서는 다양한 양귀법(禳鬼法: 귀신을 막거나 쫓는 주술법)을 보급하여 재앙을 물리치려고 했다. 여제나 양귀법은 역병의 창궐을 귀신(鬼神)이나 원귀(怨氣)의 소행으로 보고 무사귀신(無祀鬼神: 자손 없는 귀신)을 위무하거나 귀신을 쫓아내는 전통적 주술 행위였다.

수운이 상제로부터 받은 영부와 주문 또한 역병의 창궐이라는 시대적 상황과 관련이 있다. 물론 『동경대전』과 『용담유사』에 언급되어 있는 '십이제국 괴질운수', '아동방 삼년괴질'(三年怪疾), '신병'(身病), '아동방 연년괴질'(年年怪疾)이 실제 역병이 아니라 비유적 표현이라는 견해도 있다. 그러나 수운이 상제의 명에 따라 부형(符形: 靈符)을 종이에 그려 태운 다음 냉수에 타서 마시고 병이 나았다는 고백으로 미루어 볼 때, 경전에 언급된 괴질은 동학이 창도되던 시기를 전후해서 발생한 역병이었을 가능성이 크다. 수운이 상제로부터 받은 우선적 사명이 영부를 통해 '민중을 질병에서 구제하는 일[濟人疾病]'이라는 것에서도 이를 알 수 있다. 상제로부터 받은 영부는 당시 괴이한 질병으로 고통받던 민중들이 스스로의 노력으로 질병을 치료할 수 있는 선약(仙藥)으로 제시되었던 셈이다.

수운이 영부와 함께 상제로부터 받은 '삼칠자 주문'(三七字呪文) 또한 질병 치료에 효험이 있다고 알려져 있었다. 실제로 당시 경주 일대의 민가에서는 13자 주문(侍天主造化定永世不忘萬事知)'을 외는 소리가 집집마다 들렸다고 한다. 이 전통은 지금까지 이어지는바, 예나 지금이나 삼칠자 주문 송독은 동학에서 가장 중요한 의례이자 수련이라 할 수 있다.

여기서 우리는 동학의 영부와 주문이 단지 치병(治病)이나 양재(禳災)와 같은 전통적 주술 행위에 머물지 않았다는 점에 주목할 필요가 있다. 더구나 수운은 역병의 창궐을 달래거나 쫓아내야 하는 귀신의 소행으로 보지 않았다. 오히려 부수(符水)나 탄부(呑符)에 의한 치병의 효험은 무엇보다도 한울님을 위하는 사람의 정성과 공경에 달려 있다고 보았다. 동학에서 영부와 주문은 육체적 치병만을 강조하는 방어적 주술 행위가 아니라 우주의 생명력이고 만물의 조화력인 지극한 기운이 직접 인간의 몸에 내려 기화(氣化)하기를 기원하는 적극적 신앙심의 표현이자 '한울님을 인간 안에 모시기 위해'[侍天主] 필요한 종교적 수련이었다.

이로써 동학의 영부와 주문은 전통적 기복적 주술 행위에서 탈피하며, 세 가지 특징으로 집약된다. 먼저, 수운은 치병력과 재앙을 물리칠 수 있는 힘을 외적인 주술 행위에서 인간 내면으로 전환시켰다. 『동경대전』 「수덕문」에서 "가슴에 불사약을 지녔으니 그 형상은 궁을이요, 입으로 장생하는 주문을 외우니 그 글자는 스물한 자라."라고 한 바와 같이, 역병을 이겨낼 수 있는 불사약은 바로 한울을 위하는 사람의 성경신(誠敬信)에 따라서 작용한다.

다음으로, 수운은 동학의 영부와 주문을 통해 개인의 치병 문제를 넘어 공적 영역으로 확장하여 사회 치유를 제안했다. 그는 『용담유사』 「몽중노소문답가」에서 "천운이 둘렀으니 근심 말고 돌아가서 윤회시운 구경하소 십이제국 괴질운수 다시 개벽 아닐런가 태평성세 다시 정해 국태민안 할 것이니 개탄지심(慨嘆之心) 두지 말고 차차차차 지내서라 하원갑 지내거든 상원갑 호시절에 만고 없는 무극대도 이 세상에 날것이니…"라고 예언하며 앞으로 오게 될 새로운 사회의 비전을 제시했다. 동학도들이 영부와 주문 수련을 통해 실현할 새로운 사회는 각자위심(各自爲心)하는 세상이 아닌 한울님과 동귀일체(同歸一體)가 되고 도성덕립(道成德立)을 이루어 지상신선(地上神仙)의 삶을 사는 세상이다.

마지막으로, 영부 수행과 주문 수련은 누구나 할 수 있다는 점에서 대중적이고 민중 친화적인 수련법이다. 주문 수련의 경우, 속성상 자구적(字句的) 해석도 중요하지만 말 그 자체가 갖는 주술적인 힘이 무엇보다도 중요하다. 모르고 외워도 차차 알게 될 것이기 때문에 주문 수련법에서 중요한 것은 송독이다. 즉 영부와 주문은 당시 조선시대 신분제의 불평등, 반상의 불평등, 적서의 불평등, 남녀 간의 불평등을 넘어 모든 동학도들에게 동등하게 요구되는 종교적 수련이었다고 볼 수 있다.

영부와 주문의 탈주술화 과정은 수운의 죽음 이후에도 계속된다. 수운이 동학도들에게 주문 수련을 통해 자신과 똑같이 강령 체험을 하도록 권장하였던 반면, 해월은 신비 체험의 유무(有無)보다 수심정기(守心正氣)를 통한 점진적인 수양을 강조했다. 영부의 경우에도, 수도 초기에 종이 위에 그림으로 그리기도 하지만, 수도가 어느 정도 되어 하늘의 약동불식(躍動不息)하는 영기가 곧 심령이라는 것을 깨닫게 되면, 마음을 다스려 병을 낫게 할 뿐 따로 영부를 쓰지 않는다고 했다. 해월은 영부와 주문을 통한 신비적 체험보다 마음의 수양을 강조함으로써, 누구나 쉽게 수양을 할 수 있고, 수양을 하는 만큼 그 성과도 볼 수 있게 했다. 이는 수운의 반일상적인 신비 체험이 점차 일상적이고 보편적인 종교 수련으로 변화되어가는 탈주술화 과정이었다.

【잊혀지는 그 이름, 동덕(同德)】

동학 초기에 강조되었던 영부와 주문 수련은 탈주술화 과정을 거치면서 동학 고유의 수양론으로 정립된다. 한울님이 자신 안에 있다는 것을 믿고[信], 한울과 인간 그리고 사물까지도 한울처럼 공경[敬]할 줄 알며, 자신에게 내재한 천심을 지킬[守心] 수 있도록 꾸준히 수양하면서 지속적으로 실천[誠]해 나갈 수 있도록 노력하는 것, 이것이 동학인이라면 누구나 해야 하는 수양이다.

그렇다면 이러한 수양을 하는 동학인을 무엇이라 명명할 수 있을까? 바로 동덕(同德)이다. '동덕'에는 제도적 차원에서 단순히 교인이라 지칭하는 것, 그 이상의 중요한 의미가 내포되어 있다. 첫 번째는 수양 완성의 모범으로서 동학·천도교가 지향하는 이상적 인간상이다. 동덕은 자신에 내재화되어 있는 한울님을 믿고, 공경하고 정성을 들임으로써 자신이 스스로 한울이 되어 가는 완성된 인간의 모습인 것이다.

두 번째는 상대방에게 '동덕'이라 부름으로써 천도를 밝히는 것이며, 또한 그 덕을 함께 나누겠다는 실천의 의지를 내포하고 있다고 하겠다. 그렇기 때문에 수덕(修德)을 하는 데 있어 재산, 권력, 지식의 유무(有無)는 중요하지 않다. 『해월신사법설』「篤工」에서 "부귀한 자만 도를 닦겠는가, 권력 있는 자만 도를 닦겠는가, 유식한 자만 도를 닦겠는가, 비록 아무리 빈천한 사람이라도 정성만 있으면 도를 닦을 수 있느니라"고 한 바와 같이, 동덕은 또 다른 동덕과 함께 천도(天道)를 밝히고 천덕(天德)을 정성으로 닦아야 한다.

'동덕'은 동학인이 궁극적으로 성취해야 할 수양의 모범이라는 점에서 미래적 의미를 지니고 있다. 한편 지금 나를 둘러싼 모든 존재가 함께 동덕을 지향해야 한다는 측면에서 현재적 의미도 동시에 지니고 있는 개념이다. 천도교를 널리 알리는 것을 '포덕'(布德)이라 명명하고, 천도교 음악을 '천덕송'(天德頌)이라 부르는 것도 이와 무관하지 않을 것이다. 따라서 동덕은 개인적 범주에서 자신만 천도를 밝히고 천덕을 닦겠다는 것이 아니라 그 천덕을 함께 나누고 실천하겠다는 의지가 사회적 범주로까지 확대된 개념이라 할 수 있다. 즉 동덕은 덕의 사회화를 지향하는 동학·천도교인인 것이다.

우리는 이 동덕들의 의지를 동학에서 천도교로 이어지는 역사 안에서 보았다. 교조인 수운의 억울한 죽음을 신원(伸寃)하고 동학을 공식적으로 인정할 것을 촉구하는 종교 운동을 넘어, 지방관과 토호들의 가혹한 수탈을 당하는 농민들과 연대하며 조정의 개혁을 촉구하는 동덕들을 보았다. 농민을 비롯한 과부, 노비, 백정 등 당시 사회적 약자들이 당하는 고통에 침묵하지 않고 폐정개혁안 12개 항목을 제시한 동덕들을 보았다. '궁궁을을'(弓弓乙乙)이 적힌 영부를 탄복(呑服)하고, 13자 주문을 합송하며 일본군과 관군이 쏜 총탄에 맞서 싸웠던 동학군들은 덕의 사회화를 위해 투쟁한 동덕들이었다. 일제 강점기에는 교파와 종파를 초월하여 대한독립만세를 외쳤던 동덕들을 보았다. 이 동덕들은 동학·천도교인이자 동시에 '당대 깨시민들'이었다. 교조신원운동, 동학농민혁명, 3·1독립운동은 사회학자 송호근의 말을 빌려 표현하면 '종교적

평민 공론장'이었고, 이 공론장을 주도한 사람들이 동학·천도교의 동덕들이었다.

한편 천도교에서 전개한 신문화운동은 천도교 교세 확장을 위한 교리 교육을 넘어서 당시 어린이, 여성, 청년 등 다양한 사회계층과 세대에 공공적 책무와 시민적 윤리를 배양시키려는 시민교육의 장(場)이었다. 물론 일제 강점기에는 시민 사회의 중요한 조건인 개인의 자율성이 박탈되고 공론장도 폐쇄되었기 때문에 당시의 사회와 개인은 송호근의 표현대로라면 '동굴 속의 시민', '상상 국가 속의 상상적 시민'이다. 그럼에도 불구하고 문화운동을 통해 천도를 밝히고, 천덕을 닦아 다시 개벽을 하고 이 땅 위에 지상천국을 완성해 가려는 동덕들의 종교적 열망이 있었기 때문에, 천도교의 신문화운동은 동덕들의 '종교적 이상 국가 속의 이상적 시민' 운동이었다. 이처럼 동덕은 시대를 막론하고 김기전의 표현대로라면, "인간 각자가 세운 한울의 대아적 표준을 실천하고 더불어 타인도 자신의 무궁성을 실현하도록 타인의 인간 건축을 도와 가면서 하는 것이지 자신만의 인간 건축이란 따로 없다는 것"을 자각하고 실천에 옮기는 존재였다.

천도교가 주도적으로 동학농민혁명에 이끌고 독립운동에 참여하고 신문화운동을 적극적으로 전개한 지 100여 년이 흐른 지금, 그 많던 동덕들은 어디에 있는가. 왜 우리는 그들을 동덕으로 기억하지 못하는가?

【동덕(同德)은 시민이다】

다시, 까뮈의 소설 『페스트』로 돌아가 보자. 페스트가 사라지고 봉쇄가 풀리자 오랑시의 시민들은 희망과 기쁨에 들뜬다. 하지만 의사인 리유는 담담하다. 심지어 그는 페스트의 종결을 회의적으로 바라본다.

도시로부터 들려오는 환희의 함성에 귀를 기울이면서 리유는 이 기쁨이 언제든 위협받을 수 있다는 생각을 하고 있었다. 왜냐하면 이렇듯 기뻐하는 군중이 모르는 사실, 즉 책에서 알 수 있듯이 페스트균은 결코 죽지도 않고 사라져 버리지도 않으며, 가구들이며 이불이며 오래된 행주 같은 것들 속에서 수십 년 동안 잠든 채 지내거나 침실, 지하창고, 트렁크, 손수건 심지어 쓸데없는 서류들 나부랭이 속에서 인내심을 가지고 때를 기다리다가, 인간들에게 불행을 주고 교훈도 주려고 저 쥐들을 잠에서 깨워 어느 행복한 도시 안에다 내몰고 죽게 하는 날에 언젠가 다시 오리라는 사실을 알고 있었기 때문이다.

페스트균이 다시 도래할 것이라고 예언하며 마무리되는 이 소설은 페스트 종식에 안도하는 독자에게 찜찜함을 준다. 리유의 예언이 소설 속의 허구만이 아니라는 것을 '코로나 사피엔스'는 체감하고 있기 때문이다. 코로나19가 발생하고 미래의 불확실성이 절정에 이르던 2020년을 지내고 2021년에 백신이 개발되었을 때, 시민들은 코로나 위협에서 벗어날 수 있다는 생각에 안도했다. 그러나 2022년 현재에도 코로나 종식은 요원해 보인다.

코로나19가 개인과 사회에 미치는 영향력을 경험하면서 국내 각 분야의 전문가들은 '코로나19 이후, 인류는 완전히 다른 삶을 살게 될 것'이라 진단했다. '코로나 이전의 삶과 완전히 다르게 살게 된다면 우리가 지향해야 할 것은 무엇인가'에 대한 물음에 전문가들은 시민과 사회의 '공공적 역할'을 강조했다.

이러한 시대적 요청에 동학·천도교는 정부가 지시한 코로나19 예방 수칙을 따르고 실천하는 것만으로 종교의 공공적 의무를 다했다고 생각하는 것은 아닌지 묻고 싶다. 코로나 시국에 기도와 마음 수련하는 것, 온라인으로 시일식에 참여하는 것으로 교인의 의무를 다했다고 여기는 것은 아닌지 묻고 싶다. 그렇다면 그 교인은 엄밀한 의미에서 동덕(同德)이라고 할 수 없다. 동덕은 종교 지도자의 카리스마에 의존하거나 개인의 안위만 추구하는 기복·주술적 신앙을 넘어 종교인이자 한 사회의 시민으로서의 공적 역할을 모색할 때 동덕이 된다. 동덕은 곧 시민이다.

동학에 가장 비판적이었던 양반 유생들의 「동학배척통문」(1863)에는 당시 동학도들을 다음과 같이 묘사했다.

> (동학의 무리는) 귀천이 같고, 등급과 지위의 차별도 없다. (그리하여) 백정과
> 술장사들이 한자리에 모인다. (그들은) 남녀를 차별하지 않는다. 포교소를
> 세우자, 과부와 홀아비들이 모여들었다. 재물과 돈을 좋아하여 있는
> 사람과 없는 이들이 서로 도우므로(有無相資), 가난한 이들이 (매우) 기뻐한다.
>
> (동학배척통문, 1863)

이제 이 시대의 동덕은 자기들끼리 서로 돕고 기뻐하는 것을 넘어서서, 자신이 속한 사회 안에서 덕의 사회화를 실천하는, 즉 동덕(動德)하는 동덕(同德)이 되기를 희망해 본다.

김남희
◆ 현재 가톨릭대학교 학부대학 교수로 재직 중이다 ◆ 독일 자르브뤼켄 대학에서 종교학과 신학을 공부하면서 우리의 종교 사상에 관심을 갖게 되어 동학을 만나게 되었다 ◆ 요즘은 비교종교학과 종교사회학에 빠져 엘리아데와 막스 베버를 주제로 다양한 변주를 시도하려고 한다 ◆ 강아지와 함께 숲속을 산책하면서 자연의 아름다움과 생명의 존귀함을 느끼는 삶을 살고 있다

동학의 다양한 목소리

박병훈

저는 종교학과에서 동학을 비롯한 여러 신종교들을 연구하였고, 그중 신종교 가사(歌辭)를 주제로 하여 박사 학위를 받았습니다.[1] 평소에 연구와 답사를 진행하며 생각하고 경험한 점들을 두서없이 적고자 합니다.

동학을 연구함에 있어 우선적으로 떠올리는 것은 천도교 교단일 것입니다. 동학 경전인 『동경대전』과 『용담유사』를 인용함에 있어 별다른 고민 없이 '천도교경전'을 활용하면서, 동학을 천도교와 동일시하여 논의를 전개하는 경우를 왕왕 봅니다. 이는 '초기동학'과 '후기동학'을 별다른 고민 없이 하나로 보는 것이며,[2] 여러 많은 동학 교단을 염두에 두지 않는 태도입니다.

최종성은 『동학의 테오프락시: 초기동학 및 후기동학의 사상과 의례』 (2009)에서 "그간 동학의 연구에는 후기동학이 부재했었고 천도교 이외의 비주류교단이 외면되었으며, 의례학이 생략되었었다. 상대적으로 동학이 생성되고 분출되던 초기동학에 관심이 집중되었고, 동학을 이은 주류교단인 천도교에 시선이 모아졌고, 동학의 사상과 교리에 대한 신학이 주목을 받아왔을

---

[1] 박병훈, 「한국 근대 신종교가사 연구 : 시운과 도덕의 상관관계를 중심으로」, 서울대학교 대학원 종교학과 박사학위논문, 2021.

[2] 여기서 '초기동학'은 19세기 후반 50년간 수운과 해월이 영위해 온 동학을 말하며, '후기동학'은 20세기 전반 50년의 천도교로부터 시작하는 다종다양한 동학계 교단을 말한다. 이 개념은 최종성의 『동학의 테오프락시』에서 제안되었다.

뿐이다."라고 지적하고, 초기동학/후기동학, 주류교단(천도교)/비주류교단, 신학/의례학을 종합적, 포괄적으로 조화롭게 이해해야 한다는 명제를 제시한 바 있습니다.

관성적으로 천도교를 중심으로 바라본 기존의 동학 연구에 대하여 이러한 고민이 제기된 지 벌써 10년이 넘었지만, 학계에서 동학을 바라보는 시각은 여전히 편중성을 벗지 못하고 있습니다. 위의 명제에 첨언하자면, 초기동학, 신학(東學敎儀), 그리고 천도교마저도 그에 대한 연구가 충분하다고는 볼 수 없을 듯합니다. 예컨대 초기 동학의 천제(天祭), 입도식(入道式), 강필(降筆) 등은 핵심 주제이나 최근에서야 다뤄지고 있으며, 동학 교의에 대해서도 천도교 이외 교단의 교의는 거의 연구되고 있지 못합니다. 천도교마저도 천도교의 『개벽』, 『천도교회월보』 등 수많은 잡지에 대한 연구는 아직 시작 단계에 불과합니다. 학계의 연구는 전반적으로 볼 때 동학농민혁명에 초점이 맞춰져 있었고, 종교로서의 동학은 상대적으로 소홀하게 다뤄졌다고 말할 수 있겠습니다. 그리고 종교로서의 동학은 하나의 목소리가 아닌 다양한 목소리를 지니고 있습니다. 우리는 이 작지만 다양한 목소리에 귀를 기울일 필요가 있습니다.

동학은 많은 교단을 아우르고 있습니다. 무라야마 지준(村山智順)이 촉탁으로서 일제강점기 한국 신종교를 조사한 『조선의 유사종교』(1935)에서는 천도교, 시천교, 상제교, 원종교, 천요교, 청림교, 대화교, 동학교, 인천교, 백백교, 수운교, 대동교, 천명도, 평화교, 무궁도, 무극대도교, 천법교, 대도교 등의 교단이 열거되고 있습니다. 이들 교단이 모두 다 동학계인지는 좀 더 세밀한 검토가 필요한 터이나, 동학의 정신을 계승한 교단들이 생각보다 많음을 알 수 있습니다. 이들 중 대다수의 교단이 소멸 등으로 인한 자료의 부족으로 연구가 어렵습니다만, 자료가 많이 있음에도 관심의 부족으로 외면당하고 있는 교단도 있습니다. 대표적으로 시천교, 동학교, 수운교 등을 들 수 있을 것 같습니다. 아래에서 이들 교단과 그 자료에 대해 간단히 설명하고, 개인적인 연구 성과나 경험을 덧붙여보고자 합니다.

시천교는 일진회 문제로 인하여 1906년 천도교로부터 분립하였으며, 시천교는 이후 1913년 견지동에 자리한 송병준의 시천교본부, 가회동에 자리한 김연국의 시천교총부로 다시 나뉘게 됩니다. 시천교본부는 시천교중앙종무부 등으로 교명이 바뀌었고, 시천교총부는 이후 상제교, 천진교 등으로 교명을 바꾸어 지금까지 명맥을 유지하고 있습니다. 시천교는 친일 행각으로 인해 부정적인 시선

천진교 정문(위), 창명대 대성전 내부(아래)

을 받고 있지만 이와는 별도로 동학 역사의 한 부분으로서 그 가치를 지니고 있습니다. 곧 『시천교월보(侍天敎月報)』(1911)를 시작으로 천도교에서 발행한 잡지 못지않은 방대한 잡지를 펴내었으며, 『시의경교(是儀經敎)』, 『정리대전(正理大全)』, 『현각정요(玄覺正要)』 등의 교리서, 『시천교역사侍天敎歷史』, 『시천교종역사(侍天敎宗繹史)』 등의 역사서 등 많은 교서를 발간하였습니다. 또한 『시천교조유적도지(侍天敎組遺蹟圖志)』, 『회상영적실기(繪像靈蹟實記)』 등을 통해 동학의 역사를 도상(圖像)으로 나타내어 대중들에게 다가가려 했는데, 이들 자료들도 흥미롭습니다. 저는 최종성 교수님과 함께 『시천교조유적도지』를 역주(모시는사람들, 2020)하였는데, 서울대 규장각한국학연구원의 한국은행 기탁도서를 저본으로 하여 진행하는 도중 공문을 보내어 이미지 사용 허가를 받

고, 최종성 교수님께 많은 가르침을 받으며 출간 일정에 따라 바쁘게 진행했던 점이 기억에 남습니다. 앞으로 『회상영적실기』, 『시천교역사』 역주본 출간도 진행해 보려 합니다. 한편 최교수 님을 통해 시천교의 후신인 천진교 답사(충남 청양 창명대)도 많이 다녔는데,[3] 더운 여름날 땀을 흘려 가며 교단 분들의 도움으로 영부 및 주문 수련에 몰두해 본 것은 뜻깊은 체험이었습니다. 여러차례의 답사를 통해 자료들을 파악할 수 있었고, 천진교의 의례에 참여할 수 있었는데, 이러한 관심으로 인하여 「동학의 영부관 연구-시천교계 교단을 중심으로」라는 논문을 작성할 수 있었습니다. 시천교는 영부 연구에 지대한 관심을 쏟았는데, 시천교의 영부관을 교리서와 교단에서 발행한 잡지 기사 등을 중심으로 파악한 연구입니다.

　동학교는 삼풍 김주희가 1915년 김낙세 등과 경북 상주에 세운 교단으로, 공식적 개교식은 1922년에 행하였습니다. 자신의 도통을 소위 남접의 청림 김시종에 대고 있다는 점에서 다른 교단과의 차별성이 나타납니다. 289종 1,425점의 국가지정기록물을 보유하고 있으며, 『용담유사』[4]의 가사 100편이라는 풍성한 자료를 자랑하고 있습니다. 상주동학축제가 2015년부터 상주동학교당에서 열렸고, 저도 매해 참석하여 '빈막한마당', 곧 빈대떡과 막걸리를 즐겼던 기억이 생생합니다. 동학교 사상의 요체로 체천(體天), 선천회복(先天回復), 정교분리(政敎分離)가 꼽히는데, 이에 천착하여 「상주 동학교 체천(體天) 사상 재고」, 「상주 동학교 선천회복 사상 일고(一考)」란 논문을 작성하였고, 제3회 상주동학축제 동학 심포지움에서 다시금 발표하기도 하였습니다. 동학교의 가사를 통해 동학을 다시금 되돌아볼 수 있었으며, 신종교 가사 연구로 박사 학위 논문을 작성하게 된 직접적인 계기라 할 수 있기에, 개인적으로

3　천진교 답사의 구체적 내용은 다음에 자세합니다. 안식년을 맞은 종교학자로서 바라본, 태안에서 태백까지의 흥미로운 답사기입니다. 최종성, 『한국 종교문화 횡단기』, 이학사, 2018.

4　초기동학의 『용담유사』와 같은 제목으로 되어 있으나, 동학교 별도의 경전이다.

는 마음에 뜻깊게 다가오는 교단입니다. 동학교의 경전과 가사 자료는 상주시의 지원을 통해 출판되어 나왔습니다. 역주와 함께 원문 영인 자료 또한 제공되어 있기에 연구자들이 이용하기 편합니다. 다만 필사본 자료들 및 부교주 김낙세의 일기는 아직 이용이 어려운데, 장차 이 자료도 번역되어 공개되기를 바랍니다.

수운교는 1923년 본관을 경성에 세우며 창립되었습니다. 수운교에서

동학교당 내 천황각(위)
제1회 상주동학축제 모습(아래)

창교주 이상룡(이최출룡자)은 동학교조 수운과 동일시되는데, 곧 1864년 대구 관덕정에서 원신이 아닌 허신이 참형 당하였다고 가르치고 있습니다. 그 뒤 이상룡은 은둔 고행의 기간을 거쳐 1920년 다시 세상에 나와 공적 활동을 시작합니다. 1929년 대전으로 교단 본부를 이전하여 지금에까지 이르고 있습니다. 수운교 본부에는 여러 차례 학과 학술답사를 다녔는데 그때마다 도솔천궁이 가장 인상 깊었습니다. '하날님'의 위(位)와 좌우 일월상이 모셔져 있고, 동서좌우에 사대칠성 28수와 삼태육성 자미성 8수의 36별자리가 봉안되어 있는데, 건축물과 그 상징이 종교에 있어 얼마나 중요한 것인지 느꼈습니다. 수운교의 경전은 『동경대전』과 『용담유사』 외에 『불천묘법전수』, 『훈법대전』, 『동도전서』, 『경념총화』, 『통훈가사』 등이 있습니다. 이 중 『불천묘법전수』는 수운의

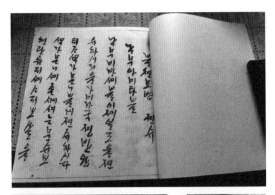

천진교 정문(위), 창명대 대성전 내부(아래)

도통전수가 아미타불 - 비바세불 - 석가모니불 - 옥황상제 하날님 - 나옹도서를 통해 이뤄졌음을 보이고 있는데, 불교적 성격을 강하게 나타냅니다. 의식과 관련하여 소례참, 중례참, 평례참, 대례참, 금강대례참 등의 예참문이 특징적입니다. 『동학의 테오프락시』에서도 지적되었듯, 이러한 예참문을 바탕으로 수운교의 의례에 대해 심층적으로 탐구할 필요가 있습니다. 한편으로 이상룡이 자신의 일대기를 가사체로 기록한 <용운가(龍雲歌)>(1929-1932)는 총 25권으로 이뤄진 초장편 가사로, 한국의 모든 가사 중 가장 긴 작품으로 꼽을 수 있습니다. 그 방대한 양으로 인해 <용운가>에 대한 연구가 거의 없는데 신종교 가사 연구자로서 이에 대한 연구도 진행해 보려 합니다.

위에서 한 이야기들은 많은 연구자들이 이미 다 생각하고 공감하고 있을 듯합니다. 그럼에도 좀 더 확실히 언급되어야 할 부분인 듯하여 간략하게나마 서술해 보았습니다. 최제우로부터 시작한 동학은 단일한 계통으로만 전승된 것이 아니며, 다양한 목소리를 지니고 있습니다. 단수의 '동학'은 복수의 '동학들'로 확장되어야 합니다. 동학은 마치 커다란 코끼리와도 같아서 코, 귀, 다리, 몸통 등 어느 부분을 만지느냐에 따라 그 인상이 달라질 것도 같습니다. 각각의 부분들에 대한 믿을 수 있는 감각과 체험을 아울러야만 코끼리의 온전한 상(象)을 기대할 수 있을 것입니다. 앞으로 복수의 동학들에 대해 많은 연구가 이뤄지기를 희망합니다.

박병훈
◈ 학부 때 조동일 선생님의 <한국문학통사> 수업을
들으며 종교와 가사 간의 관계에 대해 처음 생각해 보았다
◈ 그때부터 느릿느릿 싹을 틔우고 있었을까 ◈ 신종교
교단을 찾아갈 때마다 가사 자료가 있는지부터 보게 되었다
◈ 최제우의 동학에서부터 가사는 한문 경전과 함께였고,
이후로도 많은 교단들이 가사를 보유하고 있었다 ◈ 이들
신종교 가사에 대한 연구는 아직 시작 단계이나, 언젠가
넉넉한 그늘을 드리우는 나무로 자라날 것이다 ◈ 그때까지
꾸준하게 신종교 교단들을 방문하며 종교와 가사 간의
관계를 헤아릴 예정이다

동학이어야만 말할 수 있는 것들을 위하여

유신지

【동학, 어떻게 할 것인가】

이번에 받은 원고 청탁서를 통해 확인한 『다시개벽』 제6호의 특집 주제는 공교롭게도 요즘 내가 틈만 나면 하게 되는 고민과 거의 흡사한 것이었다. 동학 사상에 관심을 갖고 이를 바탕으로 문학 작품에 접근하려고 할 때 같이 공부하는 동료들에게 종종, 아니 숱하게 듣게 되는 질문은 "왜 굳이 동학이어야만 하는가?"인데, 사실 나는 이 질문에 답하는 것을 그렇게 좋아하지 않는다. 어떤 문학 작품을 해석하기 위해 동원되는 이론들 가운데 동학만큼 치열하게 스스로를 입증해야 하는 것이 또 있을까 하는 생각이 들어서이다.

실제로 많은 사람들이 '어째서 들뢰즈를?', '하필이면 랑시에르?' 같은 의혹은 품지 않으면서 유독 동학에 대해서만큼은 몹시도 회의적이다. 이 밑도 끝도 없는 불균형. 정말이지 문학의 관점에서 동학은 어떻게 해야 할까. 이 질문에 대해 여전히 명쾌한 답을 내리지 못하고 있는 상태에서 글을 시작하는 것이 염치없기는 하지만, '피아노의 여제(女帝)'라는 수식이 붙는 아르헨티나 출신의 피아니스트 아르헤리치(Martha Argerich, 1941)도 공허함을 느낀다는 이유로 독주 대신 협주를 주로 택하지 않았던가. 같은 고민을 안고 계신 선생님들의 현답이 이 뒤뚱거림을 보완해 주실 거라 믿으며 지금까지 공부하면서 느낀 바를 덤덤히 담아 보려 한다.

【동학사상에 대한 외부의 인식과 교육의 부재】

내가 몸담고 있는 대학의 현대시 전공 방에는 석사 학위 논문을 쓰기 위한 필수 조건이 하나 있다. 학위 논문을 발표하기 위해서는 반드시 선배를 교신 저자로 하여 학술지에 논문을 게재해야 한다는 것이다. 이 조건을 충족시키기 위해 썼던 논문의 핵심 키워드는 '동학사상'과 '이상화'였다.[i] 이상화의 텍스트를 읽을 때마다 느낄 수 있었던 시인의 세계관이 동학으로 설명하지 않고는 해명되지 않는 지점이 너무 많다고 생각했던 까닭이었다. 그런데 이 연구는 시작하면서부터 난관에 봉착하게 된다. 이상화가 생전에 자신이 동학사상에 경도되었다는 구체적인 기록을 남긴 적이 없었기 때문이다.

결국 돌파구를 찾아 헤맨 끝에 발견하게 된 것은 '우현서루'라는 장소였다. '우현서루'는 이상화의 백부 이일우가 세운 교육기관인 '강의원'의 전신인데, 이 '강의원'에서 이상화가 어린 시절 교육을 받은 바 있고, 이 시기에 이 기관을 운영했던 사람이 바로 1927년에는 천도교 최고 예우직인 종법사에 임명되기도 했던 '홍주일'이라는 인물이었다. 우현서루와 강의원, 그리고 대구 신간회 활동 등으로 이어지는 이상화와 홍주일 간의 교유 관계 등의 역사적 자료를 발굴한 이후에야 비로소 나는 이상화의 시 세계를 동학사상을 바탕으로 해석할 수 있는 일종의 자격을 얻을 수 있게 되었다. 그때는 미처 몰랐다. 그렇게 써낸 소논문이 학술지에 실리고 난 이후에 논문을 쓸 때보다 더 많은 시간과 정성을 '동학을 위한 변'을 위해 쓰게 될 줄은.

---

[i] 유신지·여상임, 「이상화 문학에 나타난 시적 상상력의 근원 연구」, 『어문론총』 74호, 한국문학언어학회, 2017.12, 301-329쪽.

대학원에 들어온 뒤로 내가 대체 뭘 공부하고 있는지를 궁금해하는 학교 밖의 지인들에게 논문이 학술지에 실렸다는 사실을 알린 뒤로 많은 질문을 받게 되었는데, 특별히 나에게 가장 큰 충격을 안겨준 이는 벌써 20년이 넘도록 나와 막역한 관계를 유지하고 있는 친구였다. 소논문이 실린 학술지를 보여주던 날, 그 친구는 나에게 은근한 말투로 이렇게 물었다. "야, 동학은 농민혁명 아니야? 오늘날에도 있는 거였어?" 그 아이의 눈에 서려 있던, 잘못된 길로 막 들어서려는 친구를 구해주려는 의협심이 떠오른다. 서로 속엣말을 여과 없이 하는 사이라 내 기분을 상하게 하려는 의도는 조금도 없었을 것이다. 나중에 다시 물었을 때 알게 된 사실인데 정말 친구는 '과거'에 갇히려 드는 나를 구출해야 한다는 긴박한 심정이 들었다고 했다. 그 친구가 생각하기에 동학은 과거의 역사적 기록 외에는 어떤 의미도 갖지 못하는, 그야말로 현재에는 '존재하지 않는 것'이기 때문이었다.

그리고 이처럼 동학사상을 공부하는 것을 이상하게 생각하는 사람은 비단 이 친구뿐만이 아니었다. 꽤 오랜 기간 해당 논문의 구체적인 내용이 아닌, 사상의 특이점에 대한 질문에 답하느라 몸살을 앓아야 했고, 학교 안에서도 이따금씩 '동학이 아니더라도 말할 수 있지 않느냐?'라는 질문을 받기도 했다. 그나마 지금 생각해도 다행이었던 것은 이상화 문학과 동학사상의 연관성을 다루는 과정을 긍정적으로 평가해주신 분들이 계셨다는 점이다. 그 격려와 응원이 없었다면 어땠을까. 그 사실을 떠올리면 내가 동학을 공부하게 된 것은 운명이라는 생각이 든다.

다시 문제로 돌아와서, 어째서 동학사상에 대한 시선이 이토록 편협한지를 짚어보고자 한다. 안 그래도 벅찬 공부의 시기에 그야말로 '멘붕'이 올 정도로 과도한 그리고 부당한 질문들을, 그것도 내가 아끼는 사람들에게 받아야만 했을까. 여러 이유가 있겠지만 나는 그중에서도 우선 공교육 제도의 문제점을 들고 싶다. 우리의 학창 시절에 공부했던 역사나 윤리 및 사상 교육에서 동학이 차지하는 비중은 매우 낮았다. 사실 농민혁명으로서의 동학 외에 우리가 무엇을 배우기나 했는지 조차 기억이 나질 않는 정도인데, 실제로 우리 세대에게 '동학'이라는 키워드를 던져줬을 때 자연스럽게 떠오르는 단어는 '혁명', '최제우', '인내천' 외에는 전무할 것이다. 사람들이 자연스럽게 동학을 접할 수 있는 경로는 중·고등학교 교과서일 것인데, 내가 십 대였던 그 시절에 학교에서 사용되던 교과서에는 동학사상에 대한 설명이 거의 없다시피 했다. 그러니 당연히 실제 교육 현장에서도 해당 내용을 제대로 가르치지 못했을 것이다.

이상화 시비

2013년에 이러한 현상을 비판적으로 분석하는 논문이 발표되었는데, 이에 따르면 대학생들이 동학을 접하게 되는 유일한 방식은 학교 교과를 통한 교육이다. 그런데 이들이 보았던 고등학교 한국사 교과서를 분석해 보면, 민족운동으로서 동학에 대한 역사적인 평가가 지면의 대부분을 차지한다는 것을 확인할 수 있다. 논자의 표현대로 이러한 교과서를 통해 동학을 배운 학생들에게 동학은 "교과 지식의 일부에 불과한", "과거 역사의 한 사건"으로만 기억될 수밖에 없을 것이다.[2] 아울러 2015 개정 교육 과정에 바탕을 둔 현행 중·고

2   김경진·임상욱, 「동학에 대한 대학생들의 인식과 접근 경로에 대한 연구 – 2009 개정 고등학교 한국사 검정교과서 6종에 나타난 동학의 내용과 이미지를 중심으로」, 『동학학보』 27호, 동학학회, 2013.4, 137–169쪽.

등학교 교과서 역시 몇 가지 점에서 한계가 있는데, 예컨대 도덕 교과서에서 동학사상을 가리켜 "유·불·도와의 융합이라는 측면으로만 서술"[3]함으로써 한국의 고유한 자생 철학인 동학의 놀라운 선진성을 학생들에게 제대로 알려 주지 못하고 있다.

　비단 중·고등학교뿐만이 아니라 대학 교육 역시 마찬가지가 아닐까. 물론 국내 대다수 대학의 철학과에서 학생들에게 가르치는 동양철학의 분야는 비교적 다양한 편이다. 중국 철학, 인도 철학, 불교 철학 및 유가 철학, 그리고 성리학에 이르기까지 학생들이 해당 과목에 대한 수준 높은 교육을 받을 수 있도록 철학의 종류가 이처럼 세분되어 있다. 그러나 이 가운데 동학 철학을 따로 정규 교과목으로 편성하여 가르치는 곳은 찾아보기 힘들다. 동학사상 연구로 석사 및 박사 학위를 취득하는 연구자들은 있는데 해당 사상을 대학의 철학과에서 이수해야 할 공식적인 과목으로 선정하지는 못하고 있는 것이다. 동학사상이 한국의 토착적 세계관을 내포하면서 동시에 현대 사회가 당면한 수많은 문제들에 답할 수 있는 현재성까지 지니고 있는 뛰어난 철학이라는 점을 고려할 때, 이는 매우 안타까운 현실이 아닐 수 없다.

　이와 같은 상황으로 인해 문학 작품에 드러나는 동학사상을 연구하는 것은 외부의 시선으로 볼 때 현재적이지 않은 과거의 유물을 다루는 일쯤으로 느껴지게 된 것이 아닐까 한다. 현행 교육과정에서 과거에 비해 동학사상을 다루는 비중이 비교적 높아졌다고는 하지만 여전히 한계가 있는 상황에서는 대다수의 사람들에게 동학은 민족운동 내지 이해하기 어려운 종교의 한 종류에 불과할 뿐이다. 교육부와 연구자들 간의 협력을 통해 중·고등학생은 물론 대학생과 일반 대중에 이르기까지 많은 이들에게 동학의 핵심적인 사상을 학습할 수 있는 기회를 제공해주는 것은 이와 같은 현상을 타개하기 위한 해결

3　전광수, 「도덕교육과 동학의 윤리관 –『생활과 윤리』 교과의 '평화와 공존의 윤리'를 중심으로」, 『동학학보』 47호, 동학학회, 2018.6, 39-65쪽.

방안 가운데 하나가 될 수 있을 것이다. 그렇게 함으로써 여타의 사상들과 마찬가지로 사람들이 한국 고유의 철학으로서의 동학에 대해 자연스럽게 접할 수 있게 된다면 한국 근대문학과 동학 간의 상관관계를 해명하는 작업도 낯선 풍경으로 다가오지 않게 될 것이다.

【서구중심주의라는 벽과 문학 연구】

물론 오늘날의 학문 제도는 비할 데 없이 개방되어 있고 우리는 신속하게 논의의 반응을 확인할 수 있다. 그러나 푸코(M. Foucault)가 이미 드러냈듯이 현실적으로 지식의 구현은 지식의 순결 그 자체와는 상관없이 우세한 힘의 논리에 의해 좌우된다. 고금을 통하여 이 원리가 불변인 한 우리의 글쓰기는 여전히 기약할 수 없는 행위이다. 그러면서도 행하지 않을 수 없기에 또한 여전히 선택의 여지가 없는 행위인 것이다.[4]

한국의 근대화는 열강들의 침탈로 인해 기형적으로 추진될 수밖에 없었고, 그로 인해 외부에 의해 강제적으로 생활 습관에서부터 문화적 풍토까지 '외래의 것'을 강요받았던 비극적인 체험을 겪은 바 있다. 그때 법칙화된 서구 이론을 중심으로 하는 학문적 전통은 안타깝게도 사라지지 않고 오늘날까지 남아 있다. 동학이 한국에서 독자적으로 생성된 고유의 종교이자 철학임에도 불구하고 많은 한국인들에게 '낯선 것'으로 인식되는 또 하나의 이유는 바로 이 서구 이론을 중심으로 하는 학문적 풍토라고도 할 수 있을 것이다.

이에 대항하기 위한 움직임은 문학뿐만 아니라 철학과 인류학, 미술, 음악 등 여러 영역에서 시작된 바 있고, 오랜 기간에 걸쳐 성실하게 진행되어 왔다. 서구 중심주의에서 벗어나자는 이들의 노력의 결과, 서구 이론의 틀이 유일하

4   정재서, 『동양적인 것의 슬픔』, 민음사, 2010, 9-10쪽.

고 견고한 것처럼 여겨졌던 일자(一者)의 자리를 허물고, 각자가 탄생한 토양의 질에 걸맞은 방법을 사용한 학술 논문들이 무수히 많이 배출되는 성과도 낳았다. 그런데도 우리는 여전히 서구 이론을 중심으로 하는 글을 쓰지 않을 수 없는 상황에서 벗어나지 못하고 있다. 오늘날에도 서구 이론을 조금도 차용하지 않은 논문 작성은 그야말로 '모험'처럼 여겨지기도 하는 것이다. 푸코가 지적한 바 있듯, 그리고 오래전에 "동양적인 것의 슬픔"을 토로했던 한 저자가 자신의 책의 서문에서도 언급한 바 있듯[5] 우리의 쓰기 행위는 지금도 여전히 '우세한 힘'의 논리에 따르는 방식으로 작동되는 경우가 많고, 이 궤도를 벗어나는 글은 그렇지 않은 글에 비해 조금 더 험난한 실험대 위로 올라가야 한다.

예전에 참석했던 한 학술대회의 뒤풀이 자리에서 위와 같은 상황을 체험했던 분의 경험담을 들었던 적이 있다. 동학사상을 주요 방법론으로 삼아 논문을 작성하는 중이던 그분은 동료 연구자로부터 어째서 그러한 방법론을 사용하는지, 논의를 풀어나가기에 더 적합한 다른 대안(서구 이론)은 없는지, 있다면 그것으로 대상을 분석하는 편이 더 낫지 않겠냐는 질문과 권유를 동시에 받았다고 한다. 실제로 그분이 선택했던 대상과 질문자가 제안했던 서양 이론을 중심으로 하는 방법론이 논의에 적합했을 것이다. 그러나 어째서 동학적 사유를 기반으로 하는 문학 연구는 끊임없이 그 방법론 자체의 적합성을 의심받아야만 하는 걸까. 이전에 다뤄진 바 없으나 동학적 사유를 통해서도 해명할 수 있는 작품이라는 점이 증명된다면, 작가의 문학사적 위치가 재조명된다는 점에서 그 연구는 매우 유의미하다 할 수 있다. 그 점에서 오히려 적극적으로 동학이라는 이론을 통해 한국의 근대문학을 분석해봐야 하지 않을까. 많은 근대 문인들이 당대의 서구 문예 사조의 세례를 받고 활동했다는 점은 자명한 사실이지만, 동학 역시 많은 이들에게 무시할 수 없을 정도의 영향력을 행사했을 것이다.

---

[5]   정재서, 『동양적인 것의 슬픔』, 민음사, 2010.11.19(개정판).

이것은 서구 이론을 중심으로 하는 글쓰기 자체를 회의적으로 바라보아야 한다는 뜻은 물론 아니다. 연구 과제에 따라 서구의 철학적 관점이 요구되는 글쓰기도 분명 필요하며 또 그 과정에서 생산된 학문적 성과들이 이룩한 업적은 헤아릴 수 없을 정도다. 그럼에도 동학을 통한 문학 연구의 필요성을 재차 강조하는 까닭은 동학사상을 통해서도, 아니 어쩌면 동학적 사유의 틀 안에서 바라보아야만 그 의미가 더 명징해질 수 있는 대상도 분명 있을 것인데, 이에 대한 논의는 다른 연구들에 비해 상대적으로 부족하기 때문이다.

문학에 대한 심도 깊은 이해는 자신이 속한 공동체가 추구하는 가치에 대한 이해이고, 이것은 곧 우리가 더 나은 미래를 향해 나아갈 수 있도록 하는 원동력이라 할 수 있다. 이에 따라 문학 연구자의 중요한 책무 중 하나가 문학 작품 해석의 지평을 넓히는 것이라 할 때, 작품 해석에 적합한 새로운 방식을 찾아 그 길로 문학 작품 감상과 이해에 접근하는 것은 연구의 기초적인 작업이 될 것이다. 따라서 문학 연구자는 끊임없이 문학 해석의 다양성을 확보하는 새로운 길을 발견하기 위해 노력해야 할 것이다. 특별히 한국 근대문학 연구에서 이미 서구 이론에서 벗어나 논의된 결과물들이 많긴 하지만, 문학은 곧 인간의 사상과 역사를 반영한 창조물이니만큼 더욱 적극적으로 같은 시기에 대두된 한국의 자생 철학의 관점에서 접근할 필요가 있다. 그렇게 했을 때 근대문학에 대한 더욱 깊이 있는 이해가 가능하게 될 것이기 때문이다.

【생성과 창조의 새로운 장을 위하여】

이처럼 서구 이론이 아닌 방법본을 택한 문학 연구는 그렇지 않은 것에 비해 더 많은 것을 입증해야만 한다. 그리고 그런 지난한 과정을 통해 생산된 논문은 서구 철학의 관점으로 다룬 것에 비해 상대적으로 덜 주목받기도 하고, 심각한 경우 논의 시도 자체가 부정되기도 한다. 그러나 다행히 한국의 근대문학 연구는 선물처럼 동시대에 나타난 독자적이고 창조적인 자생 철학을 바탕으로 지금보다 더 새롭게 논의될 여지가 충분하다. 그 점에서 문학 연구에서 새로운 논의가 만들어질 생성과 창조의 장은 이미 마련되었다고 할 수 있다.

때문에 우리가 넘어서야 할 서구 중심주의의 벽은 여전히 강력하지만, 이 문제에 관심을 갖고 지속적으로 틈새를 만들기 위해 노력하는 이들이 있는 한, 백 년 전 폐간되어 사라져버린 줄만 알았던 『개벽』의 불씨가 오늘날까지 살아남아 새로운 외양을 입고 돌연 나타난 것처럼 어느 날 갑자기, 균열이 발생한 바로 그 지점을 시작점으로 삼아 벽은 잔해 하나 남기지 않고 온전히 허물어지리라 믿는다.

유신지
◆ 대구에서 문학을 공부하는 현대시 전공자로, 한국 근대문학의 지평이 한국의 자생 철학을 바탕으로 했을 때 좀 더 넓혀지리라 믿고 그 길을 찾기 위해 노력하는 중이다
◆ 이를 위한 첫 번째 시도로 이상화의 시 세계를 동학적 사유를 근간으로 분석한 바 있다

김치와 우리 민족

이 나 미

【김치 논쟁을 대하는 우리의 자세】

국내의 반중, 혐중 정서가 심상치 않다. 2022년 베이징동계올림픽에서 편파판정 등 중국이 보인 태도에 많은 한국인들이 분노했다. 평소 반중 정서나 과도한 민족 감정을 우려하던 사람들마저도 중국의 소인배적 태도에 비판을 쏟아냈다. 이 이전에도 중국은 김치가 중국에서 유래되었다고 하여 한국인들을 분노케 했다. 한편 일본의 경우도, 일부 인사의 한국 비하 발언으로 국내에서 일본 제품 불매 운동이 일어나기도 했다.

이러한 문제에 대해 필자는 한 학술회의를 통해 한국, 중국, 일본이 서로 적대하는 태도에서 벗어나 서로를 칭찬하고 성장시키는 '시너지적인 민족주의'를 제안한 바 있다.[i] 그레이브스에 의하면 이제는 투쟁, 대결의 시대에서 시너지의 시대로 넘어가야 하는데 중국과 일본은 이러한 시대적 요청에 반하는 태도를 보이고 있다. 이에 우리는 그들의 문제와 오류를 명확히 지적하고 그러한 태도를 비판해야겠지만, 그와 동시에 그들의 고유한 전통과 문화를

---

[i] 필자는 2021년 3월 4일 원광대 HK+동북아시아인문사회연구소가 주최한 학술회의에서 "근대 시기 한국인의 민족인식과 민족주의"라는 발표문을 통해 그와 같이 밝혔다. 이 글 중 한중일 비교와 관련된 부분은 이 발표문의 내용을 다소 수정한 것이다.

77

칭찬해 보면 어떨까 싶다. 그것이 그들과 우리를 진실로 차별화하는 것은 아닐까?

생각해보면 우리는 아무리 우리가 사랑하는 것이라 하더라도 타국에서 유래된 것에 대해 그것이 결코 우리의 것이라고 우겨본 적이 없다. 예를 들어 필자가 어릴 적에 짜장면은 생일이나 졸업식 또는 군대에서 휴가 나온 군인들이 특별히 먹는 '국민 최애' 음식이었고 또 중국 본래 요리법에서 많이 달라져 이미 한국화가 많이 진전된 것임에도 불구하고, 그 어느 누구도 짜장면을 우리 고유의 음식이라고 주장하지 않는다. 짜장면을 파는 곳을 우리는 '중국집'이라고 부른다. 또한 우리는 초밥도 매우 좋아하지만 그것 역시 당연히 일본 요리로 여기고 있다. 이에 착안하여 필자는 앞서 말한 학술회의에서, 짜장면과 단무지와 김치가 평화롭게 식탁 위에 함께 있듯이 한중일이 평화롭고 조화롭게 공존하며 서로를 발전시키면 좋겠다고 발언했다. 마침 그때가 점심시간이어서, '짜장면 얘기 때문에 더 배고파졌다'는 사회자의 원망(?)을 듣기도 했다.

【김치에 진심인 최시형과 김치를 멸시한 우리】

그렇다면 김치는 우리에게 어떤 음식인가. 최시형이 쓴 「내수도문」에는 다음과 같은 문장이 있다.

> 먹던 밥 새 밥에 섞지 말고, 먹던 국 새 국에 섞지 말고, 먹던 침채 새 침채에 섞지 말고, 먹던 반찬 새 반찬에 섞지 말고, 먹던 밥과 국과 침채와 장과 반찬 등절은 따로 두었다가 시장하거든 먹되, 고하지 말고 그저 "먹습니다" 하옵소서.

일견 소박해 보이는 최시형의 위 글은 당시 역사에 대한 많은 정보와 지혜를 준다. 첫째 위생관념이다. 먹던 음식을 새 음식과 섞으면 음식이 금방 상한다.

동학 교인들은 깨끗한 사람들이었다. 포졸들이 동학군을 잡으려고 할 때 가장 쉬운 방법은 그 마을에서 가장 깨끗한 집을 수색하는 것이었다고 한다.[2]

둘째, 남은 음식을 버리지 않고 나중에 다 먹었다는 것인데 이는 특별히 동학도뿐 아니라 당시 모든 백성이 그러했다. 모든 사물을 공경하는 동학도는 당연히 그러했을 것이고, 음식을 귀하게 여긴 한국인들은 '음식 버리면 벌 받는다'는 말을 어릴 때부터 들어 왔다. 그러나 요즘은 음식이 흔하고 또 남은 음식을 쉽게 버린다. 그런데 천도교인들은 동학의 전통을 잇고 있다. 필자가 천도교인들과 식사를 한 적이 있는데 일부 반찬을 다 먹어서 접시가 비워졌어도 그들은 그것을 더 주문하지 않고 남은 반찬을 먼저 먹어야 한다고 했다. 더 나아가 천도교인들은 안 먹을 반찬은 반납하고 밥이 많으면 미리 덜어낸다. 또한 되도록 채식을 하고 자연식, 소식을 한다.[3]

셋째, 남은 음식의 처리는 여인의 몫이었다. 위 글이 있는 내수도문은 부인들에게 특별히 당부하고자 쓰였다. 예나 지금이나 부엌일은 여성들이 대부분 담당했기 때문에 최시형이 특별히 여성을 차별하고자 위 글을 썼다고 보기 어렵다. 또한 '하옵소서'와 같은, 오늘날 교회에서 신자들이 하느님께나 하는 표현을 썼다는 것이 눈에 띈다. 서구 물을 먹고 개화되었다고 뽐내는 인물들이 만든 《독립신문》에서도 관리들을 향해서는 경어체를 쓰고 일반인들에게는 하대하는 표현을 썼다. 디테일에는 악마만 있는 것이 아니라 이렇듯 진실도 있다.

마지막으로, 김치에 대한 특별대우가 눈에 띈다. 밥, 국, 장, 반찬과 구별하여 특별히 침채[4]를 따로 언급했다. 아무리 진수성찬, 산해진미라도 그것은 그저 반찬 중 하나다. 김치는 꼭 상에 있어야 하는 우리 민족의 음식임이 동학 경전에도 표현되어 있다. 필자의 아버지는 종종 식사 때 물김치를 드시고는 "이

2   임운길, 「동학에 나타난 자연관과 세계관」, 불교환경교육원 편, 『동양사상과 환경문제』, 모색, 1996; 김항섭, 「동학과 생태문제 논의에 대한 비판적 이해」, 『신종교연구』 제5집. 2001.
3   김용휘, 「천도교의 밥과 영성」, 제68차 평화포럼 『종교와 음식문화』, 한국종교연합, 2013.
4   소금물에 잠긴 채소란 뜻의 침채가 팀채, 딤채, 짐채, 김채를 거쳐 김치가 되었다.

게 소화제야 소화제!"라고 말씀하신다. 참고로 아버지는 90세가 넘으셨는데 매우 정정하다. 김치가 보약임에 틀림없다. 그런데 요즘 김치의 자리를 탄산음료가 대신하고 있다. 서양인들 그리고 서구화된 한국인들은 느끼한 고기나 햄버거를 먹으며 그것을 소화시키기 위해 탄산음료를 마신다. 독약을 중화하기 위해 또 다른 독약을 먹는 격이다. 일찍이 최제우, 최시형은 '네발 달린 짐승의 나쁜 고기를 먹지 말라'거나 '이질적 기화'란 표현을 통해 포유류 먹는 것을 금기시하거나 극도로 제한했다. 육식을 당연히 해야 하는 육식동물마저도 암에 걸리고 초식동물에 비해 일찍 죽는다 하니 확실히 고기는 몸에 좋지 않음이 분명하다. 한식 그중에서도 김치는 몸에 좋을 뿐 아니라 느끼한 음식을 잘 중화시켜 준다. 또한 김치가 면역력 강화에 도움이 되어 한국인들이 감염병에 덜 걸린다고 소문이 나서 세계인들이 김치를 찾았다고 하는데 한번 진지하게 연구해 볼 만한 일이다.

그러나 많은 한국인들이 몸에 안 좋은 서양 음식을 즐겨 먹을 뿐 아니라 비난하고 싶은 한국 여성을 향해 '김치녀'라고 불러 김치의 명예를 실추시켰다. 이번 중국 발 김치 논쟁으로 이제 '김치녀'란 말은 사라지지 않을까 조심스레 희망해 본다. 김치뿐이랴. 그 몸에 좋다는 된장도 억울하게 비난의 용어에 합류되었다. 왜인지 모르겠으나 허영에 찌든 여성은 '된장녀'라고 불린다. 이에 대한 한국여성들의 반격의 무기는 '한남'(한국남자)이다. 이를 보면 우리나라의 남녀 간 갈등은 남성 일반, 여성 일반에 대한 공격이 아니라 콕 집어 '한국남성'과 '한국여성'에 대한 것이란 것을 알 수 있다. 즉 한국남성은 여성이 미운 것이 아니라 한국여성이 미운 것이고 한국여성은 남성 모두가 아니라 한국남성이 미운 것이다. 이렇게 쌍방이 모두 미워하는 대상은 한국인이다. 마침 안창호도 다음과 같이 말했다.

우리가 미국 사람이나, 영국 사람이나, 어느 나라 사람을 대할 때엔 어떠한
공포심이 없습니다. 심지어는 내지의 일본인을 대할 때에도 공포심이 없습니다.

그런데 우리 한인이 한인을 대할 때에는 공포심이 있고, 질투심이 있음은 그 무슨 까닭입니까.[5]

【'국뽕'은 최근 현상】

젊은 남성, 젊은 여성뿐 아니라 그간 한국인은 자국민을 매우 불신했으며 따라서 '국뽕'과 같은 현재의 민족애 내지 민족주의는 아주 최근 현상이다. '국뽕'이라는 용어 자체도 마약에 취한 것 같은 맹목적 민족주의, 애국심을 뜻하고 있어 과도한 민족주의의 위험성을 경계하는 말이다. 그동안 한국인은 각자 가진 자신의 능력에 대한 확신은 큰 반면, 한국이나 한민족의 우수함에 대한 믿음은 별로 없었다. 한국인은 대체로 자기 자신은 과대평가하는 반면, 자신이 속한 한민족은 과소평가했다. 현재에도 적지 않은 이들이 자신은 본래 세계의 주류인 백인 사회에 어울리는 사람이라고 생각하며 그들의 관심과 칭찬을 들어야 진짜 인정받았다고 느낀다. 얼마 전까지도 백인들이 지켜보는 가운데 길거리 공연을 한다든지 한식당을 차려 그들의 평가를 듣는 프로그램이 인기를 끌었다. 한국인이 만든 영화, 드라마, 노래가 미국에서 상을 받고 백인들이 환호하자 비로소 우리 민족의 특별함이 한국인들 사이에 공감을 얻고 있다.

필자가 보기에 한국인은 본래 민족보다는 각자 자신의 능력을 더 크게 생각한다. 그리고 그 능력은 주로 노력과 무관한 '타고난' 능력이다. 한·중·일 문화 모두 메리토크라시(meritocracy, 능력주의, 실력주의)적 요소가 있고, 이것이 동아시아 발전의 이유 중 하나로 여겨지지만 그것이 중시하는 지점이 나라마다 각각 다르다. 타고난 능력이 우월한 것이 한국인들의 자부심이라면, 후천적 노력에 의한 업적은 중국인들의 자부심이며, 노력의 과정 즉 성심(마코토)을

---

[5] 안창호, 「따스한 공기」, 1924.

다하는 것은 일본인들의 자부심이다. 이를 시간적 흐름에 대입해 보면, 출발점에 대한 자부심은 한국인, 과정에 대한 자부심은 일본인, 결과에 대한 자부심은 중국인이 강한 듯하다. 아버지의 원수를 갚기 위해 무술을 십수 년을 수련하여 결국 원수를 쓰러뜨리거나, 고된 노력 끝에 거부가 되는 것이 중국적 서사라면, 자신은 뛰어난 인재인데 그것을 알아보지 못하는 가족을 탓하거나 신분을 탓하거나 시대를 탓하다가 결국 기회를 만나 자신의 큰 인물됨을 세상에 드러내는 것이 한국적 서사다. 홍길동, 임꺽정, 장길산 등이 그러하다. 일본적 서사가 우동집이 변함없이 몇 대째 내려오는 것이라면, 한국적 서사는 맛의 비법을 개발하여 크게 성공하고 프랜차이즈를 내는 백종원 식 스토리가 전형이다.

한국인은 노력으로 성취한 업적이나 노력 그 자체에 큰 가치를 두지 않는다. 시험 당일 학생들은 '공부를 하나도 안 했다'거나, 학부모들은 '우리 아이는 머리는 좋은데 노력을 안 한다'고 하는데, 이것이 자랑거리이다. 한국의 고전소설을 봐도 주인공은 대체로 노력 없이 타고난 능력을 갖춘 이들이다. 또한 독특하게도 노력은 오히려 악인들의 특징이다. 한국인들은 노력이 자신들의 인생을 크게 바꾸지 못한다고 생각하며 따라서 '인생은 한방'이라는 말을 즐겨 쓴다. 한국인들의, 자신에 대한 인식은, 자신은 본래 능력자인데 노력을 안 했거나 부모를 잘못 만났거나 친구를 잘못 만났거나 때를 잘못 만났거나 나라를 잘못 만나서 성공하지 못했다는 것이다. 한국인이 세계에서 자살률 1위인 것은 어쩌면, 자신에 대한 인식과 자신의 세상 속 실제 모습 간 괴리가 너무 커서일 수 있다. 또한 한국인들이 생산하는 온갖 이야기 콘텐츠가 기발하고 흥미로운 것도 자신에 대한 인식과 세상이 자기를 보는 인식 간 괴리를 메우기 위해 판타지 창조력을 키운 결과일 수 있다.

【자신(自信)주의에서 자신(自神)주의로】

자신만 잘났다고 생각하는 한국인들은 지도자를 믿지 않는다. 역사적으로 봐도 한국인들이 특정 지도자 아래 하나로 뭉치는 경우를 보기 어렵다. 한국의 독립운동, 민주화 운동의 특징 중 하나는 오히려 운동 과정에서의 끊임없는 분열과 극단적인 갈등의 양상이다. 간혹 결정적 국면에서 함께 뭉치는 모습을 보이지만 그러한 경우에도 특정의 지도자, 이념, 정파를 위한 것이 아니라 '독립' 또는 '민주주의' 그 가치 자체가 구호였고 목표였다. '금 모으기' 운동과 촛불집회도 자신의 시민 됨의 믿음과 그 표현으로 볼 수 있다.[6]

한국인들은 자신만을 믿고 또 신이 나야 행동한다. 그래서 '당신이 바로 하늘'이라고 한 동학이 들불처럼 퍼졌을지도 모른다. 최제우는 모든 사람이 자신 안에 하늘을 모셨다고 했으며, 하늘의 마음이 곧 인간의 마음이라고 했다. 최시형도 "사람은 한 사람이라도 썼었다고 버릴 것이 없나니, 한 사람을 한번 버리면 큰일에 해로우"며 "일을 하는 데 있어 사람은 다 특별한 기술과 전문적 능력이 있으니, 적재적소를 가려 정하면 공을 이루지 못할 것이 없"[7]다고 하여 각 개인이 모두 특별한 능력을 갖고 있음을 강조했다. 또한 "내 마음을 공경함이 곧 한울을 공경하는 도를 바르게 아는 길"이라 했으며 "한울을 공경함으로써 모든 사람과 만물이 다 나의 동포라는 전체의 진리를 깨달을 것"이라고 했다.[8] 즉 각각의 모든 사람, 모든 물체가 다 신성을 내포한 중요한 존재인 것이다.

이렇듯 자신(自信)은 자신(自神)으로 나아간다. 이돈화는, 미래의 종교는 '자

---

[6]   최근에 보이는 극성스런 팬덤 정치는 사실은 국민 중 극소수에 의한 것인데, 언론과 정치권이 자신들의 이익을 위해 과장하는 측면이 있다.

[7]   최시형, 『해월신사법설』, 「오도지운」.

[8]   최시형, 『해월신사법설』, 「삼경」; 김용휘, 「해월 최시형의 공경과 살림의 평화사상」, 서보혁·이찬수 편, 『한국인의 평화사상 I』, 인간사랑, 2018.

기 안의 신(自神)'을 신앙하는 형태이며 천도교가 그러한 신앙 형태에 부합된다고 했다. 손병희도 인내천주의를 자신(自神) 또는 자천(自天) 신앙으로 불렀다.[9]

자신을 믿는 한국인들은 타인으로부터 인정받고 좋은 평판을 얻는 것을 무척 신경 쓴다. 대체로 현실적인 중국인들은 타인의 시선에 관심이 없고, 일본인은 주목받는 것을 오히려 부담스러워하는데, 한국인은 봐 주지 않는 것을 기분 나빠 한다. 종종 싸움의 원인이 되곤 하는 '무시(無視)한다'는 말도 '보지 않는다'는 뜻이다. 안창호에 의하면 한국인들은 특히 칭찬받는 것을 좋아한다.

> 동양 사람만 많이 부려본 미국 부인의 말에, 일본인은 매사에 일일이 간섭을
> 해야 하고, 중국인은 간섭하면 골을 내므로 무엇을 맡기고는 뒤로만 보살펴야
> 하고, 한국인은 다만 칭찬만 해주면 죽을지 살지 모르고 일한다 합니다.[10]

이렇듯 칭찬과 인정에 목말라하는 한국인들은 그 성향으로 인해 직업의 귀천을 나누고, 좀 더 높은 가치나 지위에 해당하는 일, 공적으로 중요해 보이는 일만 하려고 한다. 독립운동 시기에도 언제 죽을지 모르는 '지사'란 직업이 가장 인기가 있었다. 지금은 연예인, 유튜브 진행자가 가장 인기 있는 직업이다.

【민족성에 대하여】

이렇게 한국인들이 공유하는 특정의 민족성이 있다고 하면 자칫 국수주의자로 몰리기 십상이다. 민족의 '실체' 자체가 늘 논란의 대상이 된다. 베네딕트 앤더슨(Benedict Anderson)의 말대로 민족은 '상상의 공동체'라고 해야 무난한,

9   조성환·이우진, 「이돈화의 미래종교론」, 『종교연구』, 80권 3호., 2020.
10   안창호, 「나라 사랑의 6대 사업」, 1920.1.5.

또 세련된 현대인이 된다. 그러나 상상의 공동체로 규정되는 서구의 '네이션(nation)'은 우리의 '민족' 개념에 딱 들어맞지는 않는다. 용어의 용례를 볼 때 영어 nation은 우리 말 '민족'과 '국민' 사이에, '민족'은 'ethnic group(종족)'과 nation 사이에 위치한다. 막 중앙집권적 민족국가를 건설하려는 서구에서 네이션은 상상을 통해 형성해야 하는 공동체이겠지만 오랜 중앙집권적 국가의 역사를 이어 온 우리에게 민족, 국민, 네이션은 이미 '실체'로서 당연시되는 공동체이다.

그레고리 베이트슨에 의하면 "포유류와 인간 행동의 특징은 이전의 개인적 경험과 행동에 좌우된다." 따라서 인간은 행동에 있어 체계적으로 계속 연결되는 특징을 보이며 이것이 "상황과 함께 성격도 반드시 고려되어야" 할 필요성이 된다. 즉 우리는 "학습된 성격의 중요성에 대해 알고 있으며, 이 지식은 부가적 '실체'를 고려하지 않을 수 없게 한다"는 것이다. 따라서 한 공동체의 구성원들은 공통적으로 받은 학습을 통해 공유된 성질을 갖고 있으며 이것이 부가적 실체로서의 민족성을 형성했다고 할 수 있다.[11]

이렇듯 민족이나 민족성이 실체로서 발견될 수 있다고 했을 때 우리는 이를 어떻게 대해야 할 것인지의 문제가 남아 있다. 필자는 이에 대해 '제도화' 방식과 '내러티브' 방식을 제시하고자 한다. 들뢰즈·가타리는 "형식을 부여받지 않은 불안정한 질료들, 모든 방향으로 가는 흐름들, 자유로운 강렬함들 또는 유목민과 같은 독자성들, 순간적으로 나타났다 사라지는 미친 입자들"과, 이러한 "질료에 형식을 부여"하고, "시스템들 속에 강렬함들을 가둬두거나 독자성들을 붙들어 매고," "지나가는 모든 것을 부여잡으려고 애쓰는 '검은 구멍' 또는 폐색 작용"을 구분한다.[12] 전자의 경우는 내러티브, 후자의 경우는 제도화와 유사하다.

11 그레고리 베이트슨, 『마음의 생태학』, 책세상, 2006.
12 질 들뢰즈, 펠릭스 가타리, 『천개의 고원』, 새물결, 2001.

민족성의 제도화는, 예를 들면 국가가 "우리는 민족중흥의 역사적 사명을 띠고 이 땅에 태어났다."로 시작하는 국민교육헌장을 외우게 하거나, 단군이 우리의 시조라고 공식적으로 선언하거나, '우리는 단일민족'이라는 순혈주의를 강조하는 것이다. 국정교과서를 만들어 일체의 다른 논의를 차단하는 것도 같은 방식이다. 이는 민족성을 박제화, 코드화, 국수주의화하는 것이다. 내러티브 방식은, 전해져 오는 민족의 공통된 유산을 전설로, 이야기로, 문화 콘텐츠로 풍부하게 활용하고 변용하는 것이다. 국가가 특정 사실과 특정 이념을 공식적으로 인정하고 다른 것들을 배제한다면 오히려 그것은 어느 순간 통째로 부정당할 위험을 갖게 된다. 전해져 오는 기록을 여러 가능성을 품은 이야기로 전하고 변용시킬 때 이것이 오히려 더욱 생명력을 갖고 이어지게 된다.

　기원을 묻는 것도 민족과 역사를 가두고 고정하는 방식이다. 예를 들면 드라마 <오징어게임>의 각종 놀이들이 사실은 일본에서 들어온 것이라는 주장은 국수적, 고정적 설명 방식이다. 이를 반박하지만 또 다른 국수주의가 되는 설명 방식은, 일본의 많은 문화는 한국에서 넘어갔으므로 그 놀이의 기원 역시 우리 것일 수 있다는 것이다. 이에 반해 내러티브 방식이란 모든 문화는 분자적으로 자유롭게 흘러 다니는 것으로, 기원이 어디인지 묻는 것은 의미가 없으며 그것을 어떻게 풍부하고 다양하게 변화시킬 것인가가 더 중요하다는 것이다.

　우리 민족이 비교적 공통적으로 갖고 있다고 여겨지는 성격이 있다면 그것은 '불안정한 질료들', '자유로운 흐름들,' 즉 내러티브로서, 앞으로 어떤 이야기와 문화로 이어지는지가 관심사가 될 것이다. 이를 통해 비교적 오래 관찰되고 있는 한국인의 특정 민족성이 동아시아 더 나아가 세계에서 '긍정적 이질성'의 문화적 조화를 어떻게 이룰 것인지 기대해 보자.

이나미

◈ 한국근현대정치사상, 정치이념을 연구해 왔으며 특히
자유주의, 보수주의를 비판하는 것에 주력해왔다 ◈
그러다가 대안 사상을 연구하고 싶어 최근에는 동학사상을
포함하여 생태주의를 공부하고 있다.

동학농민혁명사는 이웃과 동네의 역사가 되어야 한다

김태웅

김태웅

【학생들의 박제화된 동학농민혁명 역사 인식】

지난 1994년 동학농민혁명 100주년을 맞이하여 관련 지방자치단체는 물론 중앙의 유수한 여러 학회와 연구소를 중심으로 이전 시기와 달리 동학농민혁명 연구를 본격화하였고 기념사업을 벌였다. 이러한 변화는 단지 100주년을 기념하는 차원에 머무르지 않고 한국 사회의 발전 및 지방자치 문화의 성장이 가시화되는 가운데, 농민혁명에 대한 재조명이 궤도에 올랐음을 보여준다. 특히 이전과 달리 중앙 중심의 시각에서 벗어나 지역의 시각에서 구체적인 장소를 매개로 자신의 역사를 체계적으로 정리하고자 하는 노력에 힘입어 지역 동학농민혁명도 전문성에 바탕을 둔 새로운 연구 단계로 진입하기 시작했다.

그러나 학계와 지방자치단체의 이러한 노력에도 불구하고 그러한 성과가 학생들이 배우는 교육 현장에서는 제대로 반영되고 있지 못하다. 교과서에서 차지하는 동학농민혁명의 서술 분량이 이전 시기보다 늘어났을지라도 120여 년 전 특정 지역, 전라도 정읍(고부) 또는 공주 우금티에서 일어난 어느 지역만의 일로 기억하거나, 설령 교과서에서 동학농민혁명의 반봉건·반제국주의적 성격과 한국 근대사에서 차지하는 역사적 위상을 강조한들 전봉준을 비롯한 불우한 지도자의 메아리 없는 음성으로 듣고 있지 않나 하는 의구심을 떨칠 수 없다. 4차 산업혁명 시대를 살면서 수능 점수를 올려야 하는 학생들로서는 동학농민군이 살았던 시대를 이해하기가 도무지 어려운 데다가 그 의미를 받아들이기가 여간 만만치 않기 때문이다. 무엇보다 우리 역사교과서가 중앙의 시각에서 너무나 빡빡한 인과관계 위주의 서술 방식을 벗어나지 못한 까닭에 동학농민혁명은 여전히 먼 나라의 일이자 딴 세상의 이야기로 다가오고 있는 것이다. A.I. 시대를 코앞에 두고 있는 학생들은 다음과 같이 반문을 던진다; "동학농민혁명이 '나'와 무슨 관계가 있는가, 또 먼 과거의 이야기를 꼭 알아야 하는가?"

이런 가운데 2023년 고교학점제의 시행으로 학생들이 원하는 과목을 일정한 범위 내에서 자유롭게 선택하여 배울 수 있는 기회가 열린다는 소식은 가뭄의 단비같이 다가온다. 즉 고교학점제 아래 지역 사회와 학생들의 요구를 반영할 수 있도록 기초교과, 공통교과를 제외한 교과목을 탄력적으로 선택·운영함으로써 지역사는 물론 지역 동학농민혁명도 교육 현장에서 재미있고 생생하게 학습할 수 있는 가능성이 높아지기 때문이다. 무엇보다 전국화되고 획일화된 동학농민혁명사에서 벗어나 학생들이 사는 지역 공동체에 걸맞는 지역 동학농민혁명사로 탄생되리라 감히 전망해 본다.

그러나 이러한 지역 동학농민혁명사가 군 단위 교과서 형태로 집필되기에는 경제적 여건과 학습 효율의 측면에서 여러 난관이 수반된다. 무엇보다 지역사 서술이 군 단위가 아니라 도 단위 차원에서 이루어지기 때문이다. 따라서 이러한 한계를 조금이나마 극복하기 위해서는 지역 동학농민혁명을 학생들의 눈높이와 교육 여건에 부합하게 서술되도록 해야 한다. 또한 고교학점제 시행을 앞두고 지역사 교육을 활성화하는 가운데 지역 동학농민혁명 교수·학습을 위한 제반 여건을 조성해야 한다. 그 결과 학생들이 이웃과 동네의 역사를 배우는 과정에서 동학농민혁명사를 배운다면 동학농민혁명은 '나'의 할아버지·할머니가 겪은 역사이자 내 이웃과 우리 동네에서 일어난 거대한 사건으로서 '나'의 삶에 영향을 미치고 있음을 깨닫게 되지 않을까. 즉 이러한 변화는 지역 학생들이 오로지 점수를 따기 위해 배워야 하는 동학농민혁명의 박제성(剝製性)에서 벗어나 '나'와 매우 밀접한 역사적 사건이자 앞으로도 '나'의 삶과 생각에 영향을 미칠 동학농민혁명의 생생성(生生性)으로 나아감을 의미한다.

【지역 동학농민혁명사를 서술하고 가르칠 준비가 되어 있는가】

고교학점제 아래 지역사 교육이 활성화된다고 하더라도 기존 지역사 교육의 문제점을 되돌아보지 않는다면 시행착오를 겪을 가능성이 높다. 무엇보다 현재 입시 위주의 교육이 기승을 부리는데다가 지역의 교육 여건이 녹록지 않아 이러한 지역사 교육이 학교 현장에서 거의 이루어지지 않고 있기 때문이다. 더욱이 어느 역사교과서에서도 지역사를 거의 다루고 있지 않을뿐더러 이를 규정하는 교육과정에 들어 있지 않은 점도 지역사 교육을 열악하게 하는 요인이다. 물론 고교학점제 시행으로 형식상으로는 지역사 교육이 이루어질 수 있다. 그러나 이 역시 지역사 교육을 위한 학문적·교육적 뒷받침이 따르지 않는다면 자율이라는 이름으로 방치될 여지가 많다.

또한 교사들은 잦은 전근과 함께 지역과 무연한 까닭으로 지역사에 깊이 관심을 기울이기가 어렵다. 서울의 경우, 서울을 중앙으로만 인식함으로써 서울 나름대로 지역으로서의 내력이 있음을 인식하지 못하는 경우도 적지 않다. 그리고 지방의 경우, 교사들의 잦은 전근으로 해당 지역을 깊이 있고 찬찬히 조사하기가 어렵다. 특히 입시와 잡무에 따른 열악한 근무 여건은 더욱더 지역사를 소홀히 하게 한다.

따라서 학생들은 자기가 일상 속에서 생활하고 체험함에도 그 지역의 역사와 문화를 배울 수 있는 기회를 가질 수 없다. 나아가 필요성조차 느낄 수 없다. 그 결과 학생들은 자기가 뿌리를 박고 있는 지역의 정체성(正體性)을 내면화할 수 없을뿐더러 심지어 지역에 대한 열등감에 빠지기도 한다. 따라서 이들 학생이 훗날 20대에 다른 지역으로 유학을 가고 난 뒤 고향에 대한 느낌은 단지 유년 시절의 아련한 추억으로 다가올 뿐 한국 사회에서 지역사의 개별성, 지역 사회의 역동성과 정체성 등을 고민하면서 타 지역과의 공존을 통한 여러 문화의 조화를 적극적으로 고민하지 않게 되었다.

그렇다고 지방자치단체가 지역 정체성의 형성에 기여하지 않는 것은 아니다. 우선 지역 사회는 군지(郡誌), 시사(市史) 등 지방지를 편찬하거나 각종 문화 활동을 통해 지역의 정체성을 살리려고 노력하고 있다. 현재 지자체에서 발간하고 있는 각종 지방지는 이를 잘 보여주고 있다. 아울러 지역사를 연구하는 각종 학회들이 결성되어 학술지를 통해 지역사의 연구 수준을 높이고 있다. 그러나 정작 이러한 성과를 활용하고 교육 현장의 여건에 맞추어 발전시켜 나아가야 할 교사나 이를 배워야 할 학생이 여기에 동참할 수 있는 여건은 조성되어 있지 않다. 단지 일부의 헌신적인 교사들이 향토사 연구자로서 참여하는 정도에 지나지 않다. 심지어 이러한 성과물들이 지자체나 지역 유지들의 자기만족을 위한 문화 활동에 지나지 않는다는 비판도 받을 수 있다. 특히 지자체들이 지방경제의 활성화를 내세우면서 지역사와 지역문화를 연구하고 보존하는 과정에서 '만들어진 역사'이자 관광 상품으로 변질될 여지도 있다. 이는 역사를 왜곡하고 문화를 조작하는 행위로 비칠 수 있다.

따라서 교육 현장과 학계에서는 지역사 연구를 단지 학자들의 전유물로 방치하지 말고 지역사 교육과 연결시키려는 노력이 절실하다. 즉 교육 현장의 목소리를 담아내어 교사와 학생들이 더불어 할 수 있는 탐구 활동의 기획과 실행이 절실하게 요구된다. 나아가 교사·학생들의 탐구 활동을 제도적으로 뒷받침할 수 있는 인정교과서 개발과 교육과정의 개편 등이 수반되어야 하다. 그러나 이러한 인정교과서 개발도 수업시수가 확보되지 않는다면 공염불이다. 여전히 수능 고득점 확보가 절대 지상과제인 이상 지역사 과목은 재량 과목에도 들어갈 여지가 없기 때문이다. 이에 지자체와 지역 문화원은 지역사

2018년 3월 저희 역사교육과 학생들과 함께 답사한 무장읍성 객사(송사지관) 전경.

교육에 필요한 콘텐츠 개발과 편찬을 지속적으로 추진하는 한편 학계와 교육계는 지역사를 교수·학습할 수 있도록 제도적 개선과 콘텐츠 개발에 힘을 쏟아야 할 것이다.

지역사 교육에 대한 인식의 변화에 대비하여 지역사 교육 과정의 매뉴얼이 구비될 필요가 있다. 종전에는 지역사에 열정을 가진 일부 지역 교사들이 자신들의 헌신으로 지역사 교육을 꾸려 왔다면, 이제는 지방 단위의 매뉴얼이 구비되어 지역사 교육의 얼개와 내용, 방법론 등이 통일적으로 이루어질 필요가 있다.

그러나 지역사 교수·학습의 원칙과 방식이 결정된다고 하더라도 여전히 커다란 과제가 남아 있다. 설령 지역사 교육이 교육청과 교사들의 노력으로 실시된다고 하더라도 그 내용은 도 단위로 편성될 수밖에 없다. 수많은 군 단위 지역사 교과서를 군 단위로 편찬하거나 교수·학습하기에는 많은 역량이 투입되어야 하기 때문이다. 그렇다면 도 단위 지역사 교과서의 편찬과 교수 학습은 원만하게 진행될 것인가. 이에 대해서는 오래된 중앙 집권의 전통에 따라 낙관론이 나올 수 있겠지만, 군 단위의 상충(相衝) 내용을 어떻게 조정할 것이라는 문제는 여전히 남아 있다. 조선 시대에 고을 내부에서도 역사 서술을 둘러싸고 갈등이 있었거니와 고을 간의 대립 역시 적지 않았다는 점을 감안할 때 오늘날에도 이러한 현상이 일어날 가능성이 농후하다. 이미 2014년 당시에도 지자체 간의 역사 서술 상충 문제로 갈등을 빚은 사례가 있다. 국사편찬위원회 사료조사위원 이용엽은 2014년 2월 19일 《전북도민일보》에서 지역사 서술의 난점과 지자체 이해관계에 따른 문제점을 다음과 같이 지적하고 있다.

> 현재도 초등학교 3학년 지역 교과서를 시·군 교육청에서 발간하고 4학년 교과서는 도교육청에서 발간하고 있으며 각 지방자치단체에서도 1년에 몇 권씩 지역 자료를 발간하고 있으나 지방자치단체 간의 이해관계로 역사를 왜곡하고 있어 시·군 간 분쟁이 일어나고 있어도 조정할 길이 없어 문제가 심각한 실정에 있다. 남북이 분단되고 영·호남이 대립 각을 이루고 있는 우리 현실에서 지방정부에서 교과서를 편찬한다면 남북이나 동서화합은 어렵지 않을까 심히 우려되고 있다.

특히 동학농민혁명의 경우, 전국 단위로 서술되고 있음에도 지방자치 단위에서는 지역 이해관계와 맞물려 강조점이 상이하거나 자신의 지역에 유리한 방향으로 해석하는 경우도 적지 않다. 동학농민혁명의 국가기념일 지정을 두고 수십 년 동안 지자체별, 또는 각 지자체의 입장을 대변하는 학자들 사이에 지루한 논쟁이 계속되었던 일은 이를 입증하고도 남는다.[i] 또한 지자체나 지역 문화원이 중심이 되어 만든 동학농민혁명 관련 기념관이 여타 지역의 동학농

---

[i] 우여곡절 끝에 '동학농민혁명 국가기념일'은 2019년 2월 19일 국무회의를 통과하여, 2019년 5월 11일 광화문 광장에서 처음으로 '동학농민혁명 국가기념일' 행사를 실시했다.(이낙연 당시 국무총리 기념사)

민혁명기념관과 차별화되지 않는다거나 예산 낭비라는 비판을 면치 못하는 경우가 적지 않다.

한편, 지역별 동학농민혁명에 대한 연구가 심화되고 확장되는 가운데 정부 및 지자체의 관심과 지원이 커지면서 지역별 인식의 상충 현상이 간헐적으로 보이고 있다. 아무래도 자기 지역 중심의 사고가 이해관계와 맞물려 더욱 강화될 여지가 적지 않다. 관련 지역 기념사업회 간의 경쟁은 이를 단적으로 보여준다.

우선 동학농민혁명기념사업회는 물론 해당 지자체는 문헌 자료와 함께 구술 증언을 통해 지역 동학농민혁명 연구의 기초를 구축하는 데 이바지하고 있다. 고창의 경우, 일찍부터 고창이 전봉준의 태생지이며 손화중포의 활동 무대였음을 역설하며 고창을 동학농민혁명의 성지로 부각시켰다. 이러한 노력은 지자체로서 당연히 추진해야 할 방향이다. 자기 고장의 역사적 위상 제고와 동학농민혁명을 연계하여 지역 사업으로 발전시키고자 하기 때문이다.

그러나 고창 동학농민기념사업회 홈페이지에서 동학농민혁명 해당 항목을 검색하면 고부 봉기와 전주 화약을 독자적인 단계 내지 중요한 계기로 설정하지 않고 각각 3월 무장 기포의 전사(고부 봉기)와 결과(전주 화약)로 처리하고 있다. 그리하여 3월 기포는 고부 농민봉기, 무장 기포와 백산대회, 황토재와 황룡촌 전투, 전주성 점령과 청·일의 개입, 완산 전투, 폐정개혁안과 전주 화약으로 구성되어 있다. 이러한 구성 방식은 고부 봉기와 전주 화약의 의미를 약화시킬 가능성이 높다. 또한 전봉준 생가의 성지화에 중점을 둔 나머지 전봉준에 대한 추숭 사업으로 오해될 여지가 있다. 심지어 그의 성장과 활동 과정에서 고창의 의미를 제대로 해명하지 못한다면 이러한 생가 성지화 사업은 종교적인 성격으로 오해받을 여지가 있다.

반면에 정읍에서는 고부 농민봉기를 별도의 절로 설정하고 사발통문과 고부 농민들의 봉기를 서술하고 있다. 여기서는 고부 봉기가 군현 차원의 봉기였지만 동학농민혁명의 불씨였음을 강조하며 정읍(고부) 지역 황토현 전투를 높이 평가하고 있다.

　또한 전주에서는 농민군의 전주 입성(양력 5월 31일)과 전주 화약(양력 6월 11일), 집강소에 중점을 두고 전주가 동학농민혁명사에서 갖는 의의를 강조하고 있다. 그리하여 전주시와 (사)동학농민혁명기념사업회는 동학농민군의 전주 입성 날을 전후로 매년 동학농민혁명 기념주간을 정하고, 5월 31일 전라감영 선화당에서 동학농민군 전주 입성 기념식 및 문화공연을 개최해 오고 있다.

　이처럼 여러 지방자치단체가 각각 동학농민혁명의 발발, 전개 과정을 서술함에 자기 지역 중심으로 해석하고 있음을 확인할 수 있다. 이러한 접근은 각 지자체의 이해관계와 맞물려 농민혁명의 실체는 소홀히 되고 혁명 공간이 시간을 초월한 주관적 상징으로 비약됨으로써 관점과 해석에 따라서 만들어지는 구성체로 오해될 가능성이 높다. 이러한 지역 중심의 이해는 동학농민혁명 국가기념일 제정을 둘러싼 논란에서 절정을 이룬다. 이러한 행태는 자칫하면 동학농민혁명을 허구화시키고 그 진실에 다가가는 노력을 막을 수 있다. 즉 혁명의 기억을 둘러싼 지자체들의 이해관계 갈등과 경쟁적인 기념사업이 농민혁명의 역사적 의미를 훼손할 수 있다. 심지어 기념사업이 자칫하면 예산 낭비라는 오명을 쓰게 되어 주민들로부터 외면을 받게 되면 지역 동학농민혁명 연구 자체도 심각한 어려움에 처할 수 있다. 현재 농민혁명 연구자가 줄어들고 있는 상황에서 관련 예산이 일회성의 기념적인 행사에만 치중된다면 지속적인 연구는 담보할 수 없게 된다.

　요컨대 현재 지자체에서 벌이는 동학농민혁명기념사업은 중앙 중심의 역사 해석 독점을 극복하는 과정에서 필연적으로 거쳐야 할 과정임에도 또 하나의 지역 패권주의적 역사상을 수립하려는 지역 이기심으로 비칠 수 있다. 나아가 지자체의 이러한 욕망은 자연스럽게 지역 농민혁명의 역사를 왜곡하는 방향으로 이끌 수 있다.

【지역 동학농민혁명을 어떻게 서술하고 가르칠 것인가】

첫째, 지역 동학농민혁명이 고교학점제 아래 진로선택 과목이든 융합선택 과목이든 교과서에 서술될 가능성이 높아졌다. 그것은 지역사에 대한 지역 주민과 교사들의 요구도 적지 않거니와 글로컬리제이션이라는 추세가 교육 과정에 영향을 미칠 것이기 때문이다. 즉 세계화 추세 속에서 자신의 지역에 대한 애정을 넘어 자기 삶의 근거를 확보하고자 하는 지역 정체성 유지 노력이 지역의 발전은 물론 한국사회의 다양성을 담보하는 것이다.

둘째, 지역 동학농민혁명사 연구가 해당 지역의 개별성과 고유성을 드러내기 위해서는 사례 연구의 틀에서 벗어날 필요가 있다. 즉 중세 지역사회가 비균질적(非均質的)인 사회라는 점을 염두에 두고 동학농민혁명 이전 시기의 향촌사회 권력구조를 비롯하여 지리적 조건, 사회경제 사정, 지적 환경 등 공간의 발전 과정들을 심층적으로 추적해야 한다. 그러나 조선 후기 향촌사회 연구자들이 부분적으로 이 문제를 다루고 있음에도 근대사 연구자들은 전근대/근대라는 단절성에 갇혀 이 문제를 적극 다루기보다는 지역 농민항쟁과 혁명운동을 향촌사회사와 분리시켜 접근하는 경향이 적지 않다. 이 점에서 동학사상의 유포 및 조직의 확대에 대한 심층적인 분석과 함께 향촌사회 지배질서의 구조와 사회경제사정에 대한 연구를 통해 당시 동학농민혁명에 가담한 지역 농민과 주도층의 사회경제적 기반과 현실 인식을 파악함으로써 지역의 개별적인 사정과 특성을 드러내야 할 것이다.

셋째, 지역사로서의 동학농민혁명사를 서술하는 과정에서 개별성과 보편성의 관계를 고려할 필요가 있다. 지역사 연구에서 개별성과 보편성의 관계를 염두에 두고 있듯이 지역 동학농민혁명 역시 지역의 사정이 반영되기 때문이다. 해당 지역에 대한 애정과 자부심이 지나친 나머지 지역 인물을 영웅화하거나 지역을 성지화(聖地化)할 오류를 범할 수 있으므로 해당 지역이 한국 근대 이행기에서 차지하는 역사적 위상을 염두에 두고 지역적 의미를 도출해야 한다. 특히 기념사업들이 현재 지역 사회의 요구와 이해관계들이 반영될 여지가 있다는 점을 경계하고, 늘 여타 지역과의 연계 속에서 보편적 의미를 추구하는 노력을 게을리 해서는 안 될 것이다. 지역성과 전국성의 긴장 및 조화가 더욱 필요하다.

넷째, 동학농민혁명사를 서술하는 과정에서 늘 배제되거나 소외된 계층과 젠더 등 비주류 행위자들을 소환할 필요가 있다. 당시 노비를 비롯한 천민들이 동학농민혁명에 적극적으로 가담하였음은 주지의 사실이다. 특히 혁명에 직간접적으로 참가한 여성들도 적지 않았음에 주목할 필요가 있다. 전라남도 장흥의 이조이(李召史)는 대표적인 여성이라고 할 만하다. 또 이들 농민군을 뒷바라지했던 지방 여성들의 삶도 지역사 속에서 다뤄질 필요가 있다. 그리고 그들 여성 역시 남성들 못지않게 일본군과 관군의 대학살 속에서 살해되거나 수난을 면치 못하였다. 이 점에서 역사의 복원·재현 못지않게 대항 기억을 염두에 두고 적극적으로 발굴하고 해석할 필요가 있다.

다섯째, 지역사 영역 서술 내용은 물론 지역 동학농민혁명사 서술 내용도 학생들의 눈높이에 맞추고 학습 동기를 제고하기 위해서는 문헌 자료를 학생들이 읽기 쉽도록 학습 자료로 만들고 사진, 지도 등 시각 자료를 탐구 활동 자료로 활용할 수 있도록 제대로 구성되어야 한다. 여기에는 지역 전문가는 물론 교사와 학생들의 적극적인 참여가 요구된다. 이와 함께 답사 프로그램도 학생들의 활동 수준을 염두에 두고 개발될 필요가 있다. 지역 동학농민혁명 연구가 상당한 수준에 오를지라도 학생들이 제대로 학습하고 창의적으로 활용하지 않는다면 공염불이기 때문이다.

여섯째, 지역 동학농민혁명사 연구를 제대로 뒷받침하기 위해서는 학제 연구에 기반한 지역사 연구가 활성화되어야 한다. 여기에는 역사학계를 필두로 문화인류학, 역사지리학, 역사사회학 등의 여러 학문이 다양한 층위의 소통과 분과 협업 차원에서 지역사를 연구·서술할 필요가 있다. 또한 정부는 이를 뒷받침할 수 있는 지역 연구소를 지원하는 데 지자체, 대학과 더불어 지원에 힘

써야 할 것이다. 현재 마을이 소멸되고 있는 현실에서 이러한 지원이 문화적 자원을 보전하고 재생산하는 마중물이기 때문에 결코 예산 낭비가 아니다.

김태웅

◆ 한국근대사·역사교육 전공자로서 재정, 학술·교육, 이주와 재난의 역사, 역사교육 분야를 다루고 있다

◆ 지은 책으로는 『대한제국과 3·1운동』, 『한국근대사를 꿰뚫는 질문 29』(공저), 『어윤중과 그의 시대』, 『신식 소학교의 탄생과 학생의 삶』, 『한국사의 이해』(공저), 『이주노동자, 그들은 우리에게 어떻게 다가왔나』, 『국사교육의 편제와 한국근대사 탐구』, 『우리 역사 어떻게 읽고 생각할까』(공저), 『뿌리 깊은 한국사 샘이 깊은 이야기 6: 근대』, 『한국근대 지방재정 연구』(2013년 두계학술상 수상), 『우리 학생들이 나아가누나』 등이 있으며, 박은식의 『한국통사』를 우리말로 풀었다

시천주 민주주의를 향하여

양진석

사상(思想)은 장기간에 걸친 인간 공동생활이 배태한 다수의 정치사회적 지향점들 간의 경합 속에서 형성된다. 자신이 탄생하고 성장한 시대와의 유기적 관계 속에서 의미를 획득하는 사상을 낯선 시공간적 토양으로 인위적으로 이식(移植)할 경우, 그것은 주로 본연의 생명력을 잃을 뿐만 아니라 그 토양에서 자체적으로 자라나고 있을 담론에 (때로는 창조적이기도 한) 혼란을 불러일으키기도 한다. 마찬가지로 과거의 사상을 현대에 소환하는 행위에는 현대를 살아가는 이들이 현대 특유의 모순을 돌파해 나가는 데 방해가 되는 불필요한 사상사적 혼란을 초래할 위험이 따른다. 따라서 과거의 사상이 현대의 무대에 다시 올라서고자 한다면 현시대를 살아가는 이들이 최소한 납득할 수 있는 형태로 자기를 쇄신하는 것은 물론이고, 새로운 시대적 토양에서 번창하여 사회의 진보에 기여할 준비를 해야 한다. 과거와의 대화는 그 과거로부터 현재까지의 인류의 성취를 부정하는 반동주의나 현시대의 유행에 아부하기 위해 조작된 재료를 긁어모으는 친(親)시대주의가 아니라, 인류의 유토피아적 욕망을 자극하는 "사유의 시원을 현재로 불러"내는[i] 행위가 되어야 하기 때문이다. 현시대의 민중 앞에서 자신의 존재 가치를 입증해내지 못하는 사상은 사회의 자

---

[i]　이승종, 『우리와의 철학적 대화』, 김영사, 2020, 356쪽.

정 작용을 통해서 역사의 뒤안길로 사라지는 것이 순리일 것이다.

　이와 같은 이유로 동학 개벽사상[2]의 귀환을 알리는 '다시개벽'이라는 구호는 양가적 감정을 불러일으킨다. 한편으로는 동학이라는 전통의 비판적 재구성을 통해서 현재 대한민국 사회에서 이루어지고 있는 정치사회적 논의의 역사성이 더 깊어질 수 있겠다는 기대가 생긴다. 사유에 있어서 역사성은 곧 운동성을 의미하기 때문에 과거와의 대화는 우리에게 스스로를 변화시키며 미래로 나아갈 힘을 준다. 일시적 처방을 위해 개발된 논리가 범람하는 시대를 넘어서고자 주체적 사유의 길을 닦는 작업에 있어서 동학 연구가 하나의 중요한 계기가 될 수 있겠다는 희망이 생긴다. 다른 한편 동학이라는 유산을 계승하는 과정에서 '한국 대 서구'라는, 여러 측면에서 낡고 그릇된 이항 대립이 확대 재생산되고, 이것이 한국의 민족적 국민주의[3]의 강화에 기여할 가능성이 있다는 염려도 생긴다. 우리가 현재 거주하고 있는 21세기 대한민국은 세계화라는 거대한 물결 속에서 급격한 민주화와 산업화를 경험한 국가로서, 서학(西學)의 유입에 맞설 동학(東學)이라는 대항 사상이 필요했던 19세기 조선과는 여러 의미에서 근본적으로 다른 세계임을 인식할 필요가 있다. 한반도에서 근대화가 이루어지기 이전 시기에 '우리에게 남겨진' 유산과 현재 진행 중인 우리의 삶 사이에 존재하는 깊은 간극을 인식하고, 그 간극을 넘나드는 행위의 의미와 이유를 따져보지 않고서는 한국 사회의 "사상사의 부재 또는 취약함"[4]을 넘어설 수 없다. 단순히 동학이 '민족의 유산'이라는 이유만으로 다시개벽을 외치는 것보다 우리에게 필요한 작업은 현재 한국 사회의 사회문화적 지형을 살펴보고, 동학의 출현이 한국 민주주의의 발전에 긍정적인 효과로 작용하도록 하기 위해서는 어떠한 담론적 조건들이 먼저 갖추어져야 하는가를 고찰

---

[2]　기존의 철학과 종교 간의 구분은 대부분 다분히 서구 중심적이기 때문에 여기서는 동학의 철학적 측면과 종교적 측면을 포괄하는 의미에서 '사상'이라는 용어를 사용한다.

[3]　진태원, 『애도의 애도를 위하여』, 그린비, 2019, 223-259쪽 그리고 277-278쪽 참조.

[4]　백승욱, 「3.1운동 100주년에 두드러지는 사상사 부재의 자리」, 『황해문화』, 2019 가을, 20쪽.

하는 것이다. 그다음에는 동학의 시천주 사상이 본격적인 민주주의론으로 거듭나기 위해 거쳐야 할 현대화의 작업이 이루어져야 한다. 이 글에서 간결하게 살펴볼 이 두 과제는 '시천주 민주주의'라는 기획을 위한 예비 작업이라고 할 수 있다.

【신자유주의 양당 독점체제】

현재 대한민국 사회는 신자유주의 양당 독점체제에 의해 이른바 포스트-민주주의적 상태에 돌입하고 있다. 포스트-민주주의란 "신자유주의 질서의 공고화에 따라 기업의 이익과 엘리트의 지배가 강화되면서, 의회의 역할 축소 및 민주주의 침식과 함께 대중주권이 상실되는 상황"을 말한다.[5] 불과 5년 전 '촛불집회'라는 역대 최대 규모의 대중운동을 경험했던 한국 사회가 벌써 포스트-민주주의적 상태에 돌입하고 있는 이 역설적 상황은 우리로 하여금 사회의 표층적 화려함에 가려서 얼마간 보이지 않던, 마치 심연과도 같은 어떤 심층적 모순과 대면하게 만든다. 한 사회의 심층적 모순에 대한 분석은 계급 갈등과 같은 경제적 문제에 초점을 맞추는 것이 일반적이지만, 촛불집회의 화려함이 어째서 더 큰 화려함, 즉 한국 사회의 기존의 상징적 질서에 균열을 내는 효과로 나아가지 못하고 오히려 그 질서에 포섭되고, 그것을 강화시키는 논리로 전환되었는가에 대해 답하기 위해서는 경제의 문제로 환원되지 않는 한국 사회의 문화 구조에 주목할 필요가 있다.

촛불집회를 '스펙터클한 사건'[6]이라고 부르는 정치학자 이승원은 집회가

---

5   이승원, 「스펙터클로서의 촛불집회와 포스트민주주의 시대의 정치과제」, 『황해문화』, 106호, 29쪽. 여기서 포퓰리즘은 에르네스토 라클라우(Ernesto Laclau)와 샹탈 무페(Chantal Mouffe)가 제시한 '좌파 포퓰리즘'을 말한다.
6   '스펙터클'(spectacle)이란 가시적인 것의 가시성을 극대화시키는 연출 방식을 가리키는 연극 용어이다.

"포퓰리즘 정치로 전환되지 못하고 기성 대의제 질서로 다시 침전"되는 것으로 인해 사회경제적 개혁 의제들 또한 포스트-민주주의적 조건 속에서 그 힘을 상실해 버렸다고 지적하고,[7] 정치학자 채효정은 "촛불정부는 그 어느 정부보다 '극장정치'에 매몰되었다"며, "이 극장정치가 '촛불' 안에서 이미 시작되었던 것이라고" 주장한다.[8] 두 정치학자 모두 '촛불'이 새로운 정치적 지평을 열어내지 못하고 기존 정치의 상징적 질서에 포섭되는 과정을 극장성(theatricality)의 차원에서 분석한다. 극장성의 힘은 특정 방식으로 연출된 상황 속에서 시청자들을 호명하여 그들로 하여금 주어진 역할을 부지불식간에 체화하게 만드는 주술적 능력에 있다. 물론 극장성은 일상생활 곳곳에서 발견할 수 있는 인간 상호작용의 기본 원리 중 하나이기도 하지만,[9] 호명과 체화의 작용이 집단적 감응과 연대의 수준에서 발생할 경우, 그 속에서는 상징과 의례가 등장하며, '종교적'이라고 부를 수 있는 경향들이 나타나기 시작한다. 2008년 촛불집회에서도 이러한 특성이 관찰되었는데, 집회 속에서 나타난 성과 속의 구분과 성스러운 것을 수호하고자 하는 집단의 형성 등을 근거로 이철은 촛불집회가 기능적인 차원에서뿐만 아니라 본질적인 차원에서도 종교적이라고 주장한다.[10] 같은 사건에 대한 분석에서 정용택은 촛불 시민사회 내에 시민단체 중심의 '시민운동적 시민사회' 말고도 그것과 결합하기도 하고 분리되기도 하는 "유연 자발적 결사체들이 주도한 또 다른 시민사회"가 존재한다고 지적하며, 이를 '종교적' 시민사회 혹은 '시민종교'라 명명한다.[11] 2008년과 2016-2017년에 벌어진 촛불집회는 한국의 시민종교 내에서 성스럽다고 여겨지는 것들이 성스러운 것으로서 나타나는 극적인 공간(극장)이었으며, 그 극적

[7] 이승원, 「스펙터클로서의 촛불집회와 포스트민주주의 시대의 정치과제」, 『황해문화』, 106호, 31쪽.

[8] 채효정, 「문재인 정권 3년을 돌아본다」, 『녹색평론』, 171호, 14쪽.

[9] 이와 관련된 대표적인 저서로는 어빙 고프먼, 『자아 연출의 사회학』, 현암사, 2016 참조.

[10] 이철, 「현대 사회에서의 시민종교의 역할에 관한 종교사회학적 연구」, 『한국기독교신학논총』 64(1), 2009, 207쪽.

[11] 정용택, 「촛불의 정치학 광장의 종교학」, 『시대와 민중신학』 11, 2009, 24쪽.

장면들이 어째서 더 급진적인 효과로 이어지지 않고 너무나 쉽게 기존 질서에 포섭되었는가의 문제를 이해하기 위해서는 한국 시민종교의 구조를 살펴볼 필요가 있다.

【두 시민종교의 적대적 공존】

시민종교론의 관점에서 한국 사회를 분석한 대표적 학자인 종교사회학자 강인철은 1987년 민주화 이후 한국 사회는 사제 진영의 '반공-국가주의'와 예언자 진영의 '민주-공화주의'라는 두 축의 시민종교로 양분되었다고 주장한다.[12] 강인철의 분석은 한국 사회의 심층적 문화 구조를 이해하기 위한 틀로서 유용하지만, '민주-공화주의'라는 명칭은 소위 민주화 진영 내에서 여전히 강하게 작용하고 있는 반일(反日) 민족주의 감정[13]을 가린다는 점에서 '반일-민주화'라는 명칭으로 대체하는 것이 더 적절해 보인다. 여기서 말하는 '반일-민주화' 시민종교란 일제 식민 지배 시기에 벌어진 독립운동과 군부 독재 시기에 벌어진 민주화운동을 상상적인 방식으로 엮어서 만든 서사에 기반하여, 이른바 '토착왜구'라고 불리는 수구 적폐 세력을 청산하는 일을 한국 사회의 진보를 위한 핵심 과업으로 설정하는 시민종교를 의미한다.[14] '반일-민주화' 시민종교는 '반공-국가주의' 시민종교와 적대적으로 공존한다. 두 시민종교의 적대적 공존은 새로운 정치적 서사의 유입을 차단함으로써 양당 독점 체제가 유

---

[12] 강인철, 『시민종교의 탄생』, 성균관대학교출판부, 2019와 『경합하는 시민종교들』, 성균관대학교출판부, 2019 참조.
강인철에 따르면, 두 시민종교는 북한의 '반미-사회주의' 시민종교와 대립하는 남한의 '반공-자유민주주의' 시민종교에서 분화되어 나온 것이다.

[13] 2020년 4월 15일에 치러진 21대 국회의원 선거를 앞두고 민주당 지지자들 사이에서 유행한 "4월 총선은 한일전이다"라는 문구는 이 정서를 잘 보여준다.

[14] 독립운동과 민주화운동을 상상적인 방식으로 엮는다는 표현은 두 운동이 서로 무관하다고 주장하거나 어느 한 쪽의 가치를 폄하하기 위한 표현이 아니다. 친일파 세력과 군부독재 협력 세력 등을 혼합한 '토착왜구'라는 적을 설정함으로써 형성되는 하나의 서사의 존재를 부각시키기 위한 표현이다.

지되고 재생산되기 위해 필요한 이데올로기적 기반을 제공한다. 양당 독점 체제는 두 시민종교의 적대적 공존의 제도적 대응물로 생각할 수 있다. 촛불 집회가 달성한 '대통령 탄핵'은 박근혜 정권으로 대표되었던 반공-국가주의 시민종교에 대한, 현재 문재인 정권으로 대표되고 있는 반일-민주화 시민종교의 화려한 승리였다고 할 수 있는데, 이 승리의 화려함은 두 시민종교의 적대적 공존을 오히려 강화시키는 효과를 낳았다.[15] 이 적대적 공존을 자유주의 정치 세력의 '반공 콤플렉스'에 의한 수구 정치 세력과의 '무의식의 담합'으로 보는 이광일은 대중 봉기의 결정적 순간마다 자신의 이해관계에 따라 타협을 내세우는, "이른바 '민주화운동의 적자'를 자임하는" 자유주의 정치 세력이야말로 한국 사회의 변혁을 위한 극복 대상이라고 주장한다.[16] 이는 한국 사회의 정치적 변혁을 위한 핵심 과제 중 하나는 두 시민종교의 적대적 공존에 의해 형성된 상징적 질서에 균열을 가하는 것임을 의미한다. 이 과제를 수행하기 위해서는 외부의 이론과 사상을 꾸준히 수입하고 소화해내는 작업도 중요하지만, 무엇보다 기존의 상징적 질서 내부로부터 균열을 일으킬 지점을 찾아내는 것이 필요하다.

두 시민종교의 적대적 공존 내부로부터 균열 효과를 일으키기 위해서는 여러 지점에서의 개입이 가능하고 또 필요하겠지만, 여기서는 반일-민주화 시민종교의 핵심이라고 할 수 있는 이른바 '3·1운동 패러다임'[17]에 집중하고자 한다. 1919년 3월 1일 전국 각지에서 일어난 대표적 독립 만세 운동인 3·1운동은 대한민국 헌법 전문의 첫 문장에서 언급될 정도로 한국 사회의 상징적 질서에서 근원적인 위치를 차지한다. 2019년에 문재인 정부 주도 하에 활발히 이

[15] 촛불집회의 성과를 무시하는 '촛불무용론'을 주장하는 것은 아니다. https://www.labortoday.co.kr/news/articleView.html?idxno=206918 참조. 촛불이 불러온 시민들의 자발적 복종의 효과에 대해서는 https://www.hani.co.kr/arti/opinion/column/970693.html 참조.

[16] 이광일, 「'무의식의 담합'과 '의식적 갈등'의 정치」, 『황해문화』, 106호, 57-78쪽.

[17] 백승욱, 앞의 「3·1운동 100주년에 두드러지는 사상사 부재의 자리」, 18쪽.

루어졌던 3·1운동 100주년 기념사업과, 같은 해 7월에 시작되어 강한 대중적 반응을 불러일으켰던 일본 상품 불매 운동만 보더라도 3·1운동이 여전히 한국 사회의 '패러다임'으로서 얼마나 깊이 자리 잡고 있는지 알 수 있다. 수많은 한국 시민들에게 3·1운동은 4·19혁명, 5·18민주화운동 등에서 촛불집회로 이어지는 한국 민중 항쟁사의 시초를 놓는 일종의 원형적 사건으로 기억되고 있는데, 이 기억은 독립운동과 민주화운동을 특정 형태의 서사로 엮으면서 작동하는 반일-민주화 시민종교의 중요한 자원이다.[18] 여기서 우리는 3·1운동의 주도 세력이 천도교계와 기독교계였으며, 3·1운동의 핵심 기획자가 동학의 3대 교주인 의암 손병희(義菴 孫炳熙)였음을 기억할 필요가 있다. 이는 동학이 어떤 의미에서 반일-민주화 시민종교의 핵심인 3·1운동 패러다임의 주요 축 중 하나를 이룬다는 것을 말한다. 물론 3·1운동이라는 사건이 동학으로 환원될 수 있는 것도 아니고 일반 시민들에 의해서 특별히 '동학적'인 사건으로 기억되는 것도 아니지만, 최소한 역사 기록적인 관점에서 동학이 3·1운동이라는 사건을 이해하는 데 필수불가결한 요소임은 분명하다. 이는 동학이 한국 사회에 다시 등장하기를 촉구하는 '다시개벽'의 기획에 관해 우리가 경계해야 할 중요한 문제점 하나를 시사하는데, 바로 동학에 관한 담론이 '반일-민주화' 시민종교에 포섭될 뿐만 아니라 그것을 강화시키는 하나의 계기로 작용할 수도 있다는 문제이다. 한국의 민족주의적 문화 소비 구조는 여전히 아주 공고한 반면, 지금 한국의 동학 담론이 그 구조에 균형 있게 대응할 수 있을 정도로 깊이와 독립성을 갖추고 있는가에 대해서는 회의적이다. 예컨대 최근 『창작과비평』 2021 가을호에 공개된 "다시 동학을 찾아 오늘의 길을 묻다"[19]라는 제목의 특별 좌담에서 참가자 도올 김용옥, 박맹수, 백낙청이 좌담의 상당 부분

---

[18] 촛불집회를 3·1운동에 비유하는 작업으로는 강경석 외, 『촛불의 눈으로 3·1운동을 보다』, 창비, 2019; 이남주, 「3·1운동, 촛불혁명 그리고 '진리사건'」, 『창작과비평』 제47권 제1호, 61-78쪽.

[19] 김용옥, 박맹수, 백낙청, 「다시 동학을 찾아 오늘의 길을 묻다」, 『창작과비평』 2021 가을 .

을 '동학과 촛불혁명'이라는 주제에 할애하여 동학농민운동과 촛불집회의 연속성을 강변하였는데, 이는 동학 담론이 반일-민주화 시민종교에 포섭될 가능성에 대한 우려가 괜한 것이 아님을 보여준다.[20] 문재인 정부가 5월 11일을 '동학농민혁명 국가기념일'[21]로 지정하고, '동학농민혁명 참여자 등의 명예회복에 관한 특별법'[22]을 시행한 일과 현재 제20대 대통령선거 더불어민주당 대선 후보인 이재명이 전북 정읍시의 동학농민운동 전적지를 방문하고 농민군 위패를 모신 구민사에서 분향을 한 일도 비슷한 사례들로 볼 수 있다.[23] 이런 사례들을 제시하는 이유는 위 인물들이 어떤 저의(底意)를 갖고 동학에 접근했다고 비판하려는 것이 아니라(물론 그랬을 수도 있지만), 동학 담론이 반일-민주화 시민종교에 자연스럽게 흡수되고 있는 상황을 지적하고 문제화하려는 것이다. 담론 형성에 참여하는 개개인의 의도보다는 담론이 수용되고 확산되는 문화 구조에 주목해야 한다.

【'한국식 근대화'에 대한 애도】

동학 담론이 반일-민주화 시민종교로 흡수되는 경향은 동학 담론을 수용하는 한국 사회의 민족주의적 문화 소비 구조뿐만 아니라 동학 담론 내부에서

---

[20] 동학농민운동과 촛불집회 둘 다 한반도의 민중이 타락한 권력에 저항한 사건이라는 점에서 유사하다고 할 수 있지만, '촛불혁명'과 '촛불정부'를 예찬하기 위해 동학농민운동을 역사적 선례로 사용하는 것은 별개의 문제이다. 촛불집회를 매개로 동학을 반일-민주화 시민종교에 포섭하려는 시도는 주로 촛불을 '혁명'으로 규정하고 그것이 여전히 진행 중이라고 주장하는 특징이 있다. 예를 들면, https://www.hani.co.kr/arti/culture/book/1020459.html 촛불집회를 혁명으로 규정하는 것에 대한 반론으로는 진태원, 「을들의 연대에 대하여」, 『황해문화』 106호, 105-110쪽 그리고 진태원, 『애도의 애도를 위하여』, 그린비, 2019, 262-267쪽 참조.

[21] https://www.korea.kr/news/pressReleaseView.do?newsId=156317959

[22] https://law.go.kr/lsInfoP.do?lsiSeq=202824&viewCls=lsRvsDocInfoR# 당시 국무총리였던 이낙연은 제1회 동학농민혁명 기념사에서 "우리는 동학농민혁명 이후 계속된 국민의 투쟁과 희생으로 이룬 민주주의의 완성을 향해 흔들림 없이 나아가야 합니다"라고 주장하고 그 과정의 주체로 정부를 지목하였다. 이러한 서사 속에서 '촛불정부'와 민주당은 '동학 정신의 진정한 계승자'가 된다.

[23] https://www.pressian.com/pages/articles/2021120516145834825#0DKU

도 감지된다. 대표적인 예시가 바로 동학이 '한국식 근대화'의 길을 제시해줄 수 있다는 주장이다.[24] 이 주장은 보통 '동학 내부에서도 근대성의 요소들을 관찰할 수 있다'는 이론적인 논점에서 출발하여 '동학을 계승하여 한국식 근대화 또는 비서구적 근대성의 길을 열어야 한다'는 실천적인 논점으로 이어진다. 근대성이라는 동학의 특성이 근대화라는 동학의 실천으로 변모하는 것이다. 동학의 근대성을 긍정하거나 부정하기 이전에 우리는 "동학의 '근대화'라는 표현 자체가 오늘 우리의 인식과 관심을 반영하는" 사후적 규정이자 자기 확인적인 행위이며, "동학은 반드시 근대성의 담론과 결부되어 연구되어야만 하는가"라는 질문을 던져야 한다는 철학자 허경의 지적에 귀를 기울일 필요가 있다.[25] 즉 동학이 '그 자체로' 근대적이어서 한국식 근대화라는 기획이 그것으로부터 자연스럽게 도출되는 것인지 아니면 한국식 근대화에 대한 우리의 관심 내지 욕망으로 인해 우리가 동학 내에서 근대성을 발굴해 내려고 하는 것인지 되물어야 한다. 한국식 근대화라는 기획은 한국 근현대사 연구가 다각적으로 이루어지면서 더욱 자주 언급되고 있는 듯한데, 논의에 등장하는 빈도에 비해 정작 그것이 내포하는 미래상(未來像)은 상당히 모호한 편이다. 지난 수십 년 동안 한국 사회에서 급격히 이루어진 산업화와 민주화는 '한국식' 근대화가 아닌가? 그렇다면 동학을 비롯한 한국 '전통사상'에 근거하여 새롭게 시작되어야 한다고 몇몇 사람들이 주장하는 변화는 과연 정말로 (그리고 그렇다면 어떤 점에서) 지금까지 한국에서 이루어진 근대화의 흐름과 차별화되는가? 그 길이 진정 '마침내 한국이 주체적인 국가로서 바로 설 수 있게 되는 길'인가? 그 근대화를 이끌 주체는 현재 민주당으로 대표되는 '주류 진보진영'인가? 특

24 토착적 근대의 차원에서 동학을 다루는 글의 예시로는 다음을 들 수 있다. 허남진, 「근대한국 개벽종교의 토착적 근대」, 『근대한국 개벽사상을 실천하다』, 2019, 17–41쪽; 박맹수, 「비서구적 근대의 길로서의 동학과 원불교의 공동체운동」, 『근대한국 개벽사상을 실천하다』, 2019, 187–216쪽; 조성환, 이병한, 『개벽파선언』, 모시는사람들, 2019; 조성환, 『한국 근대의 탄생』, 모시는사람들, 2018; 오상준, 『동학 문명론의 주체적 근대성』, 모시는사람들, 2019.

25 허경, 「푸코의 계보학으로 본 동학 개념의 '근대적' 변천: 의암 손병희」, 『동학학보』 제15호, 102–103쪽.

정 답변을 유도하고자 제기한 질문들은 아니다. 다만, 한국식 근대화라는 미래 기획이 내포하는 구체적인 모델은 무엇이고, 그것이 어떤 점에서 여타 '서구적인' 사회 진보의 길들과 차별화되며, 결정적으로는 현재 대한민국 사회에서 가장 소외되고 억압받는 빈곤층과 소수자 계층에게 어떤 이익이 되는지에 대해서 명백한 답변을 제시하지 못한다면, 이 미래 기획은 '한국 대 서구'라는 낡은 이항 대립으로 오히려 현존하는 한국 사회의 내부적 모순을 은폐하는 것이 아닌가라는 의심을 지울 수 없다. 이는 곧 동학 담론이 한국식 근대화라는 기획의 일부로서 한국 공론장에 수용된다면 본래 의도와는 상관없이 반일-민주화 시민종교에 흡수될 가능성이 높다는 것을 의미한다.

명백한 상(像)이 부재함에도 불구하고 한국식 근대화 담론이 반복적으로 등장하는 현상은 어떤 대상에 대한 집착의 징후로 생각해볼 수 있다. '동학 내부에서 관찰할 수 있는 근대성의 요소들을 발굴하여 한국식 근대화를 이루어내야 한다'는 주장 속에는 '동학 내부에 이미 근대의 씨앗이 심어져 있었음에도 불구하고 외세의 간섭과 침략으로 인해 그 꽃을 피우지 못했다'는 일종의 안타까움의 감정이 숨겨져 있다. 즉 '외세의 간섭과 침략만 없었다면 우리의 손으로 직접 이루어낼 수 있었던 근대화'에 대한 일종의 멜랑콜리적 감정[26]이 한국식 근대화라는 미래 기획에 대한 집착으로 표현되는 것으로 생각해 볼 수 있다. 역사학자 임지현이 이론화한 '희생자 의식 민족주의'[27]의 작은 사례로 볼 수 있는 이 멜랑콜리적 감정은 주로 특정 엘리트 계층에 국한된 형태로 관찰된다는 점에서 비교적 약한 수준이지만, '토착왜구'라고 불리는 수구 적폐 세력을 청산함으로써 본연의 대한민국으로 돌아갈 수 있을 것이라는 일부 대중의 감정에 일종의 정당성을 부여해 준다는 점에서 3·1운동 패러다임의 중요한 구성요소이다.

---

[26] 치명적 상실을 경험하고 애도에 실패한 주체가 빠지는 우울증적 상태를 말하는 정신분석학 용어이다.

[27] 임지현, 『희생자의식 민족주의』, 휴머니스트, 2021, 참조.

그렇다면 동학이 한국식 근대화라는 기획의 일부로서 반일-민주화 시민종교에 포섭되는 것을 방지하기 위해서 동학 담론은 어떤 경로를 택해야 하는가? 1980년대 민주화 운동에 참여하다가 사망한 열사들을 향해 '살아남은 자들'이 경험하는 감정 동학(動學)을 분석한 정치학자 김정한이 1980년대를 향한 멜랑콜리 주체에 대하여 제안한 바와 같이, 한국식 근대화라는 기획에 대해서도 "멜랑콜리 주체를 애도의 주체로 전환시키고 진정한 애도의 정치를 수행하는 일"[28]이 필요하다. 이는 "희생자 의식 민족주의를 희생"[29]시키자는 임지현의 제안과도 상통하는 작업이다. 구체적인 애도의 방법에 대해서는 여러 가지 논의가 가능하겠지만, 한국식 근대화 담론에서 주요 자원으로 흔히 지목되는 동학의 내부에 직접 들어가서 한국식 근대화보다 더 시급하고 어쩌면 더 매력적인 지평을 열어냄으로써 하나의 시작점을 잡을 수 있을 것이다. 여기서 동학은 더 이상 한국식 근대화라는 기획에 활용될 자원이 아니라 그 기획을 포함하는 3·1운동 패러다임과 반일-민주화 시민종교의 내부로부터 균열을 일으킬 요소가 된다.

【중층근대성론과 생태적 전환】

그 시작점에 대해 논의하기 전에 '한국식 근대화'를 비판하는 것이 '한국적 근대성'을 부정하는 것과는 다르다는 점을 지적할 필요가 있다. 전자는 우리가 나아갈 방향을 제시하는 미래 기획인 반면에 후자는 과거와 현재의 특성을 규정하는 역사 단위이다. 물론 우리의 과거에 대한 이해는 우리가 나아갈 미래의 방향과 분리 불가능하다. 하지만 한국적 근대성에 대한 이해가 한국식 근

[28] 김정한, 『비혁명의 시대』, 빨간소금, 2020, 336쪽.
[29] 임지현, 앞의 책, 523쪽.

대화라는 기획으로 이어져야 하는 것은 아니다.[30] 확실히 세계의 다른 지역에서는 찾아볼 수 없는 한국만의 독특한 근대성이라는 것이 존재할 수 있고, 그 요소들을 동학에서 사후적으로 추적해 볼 수도 있다. 다만 과거에 대한 그러한 반성이 그 '근대적' 요소들을 더 발전시켜 한국식 근대화를 마저 이루어내야 한다는 주장으로 변모할 이유는 없다. 한국식 근대화라는 기획은 반일-민주화 시민종교에 포섭될 가능성이 높을 뿐만 아니라 인간 사회와 자연의 구분 자체를 뒤흔드는 전 지구적 생태 위기 시대에 부적합한 기획이다. 한국의 양당 독점 체제와 생태 위기는 서로 긴밀하게 연관되어 있으므로 이 두 이유는 결국 같은 문제를 가리킨다고 볼 수 있다. 생태사상가 김종철이 지적하듯, 단기적으로 반복되는 선거 주기에만 신경 쓰는 "현행의 대의제는 기후변화와 같은 장기적인 배려가 필요한 문제에 대해서는 전혀 대응할 능력이"[31] 없는데, 한국 사회를 양분시키는 두 개의 시민종교의 적대적 공존과 이에 대응되는 양당 독점 체제의 포스트-민주주의가 지속된다면 한국 사회는 기후위기에 효과적으로 대응할 기회 자체를 놓쳐 버릴 수도 있다. 또한 근대화가 진정 (만일 그런 것이 있다면) 동학의 본래 정신에 부합하는 기획인지에 대해서도 의문을 제기할 필요가 있다. 백낙청-김종철 논쟁을 경유하며 동학의 역사 철학을 분석한 홍박승진은 "다시개벽의 역사철학적 특이성은 '진보'와 '근대'라는 틀로부터 자유로운 사유를 요청한다"[32]고 주장한다. 내재적 신성[33]에 대한 동학의 직관과 다시개벽이라는 전환 사상의 급진성을 이해하기 위해서는 진보와 근대의

---

[30] '한국적 근대성' 개념 또한 문제화할 수 있다. 식민지 근대성론과 내재적 발전론을 동시에 비판하는 김흥규는 "'근대'와 '중세'를 더 이상 유효한 실체적 역사 단위"로 사용하지 않음으로써 "그것들이 우리로 하여금 무엇을 보지 못하게 했는지 확인"하자고 제안한다. 김흥규, 『근대의 특권화를 넘어서』, 2013, 19-20쪽.

[31] 김종철, 「기후위기 시대의 민주주의」, 『녹색평론』 171, 9-10쪽. 엄윤진은 대의 민주주의가 신자유주의와 함께 현대의 '보이지 않는 제국주의'를 구성한다고 주장한다. 엄윤진, 『있지도 않은 자유를 있다고 느끼게 하는 거짓자유』, 갈무리, 2019, 48-68쪽.

[32] 홍박승진, 「다시개벽의 역사철학, 내재적 신성을 아는 방향: 백낙청과 김종철의 비판적 포월을 위하여」, 『다시개벽』 2021 봄호, 120쪽.

[33] 이 용어는 홍박승진이 시인 김종삼에 대한 그의 연구에서 처음으로 제시한 용어이다. 홍박승진, 앞의 글, 109쪽.

역사관에서 벗어나야 한다는 것이다. 이는 앞서 언급한, '동학의 근대화'라는 표현 자체가 우리의 현재적 관심이 동학에 투사(投射)된 결과라는 허경의 지적과 상통하는 주장으로서 설득력이 있지만, 진보와 근대라는 틀로부터 자유로워질 구체적인 방법이 여전히 모호한 채 과제로 남겨져 있다. 진보와 근대라는 개념 쌍이 현대인의 사고방식에 깊게 자리 잡은 틀인 만큼, 단순히 두 개념을 사용하지 않는 것만으로는 그 틀로부터 자유로워지는 대신 오히려 그 틀에 더 복잡한 방식으로 얽혀 들어가게 될 것이다. 동학이 근대라는 틀로부터 '자유로워지고자' 한다면 어떤 방식으로든 근대성을 이해하고 그것과 대면하는 과정을 거쳐야 한다. 암묵적 거부가 아니라 의식적 극복을 감행해야 하는 것이다.

    유교와 동학의 근대성을 연구한 사회학자 김상준의 '중층근대성론'은 이 지점에서 중요한 참조점이 된다. 근대성을 "성속의 통섭전도, 즉 성이 속을 통섭했던 세계에서 속이 성을 통섭(統攝, encompass)하는 세계로의 이행"[34]으로 정의하는 김상준은 원형 근대성, 식민-피식민 근대성, 그리고 지구 근대성의 3층위가 연속적으로 중첩되면서 '근대성의 역사적 중층 구성'을 이룬다고 주장한다. 또한 그는 '맹자의 땀'과 '성왕의 피'라는 이미지를 통해서 유교의 윤리성과 비판성의 다양한 모습들을 밝혀내고,[35] 그가 '대중유교'의 한 형태로 규정하는 동학이 "유교적 자원에 의거하여 조선 유교 사회 안으로부터 근대적 지평을 활짝 열었다"고 주장한다.[36] 유교의 근대성에 대한 새로운 이해를 통해서 김상준이 강조하는 것 중 하나는 유교와 근대의 극복을 논하기 위해서는 우선 한국 사회가 지금도 얼마나 그 둘에 깊이 의존하고 있는가를 인식해야 한다는 것이다. 최근 한국 사회에 나타난 '탈유교적' 흐름은 유교의 정치적 무

---

[34] 김상준, 『맹자의 땀 성왕의 피』, 아카넷, 2016, 56쪽.
[35] 김상준, 앞의 책과 『유교의 정치적 무의식』, 글항아리, 2014, 32-38쪽 참조.
[36] 김상준, 앞의 『맹자의 땀 성왕의 피』, 538쪽.

의식의 발현으로 볼 수 있고, 세계적으로 유행한 '탈근대적' 흐름 역시 근대의 자기비판이었다는 의미에서 지극히 근대적이라는 것이다.[37] 김상준이 보기에 현대는 근대를 벗어나는 '탈근대'가 아니라 "비서구 문명권이 다시 세계사의 주역으로 등장하는 후기 근대"[38]인데, 그가 근대의 포괄성을 강조한다고 해서 근대성, 즉 속이 성을 통섭하는 과정을 극복 불가능한 '역사의 종말'로 보는 것은 아니다. 오히려 김상준은 인류가 아직 구체적인 형태는 불분명하지만 확실히 존재하는 근대 너머의 지평으로 나아갈 것임을 강하게 긍정하며, 그러한 근본적인 돌파에 있어서 윤리적 계기가 아주 중요한 요인이 될 것이라고 덧붙인다.[39] 즉 인류의 어떤 윤리적 자각을 통해서 근대를 근본적으로 규정하는 성과 속의 통섭 관계 자체를 넘어서는 역사적 시기가 도래하리라는 것이다.

김상준의 중층근대성론은 동학이 근대라는 틀로부터 '자유로워질'[40] 방법에 대해 사유하는 과정에 유용한 토대를 제공한다. 김상준의 이론을 수용한다면, 우리가 근대를 넘어서기 위해 수행해야 할 과제는 결국 새로운 성과 속의 통섭 관계를 창출해 내는 것인데, 이는 기계론적 세계관의 극복이 요구되는 전 지구적 생태 위기의 시대에 상당히 시의성 있는 과제일 뿐만 아니라,[41] 만물에 대한 하늘님의 내재적 초월성을 강조하는 동학 '시천주(侍天主)' 사상과 친연성 있는 기획이기도 하다. 따라서 동학이 한국식 근대화라는 기획, 더 넓게는 근대라는 틀 자체에서 '자유로워지고자' 한다면, 새로운 성속 통섭 관

---

[37] 김상준, 앞의 『유교의 정치적 무의식』, 5쪽, 234쪽.

[38] 김상준, 앞의 책, 234쪽.

[39] 김상준, 앞의 『맹자의 땀 성왕의 피』, 78쪽.

[40] 그런데 근대를 극복한다는 것, 근대로부터 자유로워진다는 것은 결국 무엇을 의미하는가? 이와 관련된 논의는 진태원, 앞의 『애도의 애도를 위하여』, 393-442쪽 참조.

[41] 조금 다른 맥락이기는 하지만 세계체제론자 이매뉴얼 월러스틴(Immanuel Wallerstein)과 마르크스주의 페미니스트 실비아 페데리치(Silvia Federici) 둘 다 '세계의 재주술화'(re-enchanting the world)라는 유사한 기획을 제시하였다. 이매뉴얼 월러스틴, 『지식의 불확실성』, 창비, 2007, 154쪽. Federici, Silvia, *Re-enchanting the World: Feminism and the Politics of the Commons*. PM Press, 2018.

계의 형성을 향한 생태적 전환을 대안적 기획으로 삼을 수 있다.[42] 그렇다면 새로운 성속의 포섭관계를 향한 이행은 어디서 출발해야 하는가? 이는 아주 광범위한 논의를 요구하는 문제이지만, 반드시 수행되어야 할 작업 중 하나는 현재 사회의 작동 방식을 선도하는 지배 이데올로기 자체에 내재되어 있는 유토피아적 욕망을 자극하는 것이라고 할 수 있다. 유토피아를 사회의 외부가 아니라 내부, 그것도 지배 이데올로기 속에서 찾는 접근은 문학비평가 프레드릭 제임슨(Fredric Jameson)의 입장으로서, "이데올로기적인 것은 또한 동시에 필연적으로 유토피아적이기도 하다"[43]라는 그의 정식으로 요약된다. 이러한 이론적 입장은 근대성 담론에 대한 그의 비판과도 연관되는데, 근대성은 근본적으로 전 세계적 자본주의 그 자체를 의미하는 하나의 서사 범주라고 규정하는 제임슨은 "근본적인 대안과 체제의 변혁은 '근대'라는 단어가 제어하는 개념장에서는 이론화될 수도, 심지어 상상될 수도" 없으며, "우리에게 진정으로 필요한 것은 유토피아라 불리는 욕망으로 근대성이라는 주제를 전면적으로 대체하는 일"이라고 주장한다.[44] 김상준의 중층근대성론의 관점에서 보면 근대성을 자본주의로 환원하는 제임슨의 입장은 문제가 있지만,[45] '근대'라는 담론 틀을 유지할 경우 현 체제에 대한 근본적인 대안은 상상조차 할 수도 없을 것이라는 그의 경고에는 주목할 필요가 있다.[46] '근대'라는 담론 틀이 미래

---

[42] 중층근대성론의 관점에서 보면, 생태적 전환 또한 다른 '탈근대' 흐름들과 마찬가지로 근대성의 통렬한 자기비판이라는 점에서 여전히 근대적이라고 할 수도 있겠지만, 그렇다면 생태적 전환은 근대를 규정하는 성속의 통섭관계의 극복을 요구한다는 점에서 '근대를 넘어서는 근대화'가 될 것이다.

[43] 프레드릭 제임슨, 『정치적 무의식』, 민음사, 2015, 376쪽. 사회개혁의 동력을 지배이데올로기의 바깥이 아니라 안에서 찾는 접근법은 유교에서 민주, 민생, 문명화, 여성화 등을 해독하는 김상준의 관점이기도 한데, 그는 자신의 작업이 제임슨의 작업과 유사하면서도 구체적인 방법에 있어서는 전혀 다르다고 말한다. 김상준, 앞의 『유교의 정치적 무의식』, 4–7쪽. 김정한도 5·18민주화운동에 대한 분석을 통해서 지배이데올로기와 대항이데올로기는 서로 배타적이지 않을 뿐 아니라, "대중 봉기의 초기에는 지배이데올로기 자체가 대항이데올로기로 전환되어 작동하는 양상을 보여준다"라는 결론에 도달한다. 김정한, 『1980 대중봉기의 민주주의』, 소명출판, 2013, 280–7쪽. 이는 사실 루이 알튀세르와 에티엔 발리바르의 이데올로기론을 참조하면 자연스러운 접근이다. 진태원, 앞의 『을의 민주주의』, 148–152쪽.

[44] 프레드릭 제임슨, 『단일한 근대성』, 창비, 2020, 247쪽.

[45] 김상준, 앞의 『맹자의 땀 성왕의 피』, 74쪽. "자본주의의 역사는 근대성 역사 내부의 소(小)역사일 뿐이다."

[46] 이러한 이유로 제임슨은 앤서니 기든스(Anthony Giddens)가 제안한 '성찰적 근대화' 등의 대안/대체 근대화 담론을 거부한다. 프레드릭 제임슨, 앞의 책, 17–20 참조.

에 대한 우리의 상상력을 구속하는 방식은 근대성이라는 개념의 엄밀한 학문적 정의와 별개의 문제이기 때문이다. 즉 과거에 대한 분석 도구로서는 근대성과 자본주의를 엄밀히 구분할 필요가 있겠지만, 미래에 대한 기획을 논하는 맥락에서는 오히려 그 둘을 사실상 같은 것으로 취급하는 것이 우리를 급진적 전환의 길로 이끌어줄 수도 있는 법이다. 우리에게 필요한 것은 예컨대 한국식 근대화와 같은 새로운 유형의 근대화가 아니라 근대성이라는 지배 이데올로기에 내재되어 있는 유토피아적 욕망/대항 이데올로기를 자극함으로써 전환의 원동력을 마련하는 것이다. 물론 이 기획 또한 결국 근대화의 일종이었다고 사후에 기록될 수도 있겠지만, 중요한 것은 근대성을 규정짓는 성속의 통섭관계 자체를 재배치하여 인간 사회와 자연 간에 새로운 관계를 성립시키자는 기획의 급진성이다.[47] 이러한 맥락에서 지배 이데올로기(3·1운동 패러다임, 반일-민주화 시민종교)의 내부에 존재하는 동시에 강한 유토피아주의를 내포하고 있는 동학 개벽사상은 우리에게 귀중한 자원이 된다.

김상준은 앞으로 한 세기 이내에는 근대의 성속 통섭 관계의 구조에 근본적 변형이 발생하지 않을 것이라고 전망하지만, 우리는 전 지구적 생태 위기에 대응하기 위해서 지금부터 각고의 노력으로 이 미래를 앞당길 필요가 있다. 미래를 앞당기자는 표현보다 "인류의 역사와 문화 속에 이미 내재하면서도 아직 온전히 드러나지 않아 여전히 새롭고 유토피아적인 비전"[48]을 의미하는 '오래된 미래'를 실현시키자는 표현이 더 적절할 수도 있다. 근대를 규정하는 성과 속의 구분은 지금 전 세계적으로 이루어지고 있는 무분별한 환경 파괴에 근거를 제공하는 세계 이해이며,[49] 이를 극복하기 위한 움직임을 지금부터라

[47] 티머시 모턴(Timothy Morton)은 '자연' 개념을 제거해야 진정한 생태주의적 사유가 가능하다고 주장한다. Morton, Timothy. *Ecology without Nature*. Harvard University Press, 2009. 국내에 번역되어 소개된 저서로는 티머시 모턴, 『인류: 비인간적 존재들과의 연대』, 부산대학교출판문화원, 2021.

[48] 김용해 외, 『동학의 재해석과 신문명의 모색』, 모시는사람들, 2021, 7쪽.

[49] 예컨대 역사학자 린 화이트(Lynn T. White Jr.)는 현재 생태위기의 역사적 근원으로 강한 인간중심주의적 종교인 기독교를 지목한다. 자연을 개발하려는 근대과학기술의 태도 또한 기독교에 뿌리를 두고 있다는 것이다. White Jr., Lynn T. "The

도 시작하지 않는다면 인류는 자본주의 이후의 삶을 일구어 나가기 위해 필요한 정신문화적 자산의 치명적인 공백을 대면하게 될 것이다. 물론 근대성은 필요에 따라서 인위적인 방식으로 극복할 수 있는 종류의 시대적 조건이 아니다. 한 인간의 생활 습관조차도 고치지가 그렇게 어려운데, 하물며 한 문명의 근본정신을 수정한다는 것이 한두 세대의 고집으로 가능할 리가 없다. 다만 여기서 말하고자 하는 바는 현재 인류가 감행해야 하는 생태적 전환이 근대화나 근대성의 범주로 미리 단속해서는 안 될 정도의 규모와 깊이를 요구한다는 것이다. 말하자면 인류는 현재 의식적으로 근대성을 넘어서자는 각오를 갖고 생태적 전환에 임해야 하는 것이다. 생태적 전환이 성공할 경우, 그것이 새로운 성과 속의 관계를 창출해내서 정말 근대 너머로 나아갔는지 아니면 또 다른 형태의 근대성으로 귀결되었는지는 후대의 역사가들이 평가할 일이다.

【시천주 민주주의】

지금까지 시민종교론의 관점에서 동학이 한국 사회에 수용되는 과정에서 발생할 수 있는 문제를 간략하게 살펴보았다. 거칠게 요약하자면, 동학이 한국식 근대화라는 '이데올로기적' 기획을 생태적 전환이라는 유토피아적 기획으로 대체하는 작업에 기여해야 한다는 것이 논점이었다. 지금부터는 내용적인 차원에서 동학이 생태적 전환이라는 기획에 무엇을 제공할 수 있는가를 간략하게 살펴보고자 한다. 다만 여기서 다루고자 하는 문제는 동학이 그 자체로 얼마나 생태적이고 자연친화적인 종교인가를 확인하는 것이 아니다. 자연친화성은 모든 주요 종교에서 찾아볼 수 있는 성격이며, 특정 종교가 아무리 심오한 생태주의적 교리를 갖추고 있다고 하더라도 그것이 사회 구성원들 다수

Historical Roots of Our Ecological Crisis", *Science* 155, 1967, 1203-1207 참조.

의 자발적 참여를 이끌어내지 못한다면 현실적으로는 도덕주의적 설교에 그칠 가능성이 높다. 생태주의는 정치의 문제이고, 민주주의의 문제이다. 문제는 동학이 얼마나 자연친화적인가가 아니라 동학이 어떻게 현대적인 민주주의론으로 거듭나서 생태적 전환에 참여할 것인가이다. 이는 우선 동학의 언어가 현대화될 것을 요구한다. 과거의 사상이 유물이 아니라 살아 있는 사상으로서 현대에 등장하기 위해서는 그에 따라 요구되는 자기 쇄신의 과정을 거쳐야 하며, 이 과정을 거부하고 자기 폐쇄의 상태에 빠진다면 사회의 진보에 기여하기보다 오히려 특정 집단의 정치적 목적에 이용될 가능성이 높다. 과거 사상의 현대화는 그 사상 내부의 요소들을 인위적으로 변형시키는 것보다 그 사상의 합리적 핵심과 현대에 진행되고 있는 다양한 논의들 사이에 창조적 대화를 시도해 봄으로써 더 효과적으로 수행될 수 있을 것이다. 따라서 동학의 현대화 작업은 동학의 핵심인 '시천주(侍天主)' 사상과 현대에 진행되고 있는 다양한 정치철학적 논의들 간에 창조적 대화를 적극적으로 시도함으로써 시작할 수 있을 텐데, 여기서 민족 공동체의 탈구축을 주요 과제 중 하나로 삼는 진태원의 '을의 민주주의'라는 기획은 중요한 참조점이 된다. 계약관계에서 두 당사자 중 하나를 가리키는 평범한 용어인 '을'은 대중들의 자발적 발화 행위를 통해서 '몫 없는 이들'을 의미하는 첨예한 대립의 언어로 재탄생하였는데, 진태원은 이 단어를 민족, 민중 등을 대신하여 정치적 주체성을 표현하는 한국어 개념으로 사용할 것을 제안한다.[50] 대중들이 스스로 자신들을 을이라고 부른다는 점을 강조하며, 진태원은 을이라는 표현이 한국 민주주의의 병리성과 한국 현대사의 증상을 나타내는 동시에 "민주주의적 주체화의 근본 과제가 을의 연대의 문제라는 것, 더 나아가 갑과 을 사이의 구조화된 위계 관계를 어떻게 평등한 민주주의적 관계로 전화시킬 것인가의 문제"임을 보여준다고 주

[50] 진태원, 앞의 『을의 민주주의』, 350-384쪽.

장한다.[51] 즉 '어떻게 을의 해방이 새로운 갑을 관계의 탄생이 아니라 진정으로 평등한 관계의 형성으로 이어지게 할 것인가, 어떻게 지배자/주인/주권자가 아닌 주체를 구성할 것인가'라는 화두를 던지는 것인데,[52] 우리는 이 화두를 동학의 현대화가 시작되는 하나의 지점으로 활용해 볼 수 있다. 바로 시천주를 을들의 존재론이자 실천철학으로 이해함으로써 '시천주 민주주의'라고 부를 수 있는 기획을 구상하는 것이다.

시천주를 을의 존재론이자 실천 철학으로 이해한다는 것의 의미를 파악하기 위해서는 우선 진태원이 을이라는 개념을 도입한 이론적 맥락을 조금 더 세부적으로 살펴볼 필요가 있다. 진태원이 을이라는 용어를 통해서 접근하고자 하는 문제는 일차적으로 자크 랑시에르(Jacques Rancière)가 '몫 없는 이들의 몫(part des sans parts)'이라는 개념을 통해서 포착한 정치적 주체화와 정치공동체 구성의 문제라고 할 수 있다. 즉 을의 민주주의란 "몫 없는 이들로서의 을이라는 기초 위에서 국민이나 인민을 개조하려는 기획"이다.[53] 그렇다고 해서 을의 민주주의라는 문제의식이 정치와 치안에 대한 랑시에르의 사유로 환원되는 것은 아닌데, 왜냐하면 진태원의 주요 이론적 자원 중 하나인, 한나 아렌트(Hannah Arendt)에서 에티엔 발리바르(Étienne Balibar)로 이어지는 '인권의 정치'라는 화두 또한 '몫 없는 이들의 몫'과 맞닿아 있기 때문이다. 예컨대 발리바르는 아렌트의 '권리를 가질 권리'라는 개념이 랑시에르의 '몫 없는 이들의 몫'이라는 개념과 유사하다고 지적하는데,[54] 발리바르가 자신의 인권의 정치를 구상하는 과정에서 아렌트의 개념이 수행하는 결정적 역할을 고려하면, 이는 단순한 이론적 비교를 넘어서 세 철학자들 간의 관계를 엿볼 수 있는 중요

---

[51] 진태원, 앞의 책, 383쪽.
[52] 이와 유사하게 김상봉은 실체화되지 않고 만남의 활동 자체를 현실태로 갖는 주체성으로서 서로주체성의 이념을 세운다. "내가 주체가 되는 것은 오직 내가 너와 함께 우리가 될 때이다." 김상봉, 『서로주체성의 이념』, 도서출판 길, 2007, 284쪽.
[53] 진태원, 앞의 『애도의 애도를 위하여』, 282쪽.
[54] 에티엔 발리바르, 『우리, 유럽의 시민들?』, 후마니타스, 2010, 232쪽. 진태원, 앞의 『을의 민주주의』, 187쪽에서 재인용.

한 단서이다. 여기서 말하고자 하는 바는 세 철학자들의 관계가 정확히 어떠하다는 것이 아니라 진태원의 을의 민주주의라는 문제의식이 최소한 이 세 철학자들 사이의 긴장관계 속에서 이해되어야 한다는 점이다. 즉 시천주를 을의 존재론이자 실천철학으로 이해함으로써 시천주 민주주의라는 기획을 구상하려면 진태원이 을이라는 개념을 도입하게 된 이론적 맥락을 경유할 필요가 있다. 여기서는 을의 민주주의를 사유하는 데 핵심적인 계기 중 하나인, 아렌트의 '권리를 가질 권리'가 발리바르를 통해서 '정치에 대한 인간의 권리'로 발전하는 과정에만 주목하며 시천주 민주주의의 출발이 가능한 지점을 찾아보고자 한다.

20세기의 참혹한 사건들이 생산해낸—필자도 그 일원이었던—무수히 많은 난민들의 고난 속에서 아렌트가 포착한 것은, 인간이라면 누구에게나 당연히 주어진다고 알려진 인간의 권리(인권)가 정치공동체에서 쫓겨남으로써 시민의 권리(시민권)를 상실한 이들에게서 너무나 쉽게 박탈된다는 사실, 즉 '인권의 역설'이다. 논리적으로는 시민권보다 인권이 더 근본적이므로 시민이 아닌, 어떤 정치공동체에도 속하지 못한 인간도 최소한 인권은 보장받아야 마땅한데, 현실에서는 시민권을 잃은 인간은 인권마저 너무나 쉽게 박탈당한다는 것이다. 인권의 역설이 단순히 제도적 현실의 한계가 아니라 기존 인권사상 자체의 내부에서 기인한다고 본 아렌트는 그에 대한 응답으로서 '권리들을 가질 권리'(the right to have rights)라는 개념을 제시한다. 즉 모든 인간에게는 정치 공동체에 소속됨으로써 세계 속에서 거주할 장소를 갖고, 그에 따른 권리들을 가질 권리가 있다는 것이다. 여기서 중요한 점은 인권을 인간 본성이라는 외부적 토대 위에 세우는 근대 자연권 사상가들과는 달리, 아렌트는 인권을 "공동의 세계를 구성하는 개인들이 서로에게 부여해 주고 또한 서로에 대해 보증해 주는 자격"으로 본다는 점이다.[55] 이는 곧 인간들의 행위의 상호성

[55] 진태원, 앞의 『을의 민주주의』, 190쪽.

외에는 인권에 어떤 '토대'도 존재하지 않음을 의미하며, 정치적 공간에서 추방된 인간은 왜 시민권과 동시에 인권을 상실하게 되는지 보여준다. 과거와는 달리 현대에는 더 이상 역사나 자연이 권리의 토대로서 역할을 수행하지 못한다는 것은, 곧 "[권리들을] 가질 권리 또는 인류에 속할 수 있는 모든 개인의 권리가 인류 자체로부터 보장받아야 한다는 것"[56]을 의미하는데, 페그 버밍엄(Peg Birmingham)은 아렌트가 '탄생성의 사건(event of natality)' 속에서 그 길을 찾아낸다고 해석한다.[57] 버밍엄에 따르면, 탄생성의 사건은 시작(initium)과 주어짐(givenness)이라는 두 가지 원리를 함축하는데, 이 두 원리는 각각 다수성(plurality)의 관계와 독특성(singularity)의 관계를 창출한다.[58] 권리들을 가질 권리는 시작의 원리와 주어짐의 원리 사이의 긴장관계 속에서 사유되어야 한다. 우리는 서로를 마주할 때 서로에게 각각 독특한 존재로서 주어지는데, 이때 함께 새롭게 시작, 즉 행위함으로써 모두를 포함하면서도 각자의 고유성을 존중하는 다수성의 공간을 창출할 정치적 의무가 있는 것이다. "우리는 동료 인간들과 공동으로 행위(act in concert)하며 우리가 누구인지를 차별화된 개인으로서 드러낸다."[59] 이는 우리가 타자와 마주할 때에도 마찬가지로 적용된다. 새로운 것을 시작, 즉 행위할 수 있는 능력의 '토대 아닌 토대'가 탄생성의 사건이다.

　　탄생성의 사건에 대한 아렌트의 고찰이 동학의 현대화에 무슨 관련이 있는가? 우리는 동학의 역사에도 결정적인 탄생성의 사건들이 존재함을 기억해야 하는데, 그중 하나는 바로 동학 자체의 탄생을 알리는 수운 최제우의 종교 경험이다.[60] 수운 최제우는 나이 37세에 강렬한 수련과 기도 속에서 하늘님의

[56]　한나 아렌트, 『전체주의의 기원 I』, 한길사, 2017, 536쪽.

[57]　Birmingham, Peg. "The An-Archic Event of Natality and the "Right to Have Rights"", in *Social Research*, Vol.74, No.3, p.766.

[58]　Birmingham, Peg. *Ibid.*, p.774.

[59]　리처드 J. 번스타인, 『우리는 왜 한나 아렌트를 읽는가』, 한길사, 2018, 131쪽.

[60]　이에 관한 저서로는 성해영, 『수운水雲 최제우의 종교 체험과 신비주의』, 서울대학교출판문화원, 2021, 참조.

음성을 듣는 결정적인 종교 체험을 한다. 이후 약 6개월간 지속된 하늘님과의 영적 소통을 통해서 그가 도달한 철학적 명제가 바로 모든 사람이 내면에 하늘님을 모시고 있음을 의미하는 '시천주(侍天主)'이다.[61] 이는 수운 최제우 본인의 탄생이라고도 할 수 있다. 물론 하늘님의 음성을 듣기 이전에도 수운 최제우라는 개인은 분명 존재했지만, 동학의 창시자로서의 수운은 이 경험 속에서 탄생했다고 해도 과언이 아니다. 의심할 여지 없이 하늘님의 음성을 직접 듣는 종교 체험은 인간이 경험할 수 있는 가장 극한적인 유형의 (재)탄생인데, 우리는 수운의 종교 경험을 단순히 신화로 취급할 것이 아니라 그 사건이 함축하는 철학적 의미를 탄생성의 차원에서 살펴볼 필요가 있다. 수운의 사례로 대표되는 동학의 종교 경험은 두 단계로 이루어져 있다고 할 수 있다. 첫 번째는 내가 내 안에 하늘님을 모시고 있다는 사실에 대한 자각과 경이(驚異)이고, 두 번째는 나뿐만 아니라 이 세상 모든 사람들이 각각 내면에 하늘님을 모시고 있다는 사실에 대한 자각과 경이이다. 이 두 차원의 자각이 모두 이루어져야 시천주와 인내천이 가능하다. 흥미롭게도 동학 종교 경험의 두 단계는 각각 아렌트가 탄생성의 사건에서 포착한 두 가지 원리에 대응된다. 내가 내 안에 하늘님을 모시고 있다는 사실, 즉 내재적 초월성은 무엇을 의미하는가? 아렌트의 관점에서 보면, 이는 내가 지금 나의 상태를 넘어서서 새로운 것을 시작(initium)할 수 있는, 행위할 수 있는 능력의 신비로운 원천을 안에 갖추고 있는 것으로 해석할 수 있다. 함께 행위함으로써 각자위심(各自爲心)의 상태를 넘어 동귀일체(同歸一體)의 상태, 즉 공동의 공간으로 나아가는 것이다. 이 세상 모든 이들이 각각 내면에 하늘님을 모시고 있다는 사실은 무엇을 의미하는가? 다시 아렌트의 관점에서 보면, 내 앞에 나처럼 새로운 것을 함께 시작할

---

[61] 수운 최제우는 '모심'을 의미하는 시천주의 '시(侍)'를 '내유신령(內有神靈)', '외유기화(外有氣和)', '각지불이(各知不移)'라는 세 측면으로 나누어서 설명한다. 김용휘에 따르면 '내유신령'과 '외유기화'는 하늘이 "인간에게 '모셔져' 있는 존재론적 실상을 의미"하고, '각지불이'는 하늘에 대한 확실한 체험을 통해서 "하늘과 분리됨이 없는 참된 섬김(경천)을 해야 한다는 실천적 의미"를 갖는다. 즉 '모시다'라는 개념 하나에 동학의 존재론과 실천철학이 모두 함축되어 있는 것이다. 김용휘, 『최제우의 철학: 시천주와 다시개벽』, 이화여자대학교출판부, 2012, 40쪽.

능력을 가진 사람이 주어져 있음(givenness)을 의미하며, 그의 내재적 초월성에 대한 나의 인정이 그의 권리의 토대가 된다는 것으로 해석할 수 있다. 이처럼 아렌트의 '탄생성의 사건'과 동학의 종교경험 사이에는 무시할 수 없는 대화 가능성이 존재한다.

아렌트의 탄생성의 사건이 함축하는 주어짐의 원리는 결국 사랑의 문제로 표현된다. "태어나면서 신비스럽게 우리에게 주어진 이 단순한 존재, 우리의 외모나 정신적 재능을 포함하는 이 단순한 존재를 적절하게 다룰 수 있는 것은 단지 우정이나 호의 같은 예상할 수 없는 우연이나 무한한 사랑의 은총이다. 아우구스티누스와 함께 "네가 존재하기를 원한다"[Volo ut sis]고 말하지만 그런 비길 데 없는 최상의 확언에 대한 어떤 특별한 근거를 제시할 수 없는 그런 사랑의 은총뿐이다."[62] 여기서 "네가 존재하기를 원한다"는 언명은 어느 한 정치공동체 앞에 공적 지위는 상실하고 오로지 사적인 모습만 갖춘 채 '주어진' 타자에 대하여 공동체의 성원들이 보이는 환대, 즉 그가 우리와 함께 공동체 안에 존재하기를 원한다는 의지 표명일 것이다. 이러한 환대가 없으면 타자는 정치적인 의미에서 존재할 수 없으며, 정치적으로 존재하지 않는다는 것은 시민권과 인권을 박탈당한 채 사실상 인간으로서 존재할 수 없다는 것을 의미한다. 바로 이 환대의 의지 표명, 이유 없는 사랑에 의해 타자는 권리를 갖게 되며, 그와 그를 반기는 정치 공동체 사이에 새로운 공동의 공간이 열린다. 동학의 언어로 말하자면, 나에게 나타난 타자도 하늘님을 모시고 있으며 (여기서 하늘님은 새로운 것을 시작할 수 있는 무한한 행위 능력의 신비로운 원천을 의미한다), 내가 경험한 내재적 초월성에 대한 경이, 즉 탄생성의 신비를 그도 경험할 수 있음 또는 이미 경험하였음을 인정하는 것이 정치공동체 내에서의 그의 존재를 원한다는 의지표명이 될 것이다.

발리바르는 1789년 프랑스혁명의 「인간의 권리와 시민의 권리에 대한 선

62 한나 아렌트, 앞의 『전체주의의 기원 1』, 539쪽. Arendt, Hannah. *The Origins of Totalitarianism*. 301.

언」(Déclaration des Droits de l'Homme et du Citoyen)을 참조하며 아렌트의 '권리들을 가질 권리'를 '정치에 대한 보편적 권리'로 발전시킨다.[63] 「인권선언」을 독해하면서 발리바르는 자유와 평등이 동일하다는 평등자유 명제(La proposition de l'égaliberté)를 도출해 내는데, 이 명제가 의미하는 바는 자유와 평등이라는 두 개의 개별적 실체가 동일한 본질을 공유한다는 것이 아니라, "양자가 현존하거나 부재하는 상황들이 필연적으로 동일하다"는 역사적 통찰이다.[64] 불평등한 사회에서 자유는 결코 진정한 자유일 수 없으며, 자유는 반드시 평등과 결합된 채로 사유되어야 한다는 것이다. 발리바르의 평등자유 명제는 그가 인권선언문에서 도출해 내는 또 다른 명제인 인간과 시민은 동일하다는 인간=시민 명제의 근거이자 그 명제의 의미를 온전히 드러내는 틀이다. 인간과 시민이 동일하다는 명제는 「인권선언」이 인간본성론을 토대로 정치 질서와 시민권을 설립하는 근대 자연권 사상과 단절하고, "정치 질서의, 사회의 상류에 그 심층적 기초 또는 외재적 보증으로서 어떤 '인간 본성'도 설정"하지 않는 대신에 "개인적 또는 집합적 인간을 정치사회의 구성원과 동일화한다"는 것을 의미한다.[65] 여기서 인권의 토대는 인간들 간의 상호 인정밖에 없다는 아렌트의 통찰이 반복되고 있는 것이다. 인간의 권리란 어떤 외부적 토대에서 도출되는 것이 아니라 인간들이 서로 부여하고 보증하는 것이며, "따라서 그러한 권리에는 인간들 사이의 호혜성과 상호 보증을 억압하거나 부정하려고 하는 세력에 대한 지속적인 저항과 투쟁의 필연성이 포함되어"[66] 있다. 인간=시민이라는 명제는 기본적으로 '정치에 대한 인간의 보편적 권리'에 대한 긍정이고,[67] 그 명제 "안에는 바로 그것의 보편성의 근거로서 평등자유의 명제가 자리 잡

[63] 진태원, 앞의 『을의 민주주의』, 191쪽. Birmingham, Peg. Ibid., p.774.
[64] Balibar, Étienne. *Equaliberty*, Duke University Press, 2014, p.48.
[65] Balibar, Étienne. *Equaliberty*, Duke University Press, 2014, p.45. 진태원, 「평등자유명제(*proposition de l'égaliberté*) I」, 『사람과 글 人·文』 028호, 2013에서 재인용.
[66] 진태원, 앞의 글, 2013.
[67] Balibar, *Ibid.*, p.50.

고 있다."[68] 평등과 자유는 서로를 함축하며, 이 둘의 결합은 모든 인간이 정치적 주체가 될 권리의 근거를 제공한다.[69]

발리바르의 평등=자유 명제와 인간=시민 명제의 관계는 동학에서 시천주와 인내천의 관계와 유사한 측면이 있다. 그 유사성을 부각시키기 위해서는, 앞에서 아렌트를 참조하며 '새로운 것을 시작할 수 있는 능력의 신비로운 원천'으로 이해했던 하늘을 조금 더 전통적인 관점에서 바라볼 필요가 있다. 동북아시아 문화권에서 하늘은 전통적으로 공공성과 보편성의 가장 강력한 상징이었다. "하늘은 天(천), 道(도), 理(리) 등으로 표현되는 형이상학적 실재요 도덕의 근원이다."[70] 이런 하늘이 인간에 내재해 있다는 것은 인간 개개인에게 가장 큰 보편성에 참여하고 가장 포용적인 공공성을 산출할 능력과 권리가 잠재되어 있다는 것으로 이해할 수 있다. 그렇다면 하늘을 모시는 행위, 즉 시천주는 평등=자유 명제와 모순될 것이 없다. 모든 이들이 가장 큰 보편성인 하늘을 섬길 때 자유는 곧 평등이 되고 평등은 곧 자유가 되기 때문이다. 인내천 또한 모든 인간에게 가장 큰 보편성에 참여할 능력과 권리가 잠재되어 있다는 의미로 이해한다면 인간=시민 명제와 자연스럽게 엮일 수 있지만, 이 대화가 가능하려면 여기에는 하늘을 하나의 인간 본성 또는 인간 존재의 형이상학적 토대로 보지 말아야 한다는 중요한 조건이 따른다. 인간=시민 명제 자체가 인간본성론에 기반한 근대 자연권 사상을 극복하기 위해 만들어진 것이기 때문이다. 하늘에 대한 어떤 탈-형이상학적 사유가 가능하다면 인내천과 인간=시민 명제 사이에서 더 깊은 유사성을 발견할 수 있을 것이다. 나아가 발리바르의 평등=자유 명제와 인간=시민 명제가 서로를 함축하며 엮이는 방식은 동학에서 시천주와 인내천이 균형 있게 공존하는 방식과 유사하다. "시천주

68 *Ibid.*, p.46.

69 박기순, 「포스트-알튀세르주의자들, 주체 개념을 중심으로」, 한국철학사상연구회, 『다시 쓰는 맑스주의 사상사』, 오월의봄, 2013, 346쪽.

70 이정우, 『전통, 근대, 탈근대』, 그린비, 2011, 67쪽.

없는 인내천은 알맹이 없는 껍데기에 불과하고, 인내천 없는 시천주는 열매 맺지 못한 나무와" 같기 때문이다.[71]

너무 피상적인 논의였지만, 이와 같이 아렌트와 발리바르의 인권의 정치를 경유하여 시천주를 을의 존재론이자 실천 철학으로 개념화하는 작업은 시천주 민주주의라는 기획의 출발점이 될 수 있다. 모든 이들이 하늘님으로서 존중받는 사회의 실현을 목표로 하는 시천주는 평등자유의 실천이나 을들과의 연대와 다르지 않다. 생태 위기 시대에 시천주 민주주의에게 주어지는 독특한 과제가 있는데, 그것이 바로 이 글에서 마지막으로 다룰 '도래할 아이들에 대한 절대적 환대의 정치'이다.

【도래할 아이들에 대한 절대적 환대의 정치】

생태위기가 악화되면서 지구상에서 인간이 거주할 수 있는 장소가 점차 줄어들고 있다. 기존의 삶의 터전이 이상기후로 인해 파괴되어 삶과 죽음의 기로에 내몰린 기후난민들의 고난은 인류 전체가 앞으로 부와 권력의 불평등한 분배에 따라서 차등적으로 겪어야 할 역경을 암시한다. 재난의 불평등을 극명하게 보여주는 기후 난민들을 환대하는 문제는 21세기 인류가 대면해야 할 가장 어려운 윤리적 과제 중 하나가 될 것임이 분명하다. 하지만 생태 위기 시대에 사회 정의에 대해 사유하기 위해서는 현재 살아 있는 자들만을 고려하는 것으로는 충분하지 않다. 생태 위기의 윤리적 특이성은 이 사건이 인류라는 종(種)의 미래, 즉 현재 살아 있는 이들에 대한 고려만이 아니라 아직 태어나지 않은 이들에 대한 고찰도 요구한다는 점에 있다.[72] 아무리 저출산 현상이 지

71   김용휘, 앞의 『최제우의 철학』, 85쪽.
72   아직 태어나지 않은 이들에 대한 윤리적 고려는 시천주를 여성의 임신 상태에 비유한 해월 최시형(海月 崔時亨)의

금 여러 나라들에서 심각한 사회문제로 대두되고 있다고 하더라도 최소한 앞으로 몇십 년 동안은 전 세계적으로 수많은 아이들이 계속해서 태어날 것이다. 파괴되는 세상 속으로 우리가 수많은 새 생명들을 불러오고 있다는 사실은 진지한 윤리적 반성을 요구한다. 어떤 의미에서 현재 인류가 경험하고 있는 이상기후 현상들은 생태계가 파괴되고 있다는 수많은 명징한 신호들을 구조적으로 외면한 대가이다. 위기의 책임을 한 개인이나 집단에게 돌릴 수 없듯이 현 인류 중에 이 사태에 대해 완전히 결백하다고 주장할 수 있는 이 또한 없다. 하지만 지금으로부터 수십 년 후에 태어날 아이는 어떠한가? 그에게도 책임을 물을 수 있는가? 아직 세상에 나오지 않았지만 머지않아 우리가 만나게 될 아이들은 역설적이게도 그 가녀림 속에서 우리에게 강력한 윤리적 명령을 내린다. 내가 곧 세상에 나올 것이니 나를 위한 자리를 만들어달라고. 도래할 아이들에 대한 우리들의 윤리적 의무를 인정하는 것이야말로 우리가 생태 위기를 과학적 계산과 기술적 조절의 문제로 축소하지 않고 그것의 윤리적 무게감을 온전히 느낄 수 있게 해 준다. 생태계를 파괴하는 기존의 사회 구조를 유지

포태설(胞胎說)에서 영감을 얻을 수 있다. 시천주를 임신 상태에 비유한다는 것은 전통적으로 철학을 지배해 온 남근중심주의(phallocentrism)에 반하여 '임신'이라는 현상과 그에 관한 여성의 경험을 인간존재에 대한 사유의 중심에 놓는다는 것을 의미한다. 기존의 인권 담론이 추상적이고 탈맥락적인 인간을 권리의 주체로 상정함으로써 성적, 인종적, 계급적 억압 및 착취와 같은 현실문제들에 적절히 대응하지 못했다면, 아이를 품은 어머니라는 구체적인 대안적 형상에 기반한 인내천 사상은 성적 차이를 고려한 '더 성숙한 보편주의'로 나아가기 위한 길이 될 수 있을 것이다. 해월의 포태설과 태반의 의미에 대한 최근 페미니즘의 논의 사이에는 창조적 대화가 가능하다. 페미니스트 철학자 뤼스 이리가레(Luce Irigaray)는 태반(placenta)이라는 생식기관이 수행하는 역할을 통해서 산모와 태아의 관계에 대해서 사유한다. 모체와 태아의 중간에 위치한 생식기관인 태반은 "모체와 태아 모두를 위해 모체의 물질을 변형시키고, 저장하고, 재분배" 하는데, 여기서 이리가레는 태반이 어머니와 태아를 하나로 융합시키는 것이 아니라 두 개의 별개의 질서로 나눈다는 점에 주목한다. 페미니스트 생물학자 헬렌 로쉬(Hélène Rouch)와의 대담에서 이리가레는 로쉬에게 모체가 "태아를 이물체로 수용하거나 거부하는 문제"에 대한 질문을 제기하는데, 이에 대하여 로쉬는 "마치 어머니는 태아(따라서 태반 역시)가 타자임을 항상 알고 있었고, 태반에게 이것을 알려 모체기관이 이를 타자로 받아들일 수 있게 하는 구성요소를 만들게 한 것처럼 모든 일이 진행"된다고 설명한다. 나아가 로쉬는 "태반이란 어머니의 몸 덕분으로 성장하는 아이의 기관"으로서, "가부장제 상업체계에서는 평가가 불가능한 아이의 빚"을 표시한다고 주장한다. 뤼스 이리가라이, 『나, 너, 우리』, 동문선, 1998, 41~46쪽. 페미니스트 철학자 켈리 올리버(Kelly Oliver)는 서로에 대해 자율적이지도 않지만 동시에 동일하지도 않은 모성적 신체(maternal body)와 태아 사이의 의사소통 매체로서의 태반에서 새로운 정체성 개념과 윤리적 관계의 가능성을 본다. "모성적 신체 내에서 우리는 동일성도 아니지만 절대적 분리도 아닌 관계를 본다. … 태반은 모성적 신체의 방어기제[면역체계]로부터 태아를 보호하는 교환의 매개체이다. 그것은 모성적 신체에게 태아가 낯선 타자가 아님을 알린다." 올리버는 모성적 신체에 대한 고찰을 통해서 '태반적 윤리학'(placental ethics)의 가능성을 연다. Oliver, Kelly. *Womanizing Nietsche: Philosophy's Relation to the "Feminine"*. Routledge, 1994, p.188.

하는 것은 앞으로 태어날 아이들이 자랄 수 있는 공간을 없애는 것이고, 생태적 전환을 이룩하는 것은 도래할 아이들에 대한 절대적 환대의 정치를 실천하는 것이다.[73]

　'도래할 아이들에 대한 절대적 환대의 정치' 속에서 우리는 기존의 세속적 윤리 또는 세속적 휴머니즘을 극복할 필요를 느낀다. 지나친 일반화의 위험을 무릅쓰고 말하자면, 세속적 윤리의 특징은 오직 지금 살아 있는 인간만을 직접적인 윤리적 고려대상으로 삼는다는 점이다. 세속적 윤리에서 죽은 자들 또는 아직 태어나지 않은 자들은 지금 살아 있는 자들과의 관계 속에서만 윤리적 의미를 갖는다. 윤리의 세속화를 통해서 개인은 역사와 종교의 중압감에서 해방되지만 그와 동시에 그의 존재는 역사성과 영성을 상실한다. 과거와 미래로부터 단절된 개인이 경험하는 공허함과 불안감은 현대 산업사회의 성장 신화와 소비문화를 추동하는 하나의 요인이라고 할 수 있다. 하지만 우리는 지금 미래 세대의 삶에 대해 진지하게 고민해야 하는 실존적 상황에 빠져 있다. 아직 세상에 나타나지 않은 이들을 위한 세속적 윤리는 존재하는가? 도래할 아이들에 대한 절대적 환대를 실천하기 위해서는 세속적 개인주의를 넘어서 사회적 영성으로 나아가야 한다.[74] 사회적 영성은 크게 두 가지 차원의 엮음(religare)[75]을 통해서 작동하는데, 하나는 부분과 전체를 엮는 것이고 다른 하나는 과거와 미래를 엮는 것이다. 즉 사회적 영성은 한 사회의 구성원과 그 사회 전체 간의 연대의식을 고양시키고, '과거'라는 역사의 유산을 계승하는 동시에 '미래'라는 가능성의 지평으로 나아갈 원동력을 제공한다. 말하자면 사회적 영성은 '이중 엮음'의 생명력이다. 후손들에게 무엇을 남겨줄 것인

---

[73] 김현경, 『사람, 장소, 환대』, 이학사, 2015 참조. 환대를 "타자에게 자리를 주는 행위, 혹은 사회 안에 있는 그의 자리를 인정하는 행위"(207)로 정의하는 김현경은 절대적 환대가 가능하다고 주장한다.

[74] 이는 세속적 휴머니즘을 넘어 영적 휴머니즘으로 나아가자는 길희성의 주장을 생태주의의 맥락에서 재구성한 것이다. 길희성에 따르면, 세속적 휴머니즘과 영적 휴머니즘은 결코 서로 대립하지 않지만 후자는 전자와 달리 인류의 종교적 유산을 적극적으로 계승한다는 점에서 더 강한 힘을 갖는다. 길희성, 『영적 휴머니즘』, 아카넷, 2021 참조.

[75] '종교'를 뜻하는 영어 'religion'의 라틴어 어원으로서, '묶는다' 혹은 '엮는다'는 의미를 갖는다.

가에 대해 고민할 때 인간은 우주의 역사 속에서의 자신의 위치와 그에 따른 임무에 대해 사유하게 된다. 이 순간 인간은 고독한 동시에 종교적이다.[76] 여기서 고독이란 자신만의 세계에 고립된 독단의 상태가 아니라 하나의 인격체로서 충분한 수준의 개성화(individuation)를 거친 독립의 상태를 말한다. 개성화를 거친 인간은 고독한 동시에 불안한데, 이 불안은 에리히 프롬의 지적대로 "모든 사람들과의 적극적인 연대감과 애정과 작업이라는 자발적인 행위"[77]만을 통해서 극복 가능하다. 이처럼 자기 존재의 역사성에 대한 이해와 타인과의 자발적 연대라는 이중 엮음을 통해서 인간은 생물학적 개체성을 넘어서 영적 존재로 거듭날 수 있다.[78] 도래할 아이들에 대한 절대적 환대의 정치는 결국 미래 세대에 대한 현세대의 의무감을 영적인 형태로 표현하는 것이다.[79] 그러나 도래할 아이들을 위한다는 생각이 흔히 그러하듯이 값싼 감상주의로 소비되거나 현세대의 희생 서사로 이해되어서는 안 된다. 아이들을 순수한 구제의 대상으로만 취급하는 것은 오히려 그들의 주체성을 부정하는 행위다. 천도교인 소파 방정환이 말하듯, "어린이를 내려다보지 마시고 치어다보아 주시오."[80]

　도래할 아이들에 대한 사유의 영적 깊이는 종교에 대한 화이트헤드의 정의를 참조함으로써 엿볼 수 있다. 그에 따르면, "종교란, 눈앞에서 변천해 가고 있는 유동적 사물들의 피안이나 배후, 또는 그 내부에 있는 그 무엇, 실재

---

[76] 알프레드 노스 화이트헤드(Alfred North Whitehead)에 의하면 이 둘은 결국 같은 것이다. "종교는 개체로서의 인간이 자신의 고독으로 이루어 내는 것이다. … 종교는 고독이다. 우리가 고독하지 않다면, 우리는 결코 종교적일 수 없다." 알프레드 노스 화이트헤드, 『종교란 무엇인가』, 사월의 책, 2015, 33-34쪽.

[77] 에리히 프롬, 『자유로부터의 도피』, 홍신문화사, 1991, 46-47쪽. 길희성은 프롬을 대표적인 세속적 휴머니스트로 지목한다. 길희성, 『영적 휴머니즘』, 2021, 36쪽.

[78] 이는 주체가 되기 위해서는 공간적으로는 전체를 살피고 시간적으로는 미래를 내다보아야 한다는 김상봉의 견해와 상통한다. 김상봉, 『네가 나라다』, 도서출판 길, 2017, 27쪽.

[79] 이는 자크 데리다의 개념인 '경계 위에서의 삶(survie)'을 통해서도 표현 가능하다. 진태원은 "삶과 죽음의 경계 위에 놓여 있는 삶의 양식"을 가리키는 이 개념이 "정의의 문제를 살아있는 존재자들에게 한정하지 말고 이미 죽은 존재자들이나 아직 태어나지 않은 존재자들에게까지 확장해야 할 필요성도 함축하고 있다"고 해설하며, 그 예시로 "아직 태어나지 않은 우리의 후손들에 대한 생태학적 책임"을 든다. 자크 데리다, 『마르크스의 유령들』, 381-383쪽.

[80] 이주영, 『방정환과 어린이 해방 선언 이야기』, 모시는사람들, 2021, 16쪽.

하면서도 실현되기를 기다리고 있는 그 무엇, 머나먼 저편의 가능태이면서도 최대의 현대적 사실인 그 무엇, 변천하고 있는 모든 것에 의미를 부여하면서도 좀처럼 파악되지 않는 그 무엇, 그것의 소유가 궁극적인 선(善)이 되지만 결코 손이 미치지 않는 곳에 있는 그 무엇, 궁극적인 이상이 되면서도 그것에 대한 탐구가 가망 없는 일이 되고 마는 그 무엇에 대한 비전(vision)인 것이다."[81] 예배는 이 비전에 대한 인간의 반응으로서, "인간 상호 간의 사랑이라는 원동력에 의해 촉발되어 사신동화(捨身同化, assimilation)의 요구에 몸을 던지는 것을 말한다."[82] 즉 도래할 아이들에 대한 절대적 환대의 정치는 '실재하면서도 실현되기를 기다리고 있는 그 무엇'을 향해 몸을 던지는 일종의 종교적 예배인 것이다. 화이트헤드가 강조하듯이, 예배는 결코 형식적 의례의 반복이 아니라 "영혼의 모험이요, 도달하기 어려운 것을 향해 솟는 비상(飛翔)"[83]이라는 점에서 삶의 방식의 근본적 전환을 요구한다. 생태적 전환의 의미는 이와 같은 맥락에서 이해되어야 한다.

종교성을 제거한 중립적이고 객관적인 언어는 생태적 전환에 필요한 실질적 힘을 제공해주지 못한다고 비판하는 길희성은 "환경운동은 그 자체가 구원의 문제이고 범종교적인 신종교운동"이며 "새로운 영성"을 창출해 내고 있다고 주장한다.[84] 환경운동이 '범종교적인 신종교운동'이라는 말은 생태주의가 다양한 종교들이 평화적으로 소통하고 협업할 수 있는 장(場)이 될 수 있다는 말로서,[85] 생태적 전환이 근대성을 규정하는 성속의 통섭 관계에 균열을 가한다는 앞선 주장을 뒷받침한다. 정교 분리가 상식으로 자리 잡은 대한민국에서 환경운동을 신종교운동으로 개념화하는 것은 상당한 반감을 일으킬 수 있다.

---

[81] 알프레드 노스 화이트헤드, 『과학과 근대세계』, 서광사, 2008, 309쪽.

[82] 앞의 책, 310쪽.

[83] 앞의 책, 310쪽.

[84] 종교인 대화 모임, 『생태문제에 종교가 답하다』, 운주사, 2015, 36-41쪽.

[85] 동학의 시천주 개념은 유·불·선 삼교의 종합과 기독교적 요소의 흡수를 통해서 형성되었다는 점에서 종교 간 대화에도 기여할 점이 많다.

극단적 폭력으로 점철된 종교의 역사를 고려하면 종교의 사회 참여에 대한 대중의 거부감은 자연스러운 것이다. 따라서 종교가 공적 영역에서의 발언권을 정당한 방식으로 되찾고자 한다면 현대 사회에 적합한 형태로 자기 자신을 쇄신할 필요가 있다. 이는 자본과 권력의 세속적 요구에 타협하자는 것이 아니라, 정확히 그 반대로 이 시대의 피억압 민중이 자본과 권력의 횡포에 대항하는 과정에서 믿고 따를 수 있는 형태로 종교가 스스로 변화해야 한다는 뜻이다. 이와 같은 자기 변화의 필요성을 인정하지 않고 근본주의적 태도를 유지하는 것이야말로 사실은 자본과 권력의 세속적 요구에 타협하는 것이다.

2021년 12월 31일, 국정농단 사건 등으로 징역 22년을 선고받고 4년 9개월 간 수감생활을 해 온 박근혜 전 대통령이 문재인 대통령의 신년 특별사면으로 석방되었다. 수많은 시민단체들이 이 결정에 대해 "정의와 민주주의를 다시 세우기 위한 촛불 항쟁에 대한 배신"[86]이라고 비난하였는데, 그중에서도 특히 우리의 폐부를 찌른 것은 "박근혜 사면은 우리를 두 번 죽이는 일"[87]이라는 세월호 참사 유가족들의 절규였다. 이 분노와 비애의 광경 속에서 우리가 강제로 대면할 수밖에 없었던 것은 2022년 제20대 대통령 선거라는 새로운 '시작'이 도래할 때까지 우리의 시간은 어떤 의미에서 2014년 4월 16일에 멈춘 채 전혀 앞으로 나아가지 못했다는 사실이다. 이는 곧 인간의 목숨을 시장 논리에 종속시키는 신자유주의 체제를 타파하지 않는다면 우리의 시간은 계속 진도 앞바다에서 맴돌 것임을 의미하며, 그 시간을 넘어서는 일은 지금처럼 보수 양당이 정치를 독점하는 상황 속에서는 사실상 불가능하다는 것을 많은 이들이 절감하고 있다. 세월호 사태에 대해 정치철학자 최원은 "새로운 세월을 시작하라고 명령하는 그 모든 원혼들, 유형들 앞에서 우리는 무엇을 약

---

86 https://www.hani.co.kr/arti/society/society_general/1024932.html
87 https://www.hani.co.kr/arti/society/society_general/1024932.html

속할 것인가?"[88]라는 중요한 질문을 던졌는데, 이는 동학 연구에 대해서도 그대로 적용할 수 있다. 매일 노동자들이 작업 현장에서 끔찍하게 사망하는 대한민국에서, 김용균 씨를 비롯한 그 수많은 원혼들과 그들의 유가족들 앞에서 우리 동학의 학생들은 무엇을 맹세할 것인가?

우리는 지금까지 동학이라는 사회적 영성 사상이 한국 사회에 등장하기 위해서 갖추어야 할 최소한의 조건들에 대해서 논의하였다. 확실히 동학에 관한 담론의 확장이 한국 민주주의의 발전에 기여한다는 보장은 없으며, 오히려 앞서 언급한 반일-민주화 시민종교 및 3.1운동 패러다임과 희생자 의식 민족주의를 강화시키는 기제로 작동할 가능성이 크다. 동학이 한국의 민족주의적 상징 질서에 포섭되지 않고 새로운 정치적 효과를 낼 수 있을지, 솔직히 말하자면 현재로서는 낙관적이지 않다. 동학이 기존의 상징 질서의 지배력에 최대한 저항하기 위해서는 한국 사회에서 주변부로 내몰린 자들, 즉 여성, 성소수자, 장애인, 외국인 노동자 등에 대한 절대적 환대를—조금 진부한 표현을 사용하자면—'동학의 이름으로' 실천하고 동학이 21세기 대한민국에 등장하며 자신의 존재 가치를 증명하는 과정의 핵심으로 만들어야 한다. 따라서 동학은 선택의 기로에 놓여 있다. 기득권 체제의 문화적 장식품으로 소비될 것인가 아니면 원래 그러했듯이 이 땅의 을들의, 을들을 위한, 을들에 의한 종교가 될 것인가? 이에 대한 답변은 동학을 공부하고 따르는 이들의 실천에 달려 있다.

[88] 최원, 「멈춰진 세월, 멈춰진 국가」, 『세월호 이후의 사회과학』, 그린비, 2016, 148쪽.

양진석
◈ 주로 현대 유럽 정치철학을 공부하고 있다 ◈
미국의 실용주의(pragmatism) 전통과 최근에 등장한
사물지향존재론(object-oriented ontology)에도 관심을 갖고
있다 ◈ 현재 고민하고 있는 화두 중 하나는 아나키즘이
현대 유럽 정치철학의 성과와 동북아시아의 사상사적
유산을 계승하여 21세기 한반도의 평화를 위한 사상으로
거듭날 수 있는가이다

RE: DIALOGUE

모든 종교는
'나 없음'에서 만난다

차옥숭

인터뷰어 조성환 · 홍박승진

시간 2022년 2월 24일 목요일 오후 2시 40분~6시 40분
장소 원광대학교 생활과학대학 1층 조성환 연구실
인터뷰어 조성환 (원광대학교 동북아시아인문사회연구소 HK교수)

홍박승진 (서울대학교 국어국문학과 조교수)

차옥숭(車玉崇)은 이화여자대학교 기독교학과 및 대학원을 졸업하고 독일 프랑크푸르트대학에서 종교학으로 철학박사 학위를 받았다. 한일장신대학교 교수와 이화여자대학교 HK 연구교수를 역임했으며, 현재 이화여자대학교에서 학생들을 가르치고 있다. 저서로 『한국인의 종교경험: 巫敎』, 『한국인의 종교경험: 천도교 대종교』, 『한국인의 종교 경험: 증산교 원불교』, 『예루살렘 성지 전장』 등이 있고, 공저서로는 『한국인의 생명 사상의 뿌리』, 『동아시아의 여신 신화와 여성 정체성』 등이 있다. 편저서로 『기독교사 자료집 I~IV』, 역서로 『오늘의 신학 무엇인가』(위르겐 몰트만) 등이 있으며, 논문으로 「전쟁 폭력 여성: 오키나와 전장의 기억을 중심으로」, 「오키나와 전쟁의 국가 폭력에 대한 분석」, 「동서 교섭의 관점에서 본 몸과 마음 이해: 동학과 스피노자를 중심으로」, 「인간과 자연의 소통 불가능성의 가능성: 맥페이그와 해월 사상을 중심으로」 등 다수가 있다.

【아버지와 전태일】

홍박승진 차옥숭 선생님, 『다시개벽』의 인터뷰 요청을 흔쾌히 수락해 주시고 귀한 시간을 내어주셔서 진심으로 감사드립니다. 이번 만남을 준비하면서 선생님의 주요 논문과 저작들을 훑어볼 수 있었는데요, 그 과정에서 선생님의 학문 세계를 '여성'과 '한국 종교'라는 두 줄기로 조명하면 좋겠다는 생각이 들었습니다.

　본격적으로 질문 드리기에 앞서, 차옥숭 선생님의 학문 세계가 얼마나 선구적이고 중요한 자리에 놓여 있는지를 짚고 넘어가야 할 듯합니다. 동학-천도교와 같은 토착종교나 자생사상이 한국 최초의 페미니즘 철학이라거나 세계적으로 보편성을 띤 생명 평화의 사유라는 점은 일찍이 장일순·김지하 등이 언급한 바 있습니다. 그러나 그 점에 관하여 여성이 줄기차게 학문적으로 탐구한 경우는 차옥숭 선생님이 처음일 듯싶습니다. 선생님께서 이처럼 선구적인 학문 세계를 펼치실 수 있었던 개인적 배경과 사회적 맥락에 관한 이야기를 들려주실 수 있을지요? 예컨대 선생님의 성장 배경은 어떠하였는지요? 또한 이화여자대학교 기독교학과와 동 대학원을 나오시고 독일 프랑크푸르트 대학에서 박사학위를 받으실 때까지의 관심사는 무엇이었는지, 그 뒤로 동학-천도교나 대종교 등의 종교로 관심사를 넓히실 때에는 어떠한 동기를 품으셨는지 궁금합니다. 나아가 선생님께서 학문적 방향을 정하실 때의 역사적 현실은 어떠하였는지도 여쭙고 싶습니다. 또한, 정년퇴임 이후로 최근까지는 어떻게 지내고 계신지도 덧붙여 말씀해주시면 감사하겠습니다.

차옥숭 본래 아버님이 교육계에 계셨어요. 평교사로 시작해서 나중에는 중고등학교 교장 선생님으로 오래 계셨어요. 그리고 오랫동안 교회 장로님이셨어요. 그러다 60대 초반에 내가 평생 믿었던 기독교를 제대로 알고 싶다고 하시면서 교장 선생님 사표를 정년퇴임하기 3~4년 전에 미리 내셨어요. 그리고 한

신대학교에 학사 편입을 하셨죠. 아버님 탄신 100주년에는 아버님 제자들이 전국적으로 모였어요. 아버님이 사마리탄 운동(착한 사마리아인 운동)을 해서 전주에 있는 고등학생, 대학생들을 모아놓고 강의를 오래 하셨어요. 그때 김경재[i] 선생님이 오셔서 설교를 해주셨어요. 제자들이 전국적으로 흩어져 있어요. 우리 아버님, 우리 어머님 돌아가셨을 때도 많은 제자들이 모였으니까요. 아버님이 신학을 공부하시면서 그렇게 재미있을 수가 없다고 말씀하셨어요. 그런데 문제는 이해력은 좋은데 히브리어를 암기하기가 어려우신 거예요. 그럼에도 너무 재미있게 공부를 하셨어요.

그리고 오랫동안 12월 마지막 날 망년회를 우리 집에서 했는데요. 전국에 흩어져 있는 제자들이 다 모여서 어떻게 살았고 어떻게 살 것인지를 서로 이야기했어요. 우리는 서로를 동지라고 불렀거든요. 오늘도 민족과 동지를 위해서 기도하였는가? 오늘도 그리스도의 마음을 품으려고 애쓴 시간은 있었는가? 오늘도 한적한 곳을 찾아 기도하였는가? 등 여덟 가지 내용의 <명상과 고백>을 잠자기 전에 했어요. 지금도 제자 분들은 곳곳에서 열심히 맑게 살아가려고 노력하고 있어요.

또 '조봉암 선생님 같은 분들이 얼마나 애국자셨는데, 억울하게 돌아가셨다.' 하는 이야기를 제가 중학생 때부터 아버님한테서 들으며 자랐어요. 전주에는 다가산(多佳山) 밑에 천이 있어요. 그 천변을 자전거 끌고 가시면서 저에게 여러분들에 관한 이야기를 조곤조곤 들려주셨어요.

내가 전주여고를 졸업했는데, 전북대 등의 대학생들이 데모를 심하게 할 때예요. 그런데 나는 데모를 할 생각도 안 했는데 훈육 선생이 나하고 내 친구 하나를 불러서 공부도 못 하게 하고 그냥 꿇어 앉혀 놓는 거예요. 데모할까 봐. 어이가 없더라고. 거의 일주일 가까이, 등교하면 거기 가서 꿇어앉아 있어

i   김경재(金敬宰, 1940~): 1970년 이후 35년 동안 한신대에서 조직신학과 문화신학을 가르쳐온 한국 진보적 신학계의 거목이자 대표적인 종교다원주의자이다. 한국 크리스찬 아카데미 원장, 장공김재준기념사업회 이사, 함석헌기념사업회 이사 등을 역임하였다.

야 하니까, 말이 안 되잖아. 나중에 교장실에 노크해서 찾아 들어갔어요. 교장 선생님한테 "실은 내가 일주일째 공부도 못하고 훈육실에 꿇어앉아 있다. (박 정희 때니까) 지금 나라가 되어 가는 모습을 보면 솔직히 가슴 아프다. 그렇지만 나는 행동으로 옮길 생각은 전혀 안 하고 있었는데 이거 뭐 하는 것인지 모르 겠다."라고 말했죠. 그랬더니 교장 선생님이 아마 전체 교무 회의에서 선생님 들에게 뭐라고 했나 봐요. 그리고 풀려났어요.

대학교에 가니 1학년 때 전태일 사건이 터졌습니다. 그런데 그냥 정신을 못 차리겠더라고요. 그때 학생들이 동숭동에서 데모할 때 거기 나갔죠. 그리고 이화여대에 좋은 선생님들이 많았어요. 그때만 해도 정말 좋은 선생님들이 계 셨죠. 특히 기독교학과의 현영학² 선생님이 저의 대학원 지도교수이셨어요. 그 분이 수업 시간에 '전태일이 바로 예수'라고 말씀하시는 거예요. 그거 아주 쇼 킹한 소리잖아. 실제로 전태일 씨는 저 도봉산부터 청계천까지 먼 길을 걸으며 차비 아껴서 그 돈으로 풀빵 사서 열악한 환경에서 일하는 어린 여공들한테 주며 마음 아파했다고 해요.

내가 대학교 2학년 때 남편을 만났어요. 남편은 당시 서울법대 재학 중에 《자유의 종》이라는 지하신문을 발행한 일로, 지명 수배돼서 도망을 다녔는데, 법대 선배가 전태일 씨 일기를 남편에게 맡겼어요. 그런데 남편은 도망 다니면 서 그 일기가 어떻게 될까 봐 직접 필사해서 나한테 주고 갔어요. 남편이 옮겨 적으면서 눈물을 뚝뚝 떨어뜨린 얼룩이 선명한 그 일기장을 읽으면서 나도 얼 마나 울었는지 몰라요.

그런 분위기 속에서 살았기 때문에 학교 다닐 때는 수업은 저리 가라 하고

---

2   현영학(玄永學, 1921~2004): 교육자, 기독교 사회운동가, 민중신학자, 민속학자이며 반유신 민주화 운동에 참여하여
활동하였다. 이화여자대학교 신학과 교수와 문리대학장을 지냈다. 니버, D. 본회퍼 등의 신학자들과 그들의 저서를 국내에
소개하였고 안병무, 서남동 등과 함께 민중신학, 해방신학을 개척하였으며, 박정희·전두환 군사독재 체제를 반대하는
운동에 적극 참여하였다. 1980년대부터 세상을 떠날 때까지는 탈춤 연구에 헌신하였다.

정말 정신없이 학생 운동만 했어요. 그래도 그때 김옥길[3] 선생님이 총장이었는데, 참 잘해 주셨어요. 대학교 2학년 때는 문제가 조금 복잡해졌죠. 위수령이 떨어지면서 학교가 문을 닫게 되었는데, 내가 기숙사에서 자고 있을 때 사감이 올라와서 "밑에서 너를 누가 찾는다"라고 해요. 내려갔더니 학생처장 선생님과 학무처장 선생님이 와 계시는 거예요. 그러면서 무조건 차에 타라고 검은 세단에 나를 태우셨어요. 그때는 선생님들이 그렇게 보호를 해주셨어요. 나를 차에 태워 후문을 빠져나와 서광선[4] 선생님 집에 데리고 가셨어요. 학교 뒤에 선생님 집이 있었으니까. 그 집에 도착하니 고마운 생각보다 아무 말도 하고 싶지 않더라고요. 나라꼴이 이러니까. 현영학 선생님이 그 집으로 오셨는데, 그분을 보니까 눈물이 나더라고요. 현 선생님한테 내가 울고 소리치면서, 아니, 학교에 군인이 들어오는데 선생님들 뭐 하느냐고, 총장 선생님 사임하시고 선생님들 다 사표 내라고 그랬더니 선생님 기분이 울적하셔서 가만히 듣기만 계시다가 대문 쾅 닫고 나가셨어요.

그러고 나서 학교에서 연락이 왔어요. 여기는 위험하니까 시골집으로 내려가라고. 그 당시 사감 선생님이었던 한명숙[5] 선생님하고 또 다른 사감 선생님하고 두 분이 나를 시골집까지 데려다줬습니다. 그런데 고향 집에 오니까 더 위험한 거예요. 그때 아버지가 시골 학교 교장 선생님이었는데, 학교 소사(경

3 김옥길(金玉吉, 1921~1990): 평안남도 맹산 출생. 이화여자전문학교를 마치고, 모교에서 근무하다 미국 웨슬리언 대학교로 유학을 갔다. 1952년 이화여자대학교 조교수·부교수·문과 학무과장을 역임하고, 1958년 미국 템플 대학 대학원에서 수학하였다. 미국에서 귀국한 후 1961년 이화여자대학교 총장에 취임하였다. 예수의 생애와 교훈에 관한 연구를 꾸준히 하였다.

4 서광선(徐洸善, 1931~2022): 평안북도 강계 출생. 일제강점기 당시 목사였던 부친을 따라 만주에서 유년 시절을 보냈다. 1949년 평양신학교에 입학하였으나 6.25가 발발해 부산으로 피난, 대한민국 해군에서 복무하였다. 이후 미국으로 건너가 신학석사와 철학박사를 받았고, 귀국 후 이화여자대학교 교수로 재직하였다. 정치적 이유로 해직(1980-1984)을 당하였던 그는 이 기간 장로회신학대학교에서 공부해 대한예수교장로회(통합) 목사로 안수 받고 압구정동 현대교회를 담임하였으며 이후 이화여대에 복직, 명예교수로 은퇴하였다.

5 한명숙(韓明淑, 1944~): 대한민국 제37대 국무총리(한국 최초이자 현재까지 유일한 여성 국무총리). 이화여자대학교 불문학과를 졸업한 후 1970년 이화여자대학교 기숙사 사감으로 재직 중, 학생들의 시위를 지원한 것이 문제가 되어 기숙사 사감을 그만두고 한국 크리스챤 아카데미로 옮겨 민주화 운동에 본격적으로 참여하게 된다. 정계 입문 이전에는 여성운동가로 활동하였고 정계 입문 이후에는 제8대 환경부 장관, 초대 여성부 장관을 역임하였다.

비) 분한테 형사가 이미 찾아와서 '교장 선생님 따님이 혹시 내려오면 바로 연락하라'라고 말하고 갔다는 거예요. 그래서 그냥 서울로 올라왔죠. 서울이 숨어 있기에 훨씬 좋더라고요. 사람이 많으니까. 아버지가 서울 올라오셨을 때 남편을 만나게 했어요. 아버님이 남편 만나고 나서 나한테 이렇게 말씀하였어요. "돈도 없고 체격도 왜소하지만, 단지 마음의 눈이 곱게 열려서 내가 허락하지." 나중에 남편에게도 그 말씀을 그대로 들려줬어요. 사위들이 우리 아버님을 굉장히 존경을 했어요.

【기독교 밖의 종교들에도 마음을 열다】

그렇게 정신없이 학생운동을 하면서 돌아다니다가 정말 공부를 해야겠다고 생각을 했던 건 감옥에 들어갔을 때예요. 내가 1·8 긴급조치[6]에 걸려서 국가내란 전복 음모죄로 군사 재판을 받았거든요. 그러면서 잠깐 서대문형무소 독방에 들어갔어요. 추운 겨울에 불은 하나도 안 들어오는 다디미방이에요. 그리고 정치범이라고 운동도 안 시키지. 우리 어머님이 서울에 오셔서 누빈 옷을 수위로 갖다 주는데 여자들은 누빈 옷은 안 된다고 해서 그걸 들고 집에 돌아가시면서 통곡하셨다고 해요. 또 법대 학장으로 계셨던 이건호[7] 선생님이 내 변호를 맡으셨는데, 선생님이 찾아오신 날에 3월인데 눈이 펑펑 쏟아졌어요. 선생님이 오신 줄 모르고 수의를 입고 만났어요. 선생님이 그냥 보고 싶어서 온 거라고 하였어요. "선생님, 저 정말 괜찮아요"라고 말씀드리며 복도로 쭉 걸어가는데 안 보일 때까지 서 계시더라고요. 나중에 출감해서 인문대학 학장

6   1974년 1월 8일에 시행된 긴급조치 1호.
7   이건호(李建鎬): 1917년 출생. 동북제대 졸업. 고려대학교 법학박사. 고려대학교 교수. 변호사로 활동. 이화여자대학교에서 1968년부터 1981년까지 형법학 교수 역임. 법정대학교 학장 역임. 고려대학교 법학전문대학원 명예교수.

실로 현영학 선생님을 뵈러 갔는데 이건호 선생님이 함께 기다리고 계셨어요. 선생님은 '그때 너무 마음이 아팠다'라고 이야기를 하시더라고요. 나는 졸업식도 못 하고 출감 후에 부모님과 학과 교수님들과 함께 대강당 앞에서 사진 찍고 졸업장을 받았지요. 참석한 모든 분께 현영학 선생님이 학교식당에서 식사 대접을 해주셨어요.

교도소에 있으면서 소위 '잡범'들하고 창문을 통해서 이야기를 했어요(나중에는 그것도 못하게 창이 높은 방으로 옮겨졌지만). 그때 처음으로 성경을 처음부터 끝까지 읽었던 것 같아요. 왜냐하면 독방에 있는 동안 책도 안 넣어줬거든요. 소장한테 내가 성경이라도 좀 넣어달라고 부탁했더니 신약만 넣어줘서 신약만 처음부터 끝까지 계속 읽었어요. 밖에서 읽던 것과 또 다르더라고요. 나한테 많은 감명을 줬어요. 그리고 다른 죄수 분들과 이야기하면서 (그 당시에는 내가 기독교밖에 몰랐으니까) '하나님 보시기에는 내가 더 큰 죄인일지 모르는데 저분들은 어쩌다가 좋지 않은 환경에 태어나셔서 가난한 집에서 어쩔 수 없이 감옥에 들어왔구나.' 하는 생각을 했어요. 그분들이 이렇게 이야기해요. "우리 같은 잡범이나 들어오지, 큰 도둑들은 안 들어와." 그분들 눈이 그렇게 맑을 수가 없어요. 그 맑은 눈을 보고 이야기하면서 '내가 더 큰 죄인일지 모르는데'라고 생각하며 그 속에서 참 많이 울었어요. 그분들 보면서 '아, 이제 좀 제대로 공부 좀 하자. 그냥 뛰어다니는 것만 하지 말고 공부 좀 하자'라고 결심했어요. 그래서 출감한 뒤 대학원에 들어갔죠.

그때 이화여대는 학부 장학금하고 대학원 장학금을 동시에 안 줬어요. 학부 장학금을 받으면 대학원 장학금을 못 받는 거죠. 그런데 나는 대학, 대학원 장학금을 다 받았어요, 대학원 논문도 오래 못 냈어요. 한 번 감옥에 갔다 오니까 박정희 정권하에서는 이사만 해도 정보과 형사가 맨 먼저 찾아와서 책 검사를 하는 거예요.

제가 KNCC[8] 공보담당으로도 있었죠. 대학교 4학년 때 큰 데모가 한 번 있었고, 위험하게 되었으니까 총장 공관에서 주동자들 몇을 김옥길 선생님이 보호해주셨어요. 그때 이효재[9] 선생님이 오셔서 '너를 KNCC에 취직시키고 싶다고 박형규[10] 목사님이 이야기했다'라고 말씀하셨어요. 그래서 졸업하기 전에 거기에 들어갔는데, 거기가 그때는 민주화 운동의 센터 같은 역할을 했거든요. 그러다가 군사 재판을 받았죠. 군사 재판을 받을 때 보니까 이대에서 데모하고 주동한 것들이 다 나와요. 그러고는 감옥에 들어가기 전에 정보부에서 고생 조금 하고 3년 징역에 5년 집행유예로 나왔죠. 그 이후에 KNCC에 못 있고 크리스챤 아카데미로 옮겼죠. KNCC 총무로 계셨던 김관석[11] 목사님이 대학원 졸업할 때쯤 되니까 저를 부르시더라고요. 'KNCC 장학금 받아서 미국에 가서 공부 좀 하고 오면 어떠니?' 그런데 그때는 갈 생각이 없었어요. 그러니까

8 한국기독교교회협의회. 한국 기독교계의 일치 정신을 구현하고 에큐메니컬 운동을 위하여 창설된 범기독교 협의체. 1924년 9월 24일 당시 장로교와 감리교의 선교 연합 구축을 위하여 결성된 조선예수교연합공의회에서 시작되었으며 일제의 간섭으로 활동하지 못하였다가 1946년 재발족하였다. 한국기독교교회협의회는 1974년 5월 4일 인권위원회를 창립하여 한국 사회의 인권을 대변하는 역할을 하였다. 그리고 한국기독교교회협의회 소속 교단의 청년회 대표들은 1976년 1월 한국기독교청년협의회(Ecumenical Youth Council)를 창립하였다. 이후 한국기독교청년연합회는 1970년대 후반에서 1980년대에 개신교 민주화 운동의 전위 역할을 담당하였다.

9 이효재(李效再, 1924~2020): 경상남도 마산 출신. 사회학자이자 여성학자. 이화여자대학교 사회학과 교수, 한국여성단체연합 회장 등을 역임하면서 한국 여성학의 이론을 확립하고 여러 여성단체를 창립하고 이끌어 나가는 등 현장에서의 여성운동을 주도하였다. 호주제 폐지에 앞장섰고, 1991년 한국정신대문제대책협의회를 설립하고 공동대표를 맡으면서 위안부 피해 여성들의 문제를 수면 위로 끌어올렸다. 1980년 반체제 지식인으로 분류돼 해직되기도 하였다. 1997년부터 부모성 함께 쓰기 운동에 앞장섰다. 1996년 국민훈장 석류장을 받기로 확정되었으나 7월 2일 오후 언론사에 배포한 보도자료에서 "이번 포상자 중에는 전두환 씨를 위대한 지도자로, 5공의 대통령으로 추대했던 5공 세력의 대표적 여성 인물이 포함돼 있는데 이는 고귀한 국민훈장의 명예와 권위를 실추시키는 무원칙한 선정으로 생각된다"고 수상을 거부하였다.

10 박형규(朴炯圭, 1923~2016): 1960년 한국기독교장로회 서울노회에서 목사안수를 받은 이후 공덕교회와 초동교회에서 목회 사역을 하였다. 1967년 한국기독학생회 총무를 지냈으며, 1968년 기독교서회 발행 『기독교사상』 주간, 1970년 기독교방송 상무이사를 지냈다. 1972년 서울제일교회 담임목사로 취임하여 1992년 8월까지 20년간 시무하였다. 1981년~82년 한국기독교장로회 제66대 총회장을 역임하였다. 기독교의 사회참여를 실천하여 1973년 반유신체제 시위인 '남산부활절사건', 1974년 '전국민주청년학생총연맹사건(민청학련사건)'과 '기독교장로회 청년 전주시위사건', 1987년 ''박종철 고문살인 및 은폐조작 규탄 및 호헌철폐 범국민대회' 등으로 평생 여섯 차례 옥고를 치렀다. 민주화운동을 상징하는 신앙인으로서 민주화운동기념사업회 초대 이사장을 역임하였다.

11 김관석(金觀錫, 1922~2002): 함경남도 함흥 출신. 목회자이자 사회운동가. 에큐메니컬 운동과 민주화 운동에 참여하였다. 5·16 군사 정변 직후에 월간 『기독교사상』에 쿠데타를 반대하는 글을 쓴 것을 시작으로, 박정희의 18년 집권 기간 내내 박정희 체제에 반대하였다. 1968년에 한국기독교교회협의회 총무로 선출되면서 기독교 계열의 대표적인 반체제 인사가 되었다. 삼선개헌 반대 운동과 민주화복국민선언 등 1970년대 민주화 운동의 중심에 있었다.

이제 김관석 목사님한테 '제가 기독교 신학 중에서도 사회 윤리를 공부했는데 [그것을 공부할 수 있는] 가장 좋은 장(場)이 한국 아니냐, 미국 가고 싶지 않다'라고 건방지게 말씀드렸죠. 또 크리스챤 아카데미 원장인 강원용[12] 목사님이 독일 유학을 남편하고 다녀오라는 권유를 하셨지만 처음에 사양했어요.

그리고 박정희 죽고 80년 봄이 되니 이제 남편도 공부하고 싶다고 그러더군요. 그래서 독일로 갔죠. 거기 가서 한국에서보다 훨씬 잘 살았죠. 거기서는 장학금으로 집값, 책값 등의 일체 생활비를 주었으니까. 남편은 독일에서 경제학을 하겠다 하고 프랑크푸르트대학에 들어갔어요. 거기에 이른바 'Academie der Arbeite'라는, 프랑크푸르트대학과 독일노총이 함께하는, 독일노총 간부들이 공부하는 노동대학이 있어요. 그곳에 들어가서 외국인으로는 처음으로 정식으로 졸업했어요. 그 대학은 참여자 모두가 숙식을 함께하면서 2주에 한 번만 집에 올 수 있었어요. 81년이면 한국에서는 마르크스의 『자본론』 같은 것을 볼 수도 없을 때인데, 그곳에서는 그 책을 직접 강의 듣고 토론도 하며 공부를 했어요. 한국에서는 89년에 김수행 교수가 『자본론』 제1~2권을, 1990년에 제3권을, 이후 개역판을 번역 출판했어요. 나는 이화여대에서 김수행 교수의 마지막 제자이자 맑스경제학 전공자인 강성윤 선생을 모시고 몇몇 선생들과 2009년 3월부터 『자본론』 강독반을 만들어 함께 읽고 공부했어요. 상·하권으로 나누어진 3권(개역판) 전체를 2년 넘게 걸려 완독했지요.

나는 프랑크푸르트 대학에서 프랑크푸르트학파[13] 중의 한 사람과 동학을 비교하든지, 아니면 16세기 독일 농민운동을 이끌었던 토마스 뮌처[14]하

[12] 강원용(姜元龍, 1917~2006): 함경남도 이원 출신. 한국기독교장로회의 목회자이자 정치인, 철학자, 통일운동가, 교육자, 시민사회운동가. 목사 안수를 받은 1949년부터 경동교회에서 40여 년간 목회활동을 이끌며 오늘날의 경동교회를 만들었다. 1963년에는 크리스챤 아카데미를 세워 종교 간 대화와 토론 문화 향상에 이바지하였다.

[13] 1930년대 이후 등장한 프랑크푸르트암마인 대학교의 사회연구소를 중심으로 한 신(新) 마르크스주의 사회 이론가 집단. 중심인물로는 허버트 마르쿠제, 막스 호르크하이머, 테오도어 아도르노, 에리히 프롬 등이 있다.

[14] 토마스 뮌처(Thomas Münzer, 1489?~1525): 종교개혁 시기에 활동한 독일의 급진 종교 개혁가이며 재세례파 지도자. 폭력 투쟁을 통해 봉건영주의 통치권에 대항하여 교회와 하층민이 중심이 되는 이상 사회를 건설해야 한다고 주장하였으며, 당시 영주와 타협하던 부패한 교회와 수도원을 해체하여 그 재산을 가난한 자에게 분배해야 함을 강조하였다. 민중이

고 수운·해월·동학운동을 비교하겠다고 생각하고 있었어요. 그러다 Yorick Spiegel이라는 좋은 지도교수님을 만났어요. 당시만 해도 동양 사람이 흔하지 않았거든요. 가족과 떨어져 나 혼자 있을 때 크리스마스에 교수님은 가족 모임에 꼭 초대를 하셨어요. 교수님 부부가 아들 부부 손자와 함께 나를 데리고 시골 조그만한 교회에 가셨어요. 부지도교수님은 Heinz Röer라고 로자 룩셈부르크 사진을 크게 방문 앞에다 붙여 놓고 계시는 어른이었어요. 시를 쓰셨는데 내가 한국에 돌아오고 난 후에도 한동안 시를 써서 보내주셨어요. 지도교수는 방학해서 휴가 가기 전에 나하고 미팅을 잡고, 휴가 다녀와서 또 나하고 미팅을 잡는 거예요. 그러니 나는 정말 방학도 없었어요. 그래서 일찍 끝났어요. 아니면 어림 반 푼어치도 없는데, 남편은 자기 공부 다 하고 나니까 귀국하겠다고 그러더라고요. 대신 남편이 애를 한국에 데리고 갔어요. 박사학위 논문 쓸 때 3년은 저 혼자 있었어요.

조성환 그때 이미 동학을 알고 가셨네요?

차옥숭 아, 그럼요. 우리 집에는 책이 많았고, 제가 책을 굉장히 좋아했어요. 근데 몸이 조금 약했어요. 내가 칠남매 중 여섯째인데, 51년생이니까 피난 시절에 어머니 뱃속에 서 있었거든요. 그땐 다 굶주릴 때잖아요. 뱃속의 아이보다는 눈에 보이는 자식들을 생각하느라 어머니가 잘 드시지를 못하셨죠. 그러니까 우리 일곱 남매 중에서 제가 제일 작아요. 뼈도 굉장히 가늘어요. 우리 어머니가 돌아가시기 전에도 항상 내 손을 잡고, '생기다 말았다'고 안쓰러워하셨어요. 그러니까 어렸을 때 자주 아프고, 방학 되면 그냥 누워서 우리 집에 있는 전집 같은 것을 거의 내가 다 봤어요.

　그다음으로 다른 종교에 대해서 마음이 열리기 시작하고 기독교인이 아니

압제자에게서 해방된 신정 정치를 실현하기 위해 농노의 반란을 지도하였다.

어도 얼마든지 구원받을 수 있다고 생각한 것은 교도소에 있을 때예요. 나는 독방에 있고, 내 방 바로 앞에 잡범들 16명이 한 방에 있었는데, 그 방에 계셨던 할머니 한 분이 그냥 봐도 입술도 까맣고 이도 까매요. 고문당해서. 이분은 젊었을 때 독립운동을 하셨고, 남조선과 북조선이 나뉜 뒤에는 북에 계시다가 간첩으로 남파되었다가 체포되어 사형 선고를 받은 분이었어요. 아들이 하나 남쪽에 있었고. 나는 어리석게도 그분이 돌아가시기 전에 하느님을 좀 알았으면 좋겠다고 생각했어요. 그분은 유물론자인데. 그분은 나한테 '차양, 꼭 통일이 돼야 한다'라는 말만 되뇌시고. 면회 오는 이도 하나 없고 죽음을 기다리는 그분이 마음이 아팠어요. 내가 교도소에서 나올 때에는 가지고 있던 걸 그분한테 드리고 나왔는데요, 나와서도 그게 너무 마음이 아픈 거예요. 그분은 자기 삶 자체가 나라를 위한 거라고 생각했어요. 민족을 위한 것이라고 생각하시는 거죠. 하나 있는 남쪽의 아들도 어머니를 신고하지 않은 것 때문에 다치고, 찾아오지도 못하고. 그러니까 너무 외롭게 계시다 돌아가시는 거잖아요. 그게 너무 가슴이 아파서 교도소에서 나오고 나서도 그분을 위해서 기도를 빠지지 않고 했어요. 정말 나라를 위해서 사시고 이타적으로 사셨는데 그분 좀 당신이 잘 봐주면 안 되냐는 기도였지요.

그랬는데 나중에 마음속에 '네가 사랑하는 것처럼 나도 사랑한다'라고 이야기를 하시는 것 같았어요. 그때부터 십자가라는 것, 그리고 예수의 삶이라는 것이 나에게 다시 조명되기 시작했거든요. 예수는 십자가에서 자기한테 못 박고 창 찌르고 가시 면류관 씌우는 사람들을 향해서도 "저들이 몰라서 그랬사오니 저들을 용서해 달라"고 기도하는 분인데. 거기에서 나는 신성을 느끼는 건데. 자기를 몰랐다고 정말 이타적인 삶을 살아가는 사람들을 향해서 "네가 아무리 착하게 살아도 나를 몰랐으니까 너는 안 돼"라고 한다면 그런 예수는 그냥 버릴 것 같더라고요. 그렇게 철이 든 거예요. 그 할머니를 통해서 내 신앙의 지평이 조금 확장된 거죠.

그리고 다른 종교에 대해서 마음이 본격적으로 열리기 시작한 것은 지장보살 때문이에요. 그분은 석가모니 생시에 살았던 분이잖아요. 그리곤 "나는 모든 사람이 도솔천에 가기 전까지 절대 나 혼자 도솔천에 가지 않겠다"라고 서원했고. 부처님 입적하신 뒤에는 불가촉천민들 있는 북쪽에 갔죠. 인도의 북쪽은 정말 춥잖아요. 가보니까 한여름에도 눈이 막 내리던데. 지장보살은 거기서 추워하는 사람들을 위해 자기 옷을 다 벗어주었다고 해요. 너무 추워서 땅에 자기 몸을 묻었다고 해서 '지장(地藏)'이라 부른다고 이야기를 하는데, 그렇게 불가촉민들 사이에서 살다 가거든요. 그에 관한 신화도 얼마나 아름다워요? 지금도 도솔천 문 앞에서 문지기가 제발 좀 들어가시라고, 제발 여기에 서 계시지 말고 이제 그만 들어가라고 하는데도, 아니라고, 모든 사람이 다 오기 전에 나는 안 들어간다고 울면서 기다리는 보살로 이야기되잖아요. 그래서 그분이 죽음을 관장하는 보살이 되는 거죠. 지장보살 이야기를 알고 나니까, 기독교의 울타리에서부터 완전히 벗어날 수 있었어요. 그러면서 다른 종교들을 정말 좋아하게 됐죠. 그래서 종교학을 공부한 것이고요. 기독교 울타리의 안쪽만이 아니라 이 전통 저 전통을 자유롭게 넘나들다 보니까 내 의식의 지평이 너무 확장되는 거예요. 사고의 폭이 갑자기 확 넓어지니까, 우물 안의 개구리가 우물을 완전히 벗어나서 광활한 하늘을 보며 느끼는 황홀함 같은 것 때문에 처음에는 어쩔 줄을 모르겠더라고요.

내가 이렇게 느꼈던 걸 학생들한테 다 이런 식으로 이야기는 못 하잖아요. 내가 비교종교학을 공부해 왔는데, 다른 종교에 관한 이야기를 하면 사람들 대부분이 교리적인 것들이나 제도적인 것들을 생각하잖아요. 그러나 그런 것들은 상징적인 언어가 다르고 해석의 틀이 다르기 때문에 학생들이 접근하기도 힘들고 이해도 어려워요. 그래서 내가 종교경험을 연구하기 시작한 거예요. 예컨대 학생들한테 동학의 가르침보다 동학도들의 경험을 들려주는 것이죠. 그러면 '우리 경험하고 똑같네?', 이런 식으로 반응해요. 인간 경험은 공통적이잖아요. 어떤 종교경험을 하면 눈물 흘리면서 회개하고, 그러고 나면 텅 비어 있는 마음속에 기쁨이 찾아오고. 이런 것들이 다 공통적이에요. '우리 종교의 경험하고 똑같네!', 이런 식으로 생각하게 되면 다른 종교들의 가르침을 훨씬 쉽게 받아들여요.

【여성주의적 정체성은 실천 속에서 정의된다】

홍박승진 선생님의 1995년 논문 「한국 신흥종교에서 살펴본 여성의 종교성」은 한국에서 자생한 종교들의 전통에 내재한 여성해방적 요소들을 조명한 글로서 저의 마음에 큰 울림을 주었습니다. 이 연구는 여성해방적 요소들에 대한 탐구가 서구에 의존해 왔다는 문제의식에서 비롯한 것으로 보이는데요, 달리 말하면 여성해방을 위한 사상과 실천 역시 서구 중심의 틀에서 벗어날 필요가 있다는 견해라고 할 수 있을 것입니다. 그렇다면 선생님께서는 여성해방을 모색하는 이론과 운동이 서구의 모델에 지나치게 의존하는 경우에는 구체적으로 어떠한 문제가 있다고 생각하시는지요? 나아가 한국 신흥종교의 자생적 여성해방 사상이 서구의 그것과는 어떠한 차이점이 있으며, 그 차이점의 세계적 보편성이나 가치는 무엇이라고 보시는지요?

차옥숭 20세기 이후 우리 사회가 서구화되고, 학문 연구 역시 서구적 학제인 대학이 중심이 되면서, 대학의 많은 연구들은 서구의 이론을 수입하고 수용하는 데 시간과 노력을 소비하게 되지요. 이것은 학자들의 자기반성 속에서 학문의 식민성 혹은 사대주의 논쟁을 불러일으키기도 하였지요. 한국 사회에 페미니즘이 체계적으로 수용되기 시작한 것은 1980년대에 이르러서이고, 페미니스트 학자들이 독자적인 이론들과 담론을 생산하기 시작한 것도 1990년대라는 점에서 보면, 페미니즘을 수용한 역사는 지극히 짧아요. 그러나 한국의 여성주의 학자들이 서구의 페미니즘 이론을 나름대로 수용한 것은 단순히 학문적 사대성이나 새로운 이론에 대한 지적 관심 때문이라고만 할 수 없습니다.

한국 사회에서 여성 학자들이 기존의 학문적 장에서 남성중심주의의 벽과 한계에 부닥치고, 자신들이 공부한 기존의 학문이 남성중심주의의 편파성과 정치성을 띠면서 여성의 삶을 철저하게 배제하고 소외시키고 있었음을 자각하면서 서구 페미니즘 이론에 관심을 가지게 되었다고 생각합니다. 여기에서 서구 페미니즘 이론의 관심과 수용은, 흑인 및 소수민족 여성이 서구 중산층 중심의 페미니즘 해체를 주장하는 것에서 볼 수 있듯이 지역적, 시간적 긴장의 복잡성이 충분히 검토되는 지점으로서의 위치(location), 그 역사적 투쟁의 과정에 따라 인지되는 차이 등이 고려되어야 합니다. 예를 들면 식민지 경험을 한 여성주의자들은 민족주의에 대한 자각이 강하게 나타나고 민족주의의 다양성이나 페미니즘과의 관계의 다양성은 간단히 처리할 수 없는 복합성을 갖게 됩니다.

따라서 이러한 출발 배경으로 한국 여성주의자들이 나아갈 궁극 지향점은, 한국 사회라는 특수한 현실 속에서 여성이라는 조건이 여성의 삶을 어떻게 위치 지우는지를 밝히고, 여성이 자신의 삶을 가로막는 장애로 여기는 것이 무엇인지에 귀를 기울여야 하며, 이제까지 배제되었거나 주변화되었기 때문에 들리지 않았던 여성의 목소리를 내게 함으로써 여성의 종속을 제거하는 데에 심혈을 기울여야 합니다. 이러한 '실천적 관심'에 따라 지식을 생산하고, 이를 통해 현재의 한국 사회라는 지점에서 우리가 지향해야 할 것이 무엇인지를 모색해야 합니다. 여성주의 연구는 인식론으로부터 완전히 떠나서 그 관심을 성별로부터의 인간해방이라는 관점에서 출발해야 합니다. 여성주의적 주체는 이론 속에서 선험적으로 정의될 수 있는 것이 아니라, 단지 '여성주의자 됨(being feminst)'의 행동 속에서만 정의될 수 있는 것이지요. 다시 말하면 여성주의적인 주체성은 실천 속에서 정의된다는 것입니다. 여성주의사들이 그들의 차이에도 불구하고 연합될 수 있는 것은 인식론적 기반이 같아서가 아니라, 가부장적 사회에서 여성 억압을 종식시키고자 하는 결단(commitment)에서입니다.

이러한 관점은 한국 신흥종교의 여성해방 사상이 지향하는 지점과 만나게 됩니다. 동학의 시천주 사상에서 남녀노소의 차별성이 사라지고, 봉건사회를 지탱하던 위계질서가 허물어집니다. 한울님을 모신 시천주자로서 모든 사람은 귀하고 귀한 존재입니다. 거기에는 양반도 상민도 적서의 차별도 없습니다. 한 걸음 더 나아가 해월에 오면 세상 만물이 유기체적 생명공동체로서 공경의 대상이 됩니다(경천, 경인, 경물). 최근에 서구 생태페미니즘에서 거론되는 내용이 120여 년 전에 동학사상에서 심도 있게 다루어졌다는 것은 감동적입니다. 이어서 증산의 해원상생, 정음정양, 인존사상, 소태산의 일원상 사상, 처처불상 사사불공이 담고 있는 여성 해방운동과 사상은 충분한 가치가 있다고 생각합니다. 여기에서 꼭 지적하고 싶은 것은 제 생각으로는 서구 페미니즘 이론은 지식인 중심으로 수입해서 소화하고 확대해 가는 데 머물고 있다는 것입니다. 쉽고 친근하게 저변에 확대해 나가는 데는 신흥종교 이론들이 접근성에서 훨씬 앞서 있다고 생각합니다. 이 부분은 좀 더 논의될 필요가 있다고 생각합니다.

【한국인의 궁극적 종교 심성은 생명과 공동체를 지향】

홍박승진 선생님께서는 2006년에 발표하신 논문 「한국 여신신화와 여성정체성」을 통하여, 한반도 전 지역에서 전승되고 있는 여신 신화 속에 "여성들의 염원과 모형", 그리고 "여성 정체성"이 담겨 있다고 보셨습니다. 이처럼 한국 여신신화 속에서 여성의 희망과 정체성을 탐색한 연구는 한국 신흥종교의 여성해방적 요소를 밝힌 연구의 연장선 위에 있으리라는 생각이 듭니다. 조동일 선생님께서 동학 창도와 그 이후에 이어진 민중종교운동이 민중의 오랜 소망을 집약하였다고 지적하신 것처럼요(조동일, 『제4판 한국문학통사』 4, 지식산업사, 2005, 9~10쪽). 그렇다면 한국 여신 신화에서 드러나는 여성 정체성이 한국 신흥종교에 담긴 여성해방 사상과 어떠한 관련성이 있다고 볼 수 있을까요?

차옥숭 한국 여신 신화에서 드러나는 여성 정체성과 한국 신흥종교에 담긴 여성해방 사상과의 관련성을 한민족의 마음 바탕에 자리 잡고 있는 종교 심성을 통해 이야기해 보겠습니다.

한민족은 오랜 세월 동안 해 뜨는 동쪽과 밝고 따뜻한 지역을 찾아 나선 순례의 길에서 혹독한 추위와 어둠 속에서 굶주림과 질병과 싸우면서 생명의 고통에 대한 감수성을 체득하고 강인한 생명력을 이어 가면서, 어진 품성과 강인한 생명력, 평화와 생명에 대한 깊은 사랑, 더불어 사는 지혜와 능력을 가슴과 숨결 속에 간직해 왔다고 생각합니다. 그리고 외적인 투쟁보다는 내면의 투쟁을, 남을 정복하기보다는 스스로 어려움을 참고 견디어 내고 극복하려는 고난 의식에 가치를 두고 밝고 따뜻한 인간다운 삶을 지향하였습니다.

단군 신화를 가지고 이어령 선생님이 쓴 글이 있어요. 서양이 지향하는 가치관에 따르면 호랑이가 이겼으리라는 거예요. 왜냐하면 올림픽에서도 누가 더 높이 뛰느냐, 누가 더 빨리 뛰느냐를 따지기 때문이에요. 그런데 단군 신화에서는 맵고 쓴 쑥과 마늘만 가지고 인내하면서 스스로 나를 극복하고 어려움을 극복하고 인내하면서 이겨내는 것이 더 중요하다는 겁니다.

최남선 선생님은 유·불·도 삼교가 우리나라에 들어오기 이전부터 우리 민족이 행하였던 제천의례에서 보여주는 대로 고유 신앙은 하늘의 뜻을 믿고 순응하는, 하느님을 섬기는 "밝의 뉘" 신앙이었다고 합니다. 제의의 목적은 하늘과 땅과 인간 사이에 깨어진 조화를 회복하고 천·지·인(天·地·人) 삼재의 원융 통합을 실현하여 풍요롭고 평화로운 해방된 삶을 창조하는 데 있었습니다. 하늘과 땅과 인간이 조화를 이루는, 삼태극으로 표현되는 천·지·인 삼재의 원융 구조가 한국인의 종교 심성의 바탕을 이루고 있다는 것이지요.

하늘과 땅과 인간 사이에 깨어진 조화의 회복을 통해서 마을 공동체의 안녕과 풍요를 기원하는 마을굿이 고대 한민족이 올리던 종교 제의의 목적을 이어가고 있다고 생각합니다. 마을 공동체의 맺힘을 풀어내어 조화를 회복하고 협동을 다짐하는 마을의 축제인 마을굿은 단조롭고 지루한 일상생활에 활력을 불어넣고 공동체의 성원을 하나로 묶어 주는 역할을 합니다. 땀 흘려 일하는 사람들의 축제, 거기에는 신과 인간, 인간과 인간이 하나가 되어 어우러지는 흥과 멋과 신명이 있지요.

　마을굿뿐만이 아니라 모든 종류의 굿의 바탕이 되는 구조와 원리는 조화를 이루는 데에 있다고 봅니다. 하늘과 땅과 인간 사이에 깨어진 조화를 회복하는 것이 굿의 목적이 됩니다. 굿에서는 인간이 살아가는 삶의 마디마디에서 부조화로 인하여 발생하는 얽힌 문제들이 신령과 인간, 인간과 인간 사이의 조화로운 관계 회복을 통해서 해결이 가능해집니다. 또한 굿을 통해 신령님으로부터 얻은 복은 굿 장에 모여든 모든 사람과 골고루 나누는 것입니다. 복을 혼자서 독차지할 경우에 인간과 인간 사이에 조화가 깨어져 복이 되지 못하기 때문이지요. 이처럼 한국인이 가지고 있는 넉넉한 심성을 굿 속에서 찾아볼 수 있습니다.

　무당들 또한 신병을 통해 모진 아픔과 고통을 감내하고 견딘 만큼 상대방의 아픔과 고통을 그대로 몸으로 이해하고 받아들여 기쁨과 슬픔을 함께 나누고, 함께 울고 웃고 합니다. 무당들의 경우에는 상대방의 고통을 자신의 몸에 싣지 않으면 굿이 제대로 되지 않는다고 말해요.

　특히 서사무가에 나오는 여신들의 면면을 살펴보면 삶이 너무 고달파서 그동안 사람들에게 알려진 강인하고 억척스러운, 독립적이고 자립적인 선문대할망, 금백조할망, 자청비 같은 창조적인 슈퍼 우먼을 만들어 내기도 하고 외지에서 흘러 들어와 외롭게 죽은 여인, 가부장적인 지배 질서의 희생된 여인 등을 여신으로 좌정시키기도 하면서 여성들의 한 맺힌 아픔들을 보듬고 삶을 살아갔으리라 생각해요. 때로는 본향당[15] 신을 위한 마을굿은 출가한 딸들까지 다 모이는 축제였을 것이에요. 그곳에서 신과 인간, 인간과 인간의 소통을 통해 마을의 안녕과 평화를 기원하고 마을 여성 전체의 화합과 상생을 다지고 서로

〰〰〰〰〰〰〰〰〰〰〰〰〰〰〰〰〰〰〰〰〰〰〰〰〰〰

15　제주에서, 마을의 신을 모신 신당(神堂). 서낭당과 유사하다.

의 아픔을 다독이며 서로의 고통을 공유하며 풀어나갔으리라 생각해요.

힘없는 민중들의 수호신으로 정좌한 남성신들 또한 권력에 의해서 버림받고 짓밟혀 억울하게 죽은 역사적 인물이 다수를 차지하고 있습니다. 굿의 의례를 통해서 은폐된 역사적 진실을 폭로하고 죽은 이들의 억울함을 비호하고 담지해 가는 것을 알 수 있습니다. 이것은 용납할 수 없는 국가 권력에 말없이 저항해 가는 힘없는 백성들의 지혜의 한 단면을 엿볼 수 있는 부분이기도 합니다. 임경업 장군, 이순신 장군, 사육신, 단종, 이런 분들이 신격이 되는데요, 단종한테는 사약을 보내잖아요. 그런데 사약을 가지고 갔던 사람들이 단종에게 그것을 못 드리고 자기가 마시고 죽어요. 그런 사정을 알고 단종이 스스로 죽어요. 억울하게 죽은 단종을 추모하고 싶었을 거예요. 백성들 사이에 단종이 죽어 산신이 됐다는 소문이 쫙 퍼지는 거예요. 산신한테 제의를 드리러 간다고 하고 민중들이 그곳에 가는 거예요. 이게 힘없는 민중들의 국가 권력에 대한 저항하는 방식이지요.

한민족에게 면면히 이어 내려오던 천신 신앙은 수운에게 와서 종교화됩니다. 수운의 시천주 사상은 조선왕조 말기의 어둡던 시대에 가렴주구와 질병에 시달리던 힘없는 민중에게 인간의 존엄성을 일깨워 주고 희망을 준 생명의 복음이었습니다.

반상의 차별이 극심하던 때 천민이나 농민이나 가난하고 없는 자는 스스로 못나서이고 부하고 귀한 자들은 특별히 타고났기에 그렇게 사는 것으로 인식되던 시대에, 수운은 모든 사람이 한울님을 모신 존재(侍天主者)로서 귀하고 평등하다는 것과 생명이 존엄하다는 진실을 일깨워 주었습니다. 또한 한울님을 믿고 한울님의 뜻에 순종하고 각자위심(各自爲心) 하지 않고 동귀일체 될 때 이 땅에 모든 사람이 귀하고 부한 자가 되는 후천의 시대가 도래한다는 희망의 소식을 선포했습니다.

해월의 시대에 이르러, 해월이 가난한 농부로서 흙 속에서 자연과 더불어 살아오면서 체득된 생명의 소중함과 신비에 대한 깨달음을 통해 수운의 시천주 사상은 사인여천 - 양천주 사상으로 계승됩니다. 해월은 인간의 존엄성과 아울러 자연의 만물이 유기체적 생명공동체임을 일깨워 주었고, 생명의 소중함과 생명공동체로 나아가야 할 방향을 제시해 주었습니다. 또한 노동을 천시하던 사회 속에서 인간의 노동은 곧 한울님의 창조 활동에 동참하는 거룩한 행위로 인식하고 노동의 가치를 승화시킵니다.

수운과 해월의 가르침은 오늘날에도 천도교인들에게 생명의 복음으로서 살아 움직이고 있음을 볼 수 있습니다. 수운이 가르쳐 준 21자 주문을 통해 시천주 하는 순간, 즉 한울님의 영을 내 몸에 모시는 순간 떨림과 함께 참회와 회개의 눈물을 흘리고 오랫동안 자신을 구속하고 있던 구습을 벗어 버리고 지금까지와는 전혀 다른 새로운 삶으로 옮겨 가게 됩니다. 그리고 기쁨과 평화가 가슴에 가득해지고 너와 나의 벽이 허물어지며 모든 생명이 대생명 속에서 동귀일체(同歸一體)임을 체득하게 됩니다. 이러한 경험이 그들에게 사인여천 해야 한다는, 양천주 해야 한다는, 한울님을 닮아 가야 한다는, 한울님을 향하는 삶을 살아가야 한다는 새로운 삶의 틀을 마련합니다.

이 모든 것을 종합해 보면 한국인의 궁극적 관심은 하늘과 땅과 인간이 하나가 되어 조화를 이루는 '한(韓)'을 지향한다는 것입니다. 따라서 한국인의 종교 심성은 바로 이 '한'과 분리해서는 생각할 수 없습니다. 인간뿐만 아니라 동식물이나 무기물까지도 두루 유익하게 하는 홍익인간들이 이루어내는 이화세계(理化世界)를 꿈꾸었던 고대 한민족은 생명 지향적이고 공동체 지향적이었습니다.

한국인들의 종교경험에서 공통적인 것은 이기적인 삶보다는 이타적인 삶, 분열과 대립의 삶보다는 조화와 일치를 통한 공동체적인 삶을 지향한다는 점입니다. 하늘을 공경하고 인간을 공경하며 풀 한 포기, 나뭇가지 하나도 함부로 하지 않고, 생명이 있는 모든 것들과 소통하고 화해하며, 무생물까지도 함부로 하지 않는, 그래서 동귀일체를 이룬 세상을 꿈꿉니다. 이것이 바로 한국인의 종교적 바탕, 심성이라고 할 수 있는 것입니다.

「천부경」의 한 구절을 살펴보면, "근본 마음이 근본 태양과 같으니 우러러 밝아지면 사람 가운데에 하늘과 땅이 하나로 존재한다(本心本太陽 昂明 人中 天地一)" 즉 본디 참한 마음으로 돌아와 태양과 같이 항상 마음을 밝게 유지하면 너와 나의 벽이 허물어지고 모든 만물이 일체가 되는 것이라고 말합니다. 즉 '너 속에 나'가 있고 '나 속에 너'가 있는, '나 속에 우주'가 있고 '우주의 모든 존재 속에 나'가 있어 하늘과 땅과 인간이 하나가 되어 조화를 이룰 수 있다는 것입니다. 여기에서도 한국의 전통적인 종교 심성의 바탕을 이루어 온 관용과 조화와 공존의 정신이 분명하게 드러나고 있습니다.

【고통과 원한을 해방과 창조로 승화하는 여성의 신화】

홍박승진 위 논문과 관련하여 추가 질문을 드리고 싶습니다. 신화에서 나타나는 원형적 패턴은 가부장제와 같은 억압구조를 합리화하고 정당화하는 기능을 할 위험도 있지 않을까 합니다. 예컨대 논문 안에서도 당금애기나 사신(蛇神) 칠성 등의 여신들에게 나타나는 희생과 헌신의 양상은 한국사회가 요구하는 여성상의 전형을 짐작케 한다는 강진옥 선생님의 견해가 인용되어 있습니다. 선생님께서는 이처럼 남성 중심 질서의 억압을 꿋꿋이 인내하는 여신의 이미지가 오히려 억압을 극복하는 여성의 정체성을 제시해줄 수 있다고 해석하셨습니다. 이 논문의 결론 부분에서도 선생님께서는 "억압의 경험조차도 여성해방적 시각에서 새롭게 조명할 필요가 있다"는 점을 제안하고 싶다는 말씀을 덧붙여 두셨는데요. 어떻게 하면 여성들이 겪은 억압 속에서 새로운 해방의 실마리를 찾을 수 있을지를 조금 더 구체적으로 설명해 주시면 감사하겠습니다.

또한 이 논문에서는 가부장적 질서에 의하여 희생되고 착취당한 여성의 신화뿐만 아니라 고난과 원한을 새로운 창조의 역사로 승화시키는 여성의 신화에도 주목하였다는 점이 흥미로웠습니다(14~15쪽). 그 예시로 선생님께서는 선문대할망, 자청비, 가믄장아기 등처럼 자주적이고 독립적인 여성이 신으로 자리한 이야기들을 제시하셨는데요. 그러한 여신들의 삶이 주체성과 당당함을 보여준다는 점에는 쉽게 동의가 되면서도, 그 점이 어째서 '창조성'과 연관되는지는 조금 이해하기가 어려웠습니다. 이와 관련하여 선생님께서 한국 여신신화 분석을 통하여 재조명하고자 하신 창조적 여성 정체성의 의미, 그리고 그것을 '창조적'이라고 해석하신 까닭을 여쭙니다.

차옥숭 많은 신화는 가부장적 사회의 산물이고, 따라서 거기에는 명시적으로나 암묵적으로 특정한 가부장적 통념이 담겨 있지요. 그 통념은 가부장제가 규정하는 여성 정체성을 반영하기도 하고, 동시에 여성 정체성을 가부장제의 틀에 맞추어 구성하기도 합니다.

예를 들면 모성은 여성이 자신의 고유한 힘으로 긍정하는 핵심적인 측면들 중 하나입니다. 모성이 여성의 본질적 속성이나 고유의 역할로 고착화되었을 때, 그것은 여성을 출산과 양육이라는 생물학적·사회문화적 역할에 묶어두는 가부장적 이데올로기로 작용합니다. 그러나 이것이 모성의 전부는 아닙니다. 한쪽 면만 보아서는 안 되는 거예요. 오랫동안 여성은 자녀를 낳고 기르는 활동을 통해 자신이 생명의 토대와 신비에 남성보다 더 가까이 맞닿아 있다는 점을 자각해 왔죠. 또 여성은 어머니 역할에서 남성이 모방하거나 대신할 수 없는 자신만의 힘의 원천을 발견해 왔습니다. 비록 가부장 사회가 모성을 예찬하고 신비화함으로써 여성을 그 안에 가두려 해 왔지만, 여성은 오히려 모성을 적극적으로 선취함으로써 남성과 구분되거나 남성을 능가하는 여성적 힘과 주체성의 원천으로 삼아 오기도 했던 것이죠.

이처럼 신화 속의 어머니 여신들과 인간 어머니들은 여성적 힘의 원천으로 긍정되는 모성의 맥락에서 이해할 수 있습니다. 창조의 원천이자 자녀에 대한 사랑과 책임을 감당하는 어머니로서 여신들은 가부장적 제도를 능가하는 주체적인 모성을 표상합니다. 이러한 여신들과 더불어 여성들은 모성을 자신의 고유한 힘으로 긍정하고, 주체적인 여성 정체성을 구성해 가는 토대를 확보하게 되는 것이지요.

서사 무가에서 읊어지는 신화 속의 많은 여신은 가부장적인 문화에서 희생된 여인들입니다. 딸이기 때문에 버림받고, 남성에 의해 짓밟히고, 권력의 힘에 짓밟힌 한 맺힌 여인들이지요. 그러나 이 여인들의 슬픈 사연들은 굿 장에 모여든 여인들에게 읊어져 그곳에 모여든 여인들의 아픔과 고통과 억울함을 공감하고 확장해 갑니다. 그리고 복수가 아닌, 고통과 아픔을 승화시켜 똑같은 일을 당할 수 있는 이 땅의 여인들을 보호하는 여신들로 정좌하지요. 여기에 해방의 실마리가 있다고 생각합니다. 여신은 자신의 한을 풀어내고 또 다른 여인들의 한을 풀어주는 해방의 신으로서 자리 잡는 모습이 창조적이라고 생각했습니다.

선문대할망 경우에는 제주도의 곳곳을 만들어 낸 창조의 여신이지요. 자청비 경우 어려움을 극복하고, 하늘나라의 변란을 평정하고, 오곡씨를 가지고 지상으로 내려와 농경신이 되지요. 가믄장아기 또한 주어진 운명에 당당하게 맞서서 개척해 복신이 되지요. 어둠을 뚫고 밝음으로 나아가는, 어려움과 고난을 맞서 극복하고 스스로의 운명을 당당하게 만들어나가고 결정짓는 모습 또한 창조적이라고 생각했습니다. 그렇다고 앞서 말했듯이 다 긍정적인 것만은 아니에요.

특히 자청비 경우에는 대단한 면모를 보여주지요. 자청비가 하늘나라에 가서 변란을 평정하니까, 하늘나라에서 어떤 땅 한 부분을 떼어서 주려고 해요. 그런데 자청비는 자주적으로 '나는 그냥 오곡 씨를 달라'고 해서 그것만 갖고 지상에 와서 농경신으로 정착한 농경신이에요. 그런데 자청비는 이야기가 아주 재밌어요. 문도령을 처음 만나서 반해. 그래서 문도령이 공부하러 간다고 하니까 자청비도 자기 부모한테 공부하러 가겠다고 해요. 여자가 무슨 공부를 하느냐고 그러니까, '나중에 지방(紙榜)이라도 제대로 쓰려면 배워야 할 거 아니냐'고 주장해 허락을 받아낸 뒤에 남장(男裝)을 하고 문도령을 따라

가요. 자청비의 남동생으로 위장하고 문도령을 따라가. 그래서 문도령과 같이 방을 써. 그리고 거기에 있는 삼천 선비들보다 뛰어나서 그들 가운데 장원을 하는 거야.

그것뿐만이 아니에요. 하늘나라에서 문도령한테 소환장을 보내. 결혼해야 하니까 돌아오라고. 그러니까 자청비가 '그래, 그럼 나도 가마', 이러고는 둘이 하늘나라에 가기 전에 같이 목욕이나 하자고 해요. 자청비가 위에서 목욕하고 문도령이 아래에서 목욕하는데, 위에서 목욕하던 자청비가 이파리에다가 '나는 여자다'라고 써서 흘려보내고 그냥 집으로 와요. 그걸 본 문도령이 자청비의 집으로 찾아와 하룻밤을 자고, 자기 혼자 먼저 하늘나라로 가요. 자청비도 우여곡절 끝에 하늘나라로 가는데, 거기 가기 전에 서천 꽃밭에 가서 꽃밭을 관장하는 사람의 딸과 결혼을 해요. 그러고는 '나는 공부해야 하니까 같이 못 잔다'면서 잠자리를 계속 거절해. 그러고 하늘나라로 가 버렸으니 그 여인이 자청비만 기다릴 거 아니야? 자청비가 하늘나라에 가서 문도령과 행복하게 살다 보니까 그 여인이 마음에 걸리는 거야. 그래서 문도령한테 사정을 설명하고 문도령이 보름은 그쪽에 가고 보름은 이쪽에 오게끔 하는 거야. 나는 이 대목에서 감탄을 했어요. 그리스 신화에서는 제일 빠른 여신이 질투의 여신이야. 그런데 자청비는 사랑도 나누어 갖는 거야.

그래서 놀랐는데, 나중에 내가 현장을 가보니 내 연구가 현장과 유리된 결과를 낳을 수 있겠구나 했어요. 제주도는 성비가 불균형해. 왜냐하면 숙종 때부터 너무 오랫동안 아이와 여자는 제주도 밖을 못 벗어나게 되어 있었어요. 남자만 밖에 나가게 되어 있어서 배 타고 나가서 죽기도 하고 다른 데로 가 버리기도 하고…. 제주도에는 돌 많고 여자 많고 바람 많다는 것이 그런 이유도 있는 거야. 성비가 불균형하니까 남자가 다른 여자를 데리고 집에 오면 여자가 깨끗한 이불을 깔아주고 문을 탁 닫고 나가. 이게 통 큰 여자인 거야. 이처럼 자청비 신화 내용이 은연중에 여성들한테 불합리한 것을 당연한 것으로 받아들이게 할 수도 있다는 거예요.

156

그것뿐만이 아니야. '여성은 힘이 세다'는 이야기가 제주도 신화와 설화에 많잖아요. 큰 돌을 남자들은 아무도 못 드는데 며느리가 불끈 들어서 밭으로 획 던졌다는 식의 이야기가 설화에 나오는 거예요. 그런데 실제로 제주도에서는 여자가 애 낳기 전까지 만삭이 되어서도 바다에서 물질을 해요. 애를 낳고 나면 남자가 아기를 보고 있다가 여자가 다시 일하고 나오면 아기를 여자한테 얼른 줘. 그러면 젖 먹이고, 밥해서 먹이고, 또 밭일하고. 이렇게 여성이 힘들게 살 수밖에 없는 현실이에요. 여자들이 밭일하면서 큰 통에 든 농약 같은 거 짊어지고 일하고 있으면, 남자는 저쪽 밭도랑에 쪼그리고 앉아서 '야야, 그만하고 가자. 배고프다', 이러는 거야. 신화와 설화 속에 나오는 강인한 여성상이 은연중에 여성들로 하여금 강인하고 근면한 억척스러운 삶을 살아내야 하는, 살아낼 수 있다는 억압적인 이데올로기로서 여성들을 과도한 노동의 결과로 몰고 갈 수 있다는 것이지요.

【여성들의 참혹한 체험에 대한 증언】

홍박승진 선생님께서는 여성의 종교성뿐만 아니라 억압받는 여성의 현실에 관해서도 관심을 기울여 오셨습니다. 이러한 관심이 드러난 예로는 2008년 논문 「국제혼인 이주여성 피해실태의 원인분석과 해결방안 모색」에 관한 연구, 그리고 2009년 논문 「전쟁·폭력·여성—오키나와 전장의 기억을 중심으로」 등을 꼽을 수 있는데요. 종교학 전공자이신 선생님께서 이처럼 종교와 직접적인 연관성이 없는 것처럼 보이는 문제에까지 주목하신 이유나 계기는 무엇이었는지요?

차옥숭 그즈음 베트남에서 꿈을 안고 한국에 찾아온 어린 혼인이주여성이 남편의 폭력으로 숨진 사건이 보도되었지요. 국제혼인 이주여성 상담을 하는 제자가 있었어요. 그 제자 소개로 혼인 이주여성들을 만나 인터뷰를 했어요. 2008년 2월과 3월에 집중적으로 만났어요. 직접 찾아가기도 했는데 그 실상이 정말 비참했어요. 어떤 여성은 진안 어디에 있다고 해서 찾아가 보니, 남편이 밖에 있으니까 말도 제대로 못 해요. 펜션을 하는 집이었는데 그 여성이 펜션도 청소하고, 그 전처가 낳은 아이도 키우는 거예요. 버스도 하루에 한두 번밖에 안 와요. 남편이 감시하고, 남편이 없을 땐 마을 사람들이 못 도망가게 감시해요. 그리고는 술 먹고 오면 여자한테 오줌도 싸요. 그리고 여자를 때리고…. 이상한 사람들이 너무 많아. 그 여자들과 인터뷰하고 오면 가슴이 너무 아파서 밥도 잘 못 먹겠고 그게 며칠 가요. 인터뷰하고 너무너무 힘든 거예요. 내가 한국인이라고 하는 게 부끄러울 정도로요. 어떻게 그런 걸 그냥 놔둘 수가 있어? 그리고 내가 그 논문에서 썼지만 결혼 정보 업체들이 정확한 정보를 안 줘요. 거짓말하고, 두루뭉술하게 이야기하고, 직업도 제대로 이야기 안 해 주고요. 근데 또 '한류 붐'이라고 해서 TV 같은 데서 얼마나 한국에 대한 꿈을 꾸게 해요. 꿈을 안고 오는 거예요. 그렇게 와서 맞아 죽었잖아요. 이게 뭐야? 그러니 관심을 안 가질 수가 있나요.

혼인이주여성들은 하나의 논리로 단일화할 수 없는 다양한 삶의 경험을 지닌 주체들이라는 전제하에, 먼저 그들이 한국에 오게 된 동기와 기대는 무엇인지, 그리고 자신의 결혼을 어떻게 경험하고 의미화하는지, 당면한 문제점이 무엇인지를 중심으로 질문을 준비하고 만났어요. 그러나 막상 그들을 만나 그들의 피해 상황들을 들으면서, 그들이 안고 있는 문제들이 상식을 뛰어넘는 것이어서 한동안 마음이 아팠어요. 빈곤을 탈피하기 위해 꿈을 갖고 찾아오지만, 그들이 결혼한 배우자의 삶은 그들이 원하는 경제적 여건을 충족시키지 못하지요. 무엇보다 국제결혼을 선택하는 주변부 남성이 흔히 가지고 있는 빈곤, 폭력, 알코올 중독, 가부장적 인식, 거기에 언어의 장벽, 문화적 차이 등은 언제든 가정을 깨뜨릴 수 있는 매우 위험한 요소들이었어요. 남편의 폭력으로부터 보호받기 위해 만들어진 쉼터에서 내가 만난 여성 중에는 임신 후 증가된 남편의 폭력으로부터 피신한 경우가 많았어요. 외국인 여성을 단순한 성적 대상이나 부려먹기 쉬운 가사 노동자로 취급하는 남성들은 여성이 자신의 정상적인 부인으로 변화하는 '임신'과 '출산'의 과정에 매우 적대적인 감정을 보여서, 때로는 폭력을 행사하기도 하고 유산을 강요하기도 해서 이를 못 견딘 여성들이 몸을 피해 나온 것이지요. 심지어 문을 잠그고 때리는 남편의 폭력에 견디다 못해 2층 창문에서 뛰어내려 발목뼈와 허리뼈가 부서져 꼼짝 못하고 누워 있는 여성도 있었어요. 21세기 한국 사회에서 인권을 유린당하고 있는 국제혼인이주여성의 실상은 참담하기만 했어요.

이렇게 해서 나온 논문이 2008년 「국제혼인 이주여성 피해실태의 원인분석과 해결방안 모색」이고, 이어서 2013년에 논문 「이주노동자들의 실태와 문제점 해결방안 모색-남양주 가구단지를 중심으로」가 나왔어요. 그 무렵에 남양주 가구단지를 방문했는데 70년대 청계천 시장을 연상하게 했어요. 먼지가 수북한 창문도 없는 컨테이너 박스에서 노동을 하는데, 열악한 노동 환경에 무방비로 노출되어 있을 뿐만 아니라 체불된 임금을 받지 못하는 경우가 많았어요. 그런 열악한 환경에서도 돈 벌어 고향에 가면 이루고 싶은 꿈들을 이야기하는데, 실직자를 위한 노동상담센터, 미혼모를 위한 가정용 장식공장 설립, 미취학 어린이를 위한 지역학교 설립 등 지역사회를 위한 일을 하고 싶어 했지요. 가슴이 먹먹했습니다.

2005년에 일본 오키나와에서 열린 한일포럼에 참석했어요. 그곳 전쟁기념관에서 오키나와가 조선의 식민지 경험과 유사한 과정을 밟아왔다는 것을 알았지요. 오키나와는 본토 방위를 위한 방파제로서 태평양전쟁을 겪으면서 당시 주민의 1/3, 18만 명이 사망을 하지요. 나는 2009년 6월 중순 방학 때 오키나와를 방문해서 주로 평화운동을 하는 분들을 만났어요. 그곳은 여성들의 평화운동이 활발하게 전개되는 곳이기도 했어요, 그곳에서 식민지 조선인은 본토 결전을 위한 노 자원으로, 전투 병력으로, 일본군 위안부로 동원되어 비참하게 죽어갔지요. 오키나와는 일본에서 유일하게 일본군이 군 위안소를 건축하고 관리 통제한 모습을 문서로 뚜렷이 볼 수 있고 위안소 흔적도 여러 군데 남아 있는 곳이지요. 오키나와에 설립된 위안소는 130개 달했는데 조선 출신 위안부가 전체 위안부의 약 80~90퍼센트를 차지한 것으로 추정하고 있어요. 내가 그곳에서 만난 다카자토(전 시의회부의장) 선생은 미야코 섬은 아직도 조선인 위안부에 대해 기억하는 사람들이 살아 있고, 그녀들에게 배운 아리랑을 부르는 사람들이 있는 곳이라고 나에게 꼭 한 번 방문할 것을 권유했어요.

오키나와에서 나에게 강한 기억으로 남아 있는 곳이 히메유리 기념관이에요. 그곳 히메유리 탑 앞에는 수많은 방문객들이 꽃을 놓고 머리를 숙이고 있었지요. 자료관 안에 들어섰을 때 애도하는 조용한 음악소리와 함께 벽에 붙어 있는 15~19세의 희생된 어린 여학생들의 사진이 충격적으로 다가왔어요. 히메유리는 오키나와사범학교 여자부와 오키나와현립 제1고등여학교를 통칭해서 부르는 것인데, 그곳에서 동원된 240명(학생 222명, 교사 18명) 중에 222명이 죽었지요. 흔히 히메유리는 순결하게 나라를 위하여 목숨을 바친 구국 소녀들이라는, 오키나와 상징처럼 되어 버렸어요. 그러나 히메유리평화기념 자료관의 건립 기념문 중에는 "진실로부터 우리의 눈을 가리고, 개인으로서 생각하고 판단할 권리를 빼앗아 갔으며, 생명권마저 거부하도록 만들었고, 마침내 죽음밖에 없는 전장으로 짐승처럼 내몰았던 교육제도가 범한 범죄를 고발한다"는 내용이 있어요. 어떠한 논리로도 죽음으로 몰고 가는 국가는 국가가 아니지요. 생명보다 더 소중한 가치는 없습니다.

전시 상황에서 가장 큰 피해자는 여성, 어린이, 노약자들이지요. 더욱이 정상적인 인간 이성이 작동하지 않는 전쟁터에서 여성의 고통은 참혹하지요. 전쟁에서 개인은 없어요. 거대한, 그러나 보이지 않는 국가라는 생명체만 있을 뿐이지요. 하지만 본래 가치의 근거는 한 사람, 한 사람이에요. 개인의 주체성은 개개인이 자신의 삶과 역사의 주인임을 가리키지요. 나는 오키나와 전장의 기억을 구술 채록한 자료를 가지고 2010년에 두 편의 논문을 썼어요. 「전쟁 폭력 여성-오키나와 전장의 기억을 중심으로」에서는 오키나와에 거주했던 위안부 조선 여성들과 오키나와 여성들의 참혹한 전장의 기억을 통해서 어떻게 여성들이 폭력으로 타자화되어 가는지를 살펴보려고 했어요. 그리고 「오키나와 전쟁의 국가 폭력에 대한 분석」에서는 오키나와 전장의 기억을 중심으로 근대 일본이 강요한 구조적 폭력의 실상을 분석하는 가운데 황민화와 동화론을 극단적으로 내면화한 결과로 나타난 히메유리 학도대의 희생, 오키나와 주민 학살과 집단 사살 등을 분석했습니다.

나는 믿었던 국가로부터 철저히 버림받고 국가 폭력으로부터 찢겨지고 살해당하고 자신의 삶과 죽음에 대한 권한마저도 빼앗긴 채 철저히 타자화되어 버렸던 여성들의 참혹한 체험에 대한 증언을 통해, 전쟁, 전쟁터는 인간의 존엄성이라 일컫는 것을 흔적도 없이 파괴하고 인간을 무의미한 존재로 만들어 버리는 절대악이 있는 곳이라는 것을 알았어요. 따라서 여성들이 평화운동을 하는 것은 추상적이고 관념적인 것이 아닌 절실한 생존의 문제라는 것을 깊이 생각하게 됩니다.

【미래는 구체적인 현실 안에서 열어야】

홍박승진 선생님의 연구 업적에서 두드러지는 한 가지 특징은 선생님께서 직접 현장을 답사하고 인터뷰를 진행한 사례들이 상당히 풍부하게 제시되는 점이라고 생각합니다. 예컨대 앞서 언급한 선생님의 연구 중 오키나와에서 고통받은 여성들에 관한 논문 대부분은 오키나와 위안부 조선 여성들에 관한 증언, 히메유리 학도대나 죽음으로 내몰린 약자들의 증언으로 가득합니다. 그들의 증언은 전쟁 이후에도 전쟁으로 고통 받는 여성이 너무나 많다는 점, 진정한 평화를 실현하는 문제는 곧 진정한 여성 인권을 실현하는 문제와 다르지 않다는 점을 절실하게 느끼게 합니다. 이처럼 살아 있는 목소리들을 생생하게 담아내는 연구 방식은 여타의 건조한 논문 집필 방식과 적지 않은 차이가 있는 듯합니다. 이처럼 현장답사와 사례 조사를 연구 과정에서 적극적으로 도입하신 이유가 무엇인지 궁금합니다. 또한 선생님께서는 심층 면접을 통하여 사례를 조사하는 구술사 분석을 진행할 때 어떠한 점을 특별히 중요하게 고려하시는지도 말씀해 주시면 감사하겠습니다.

차옥숭 묻히고 잊힌 현장의 기억들을 모으고 기록하는 것은 학문 연구의 기초작업입니다. 나는 현장을 찾아 그 기억들을 모으면서 이러한 작업이 추상적이고 관념적인 사고에 빠지지 않고 구체적인 현실 안에서 미래를 열어나가는 데얼마나 중요한가를 새삼 깨닫게 됩니다.

구체적인 삶의 정황 속에서 빚어지는 다양한 경험들을 담아내기 위해서는 현장에서 직접 대면을 통한 대담이 중요해요. 또한 현장을 오고 가면서 직접적인 대면을 통해서, 많은 부분 책상에 앉아서 하는 연구가 자칫 현실과 유리된 연구로 끝날 수 있다는 것을 배우게 되지요. 현장에서 사람들과의 만남을 통해 많은 소중한 것을 배우고 느낄 수 있다는 점도요. 특히 종교 연구에서는 더욱 필요하다고 생각해요. 종교의 바탕을 이루는 것은 종교경험이지요. 종교를 연구한다는 것이 '인간됨의 진실'을 발견하려는 인간의 열정과 드라마를 살피는 것이라면, 종교경험이 구체적으로 표현되는 실제적인 삶의 공간을 이해하지 않고 관념적이고 형이상학적인 연구만을 통해서는 완전한 종교 연구가 이루어질 수 없다는 것이 당연하게 생각되었어요.

종교경험을 비일상적인 경험, 성(聖)의 경험이라고 하지요. 나는 대담자의 비일상적인 경험과 일상적인 경험, 즉 속(俗)의 경험도 똑같이 중요하게 생각해요. 비일상적인 경험은 일상적인 경험으로부터 나오기 때문에, 일상적이고 평범한 경험들을 간과하고서는 비일상적인 경험도 이해하고 파악하기 어렵다고 생각해요. 저는 대담을 시작할 때 자연스럽게 일상적인 살아가는 이야기를 듣는 것부터 시작하지요. 비일상적인 경험은 "지금까지 살아왔던 삶이 전혀 새로운 삶으로 전환이 가능하게 하는 경험"을 말하는데 때로는 표현이 어려운 신비경험도 포함이 되지요.

「제주도 여신 신화와 여성 정체성」 논문을 준비하면서 제주도에 며칠 머물면서 여신이 당신인 지역 여성들 대담도 하고 당신이 모셔진 신성공간들을 방문했어요. 그곳에서 나는 육지의 밭과 더불어 바다의 밭을 억척스럽게 일구어내며 가족의 생명과 안전을 지키기 위해 힘들고 모진 삶을 살아왔던 제주 여성들의 과거를 회상하면서, 이제까지 긍정적으로만 보였던 신화의 내용을 새롭게 읽을 수 있었어요. 내가 찾아간 신성 공간들은 삶의 공간인 바다나 밭에 있었어요. 그곳은 제주 여성들에게는 노동 공간인 일터가 되기도 하고, 때로는 인생의 절박함과 모순된 삶의 고통들을 토로하고 지친 마음을 내려놓고 숨을 고르는 신들이 거처하는 의지처인 신성 공간이 되기도 하지요.

일터와 삶의 터전과 멀리 떨어져 있지 않은 신성 공간들은 화려하지도 그다지 인위적이지도 않은 자연 공간들이었어요. 텃밭 옆 움푹 들어간 곳에 자리 잡고 있는 아름다운 팽나무가 가지를 늘어뜨리고 있어 이름 모를 새들이 울고 있는 고즈넉한 공간, 안내자가 없으면 찾기 힘든, 그런 곳에 위치해 있을 것 같지 않은 텃밭 옆에, 자연 그대로 바위가 움푹 들어가 있어 일을 하다가 비가 쏟아지면 비를 피할 정도로 들어가 있는, 깊지 않은 바위굴들이 그런 곳이었어요. 아픈 삶을 살아간 여인들이 쉽게 찾아들 수 있는 자연 공간인, 바위굴 앞에는 이름 모를 풀꽃들이 피어 있었어요. 바로 이 신성 공간에서 여인들은 신과 대면하면서 또는 홀로 조용히 앉아 멀리 바다를 바라보면서 자신과의 대면 속에서 아픔과 고통을 삭이면서 살아갔으리라는 생각을 했지요. 이러한 것들은 현장을 직접 찾아가 보지 않고는 알 수도 느낄 수도 없는 것들이지요.

【소녀의 말할 수 없음, 김금화의 화해, 임봉재의 사람다움】

홍박승진 사례 조사를 통해서 생생한 경험의 목소리를 기록하는 선생님의 학문의 독특함이 잘 드러나는 저서가 바로 세 권의 『한국인의 종교경험』이라고 생각합니다. 첫째 권은 1997년에 나온 『무교(巫敎)』이고, 둘째 권은 2000년에 나온 『천도교·대종교』이며, 셋째 권은 2003년에 나온 『증산교·원불교』인데요. 각 권에서 핵심이 되는 부분이자 저에게 가장 흥미롭게 다가온 부분은 해당 종교와 관련된 경험들을 채록한 '사례연구'였다고 할 수 있습니다. 이와 관련하여 선생님께서는 서문에서, 종교 연구란 책상 위에서의 이론 연구만으로는 충분치 않으며 반드시 경험에 관한 연구가 있어야 한다고 강조하였습니다. 종교는 궁극적으로 논리와 개념을 넘어서는, 언어로 설명하기 어려우며 마음과 몸으로 직접 체험해야만 하는 영역이기 때문일 것입니다.

그러나 종교 체험을 있는 그대로 기록한다는 것은 불가능하며 언제나 기록하는 자의 해석이 그 사례연구에 들어갈 수밖에 없으므로 책 제목을 '한국인의 종교체험'이 아니라 '한국인의 종교경험'이라 하였다고도 덧붙이셨는데요, '체험'과 '경험'은 개념적으로 어떻게 구분되는지, 그리고 면담자들의 이야기를 생생히 기록하는 데 힘쓴 부분에도 기록하는 자의 해석이 개입된다고 말씀하신 이유는 무엇인지 궁금합니다. 또한 세 권의 책에 담긴 종교경험의 사례 중에서 선생님의 마음속에 가장 인상 깊게 남아 있는 것은 무엇이며 그 이유는 무엇인지요?

차옥숭 내가 1994년 8월 경주에 있는 천도교 용담수도원에 방문했을 때의 이야기입니다. 용담수도원에는 주로 50-60대의 여자 분들이 수도하고 있었는데, 그곳에 초등학생 3명이 할머니를 따라와서 참석하고 있었어요. 저녁 기도식이 끝나고 어둠 속에서 교인들이 21자 주문을 큰소리로 현송하고 있을 때의 일입니다. 주문 현송이 한참 동안 진행되자 몸에 진동을 느끼면서 몸을 전율하는 분들이 많이 있었습니다. 나는 그분들에게 미안했지만, 관찰을 위해서 입으로는 그분들과 똑같이 '지기금지 원위대강(至氣今至 願爲大降) 시천주 조화정 영세불망 만사지(侍天主 造化定 永世不忘 萬事知)'를 큰소리로 현송하면서 눈을 뜨고서 그분들을 살펴보고 있었습니다.

그때 나하고 조금 떨어진 곳에 초등학교 5학년 소녀 하나가 주문을 열심히 현송하는 중에 몸에 떨림이 오면서 울기 시작하는 것을 보았어요. 나는 그 소녀 앞에 조용히 다가갔습니다. 그때 그 소녀 곁에 있던 더 어린 두 남매가 아마 오랫동안 앉아 있어서 발이 아파서 울 거라고 나에게 속삭였어요. "저럴 때는 주문을 그만두고 가부좌했던 발을 펴고 앉으면 괜찮을 텐데"라고 말하면서 두 어린이는 방에서 나가 버렸습니다. 나 외에 아무도 소녀에게 신경을 쓰는 사람은 없었어요. 모두 열심히 21자 주문만을 현송하고 있었죠. 나는 망설였어요. 정말 발이 아파서 우는 것이라면 발을 조금 펴줄까 하고 생각하다가 방해를 하면 안 될 것 같은 생각이 들기도 해서 제자리로 돌아와서 조용히 지켜보았죠. 어른들의 현송이 다 끝날 때까지 소녀는 계속해서 흐느끼면서 몸의 진동을 계속하고 있었어요.

기도식이 다 끝나고 나는 소녀에게 물었습니다. "왜 울었니? 발이 아파서 울었니?" 이런 나의 물음에, 소녀는 조용히 웃으면서 "아니오." 하고 대답했어요. 그리고는 나도 안 보고 자기 할머니를 보면서 낮은 목소리로 다음과 같이 조용히 이야기했습니다. "할머니! 말로는 표현할 수가 없어요. 직접 느껴보지 않고는 아무도 몰라요." 소녀의 이야기를 옆에서 듣던 나는 놀라움을 금치 못했습니다. 어린 소녀가 어떻게 저렇게 정확한 표현을 할 수 있을까 싶었기 때문입니다. 그 소녀의 말대로 종교경험은 직접 경험해 보지 못한 사람은 결코 알 수 없는 것이고, 종교의 직접적인 체험은 표현하기 힘들다는 종교경험의 본질을 그 소녀는 정확하게 보여준 것입니다.

두 번째로는 많은 사람에게 '큰무당'으로 알려져 있는 김금화 선생님의 종교경험을 소개하고 싶어요. 김금화 선생의 어머니는 아들을 고대하셨는데, 김금화 선생이 태어나자 첫 마디에 "죽게 엎어 놔요" 하고 말했다고 합니다. 아버지가 돌아가신 후 어머니는 입을 하나라도 던다고 열네 살이었던 김금화 선생을 시집보냈어요. 그러나 선생은 병약하여 일도 잘하지 못하고 거기에다 자꾸 무엇에 대해 아는 소리를 해서 열여섯 살에 시댁에서 쫓겨났지요. 선생에게 신기가 있다는 소식을 들은 외할머니는 선생에게 욕을 하면서 무섭게 화를 내셨다고 해요. 외할머니는 근처 몇십 리 밖까지 소문난 큰무당이었는데, 무당의 길이 얼마나 힘들고 어려운지 잘 아니까 손녀딸을 무당으로 만들고 싶지 않으셨던 것이죠. 결국 외할머니의 반승낙을 얻어 선생은 열일곱 살에 외할머니를 신어머니로 모시고 내림굿을 받았습니다. 내림굿을 받는 도중에 선생은 구석에서 울고 있는 어머니를 보았다고 해요. 그리고 일찍이 남편을 떠나보내고 외로웠을 어머니와 한 번도 배불리 먹어 보지 못하고 부황난 얼굴로 일을 하던 동생들이 불쌍해서 서럽게 울었대요. 외할머니는 선생의 손을 꼭 쥐고서 선생에게 정성들여 공수를 주었다고 합니다. "제대로 먹지도 못하고 한 번도 따스한 사랑을 받아보지 못한 불쌍한 것이 이제 또 무당이 되어 험하고 냉정한 세상에서 숱한 상처를 받아야 한다고 생각하니 가슴이 미어지는 것 같다"고 하시면서요. 외할머니는 공수를 채 끝내지 못하고 선생에게 기대어 하염없이 눈물을 흘렸다고 해요. 선생은 그동안 무섭게만 느껴졌던 할머니의 몸이 너무 작고 가볍게 느껴져서 눈물을 쏟았대요. 사람이 사람을 사랑하고, 맺혔던 마음을 풀어 서로를 감싸 안는다는 것이 따뜻하고 좋은 것이라는 사실을 느끼면서 깊이 감사를 드렸다고 합니다. 그러면서 선생은 살아오면서 가슴속에 묻어두었던 설움과 한을 다 풀어헤치고, 자신을 내치고 미워하던 외할머니와 동네 사람들과 친구들도 모두 한 식구가 된 것 같은 느낌을 받았대요.

그 후 오랫동안 굿과 더불어 살아오면서 힘든 날도 많이 겪으셨습니다. 한국전쟁 때 무당은 '인민의 정신을 좀먹는 반동분자'라고 해서 축출의 대상이 되었고, 60년대에는 새마을운동의 일환으로 동네에 있던 굿당들이 헐렸으며, 서양 종교가 들어온 후에는 무당이 마귀라고 불렸대요. 그때 선생은 혀를 깨물고 참으면서 이렇게 생각했다고 합니다. 남의 것을 존중하지 못하는 태도는 종교인이기 전에 한 사람으로서의 바른 자세가 아니다. 중요한 것은 누구를 믿느냐가 아니라 어떻게 믿느냐이다. 신의 크고 넓은 사랑을 인간의 부덕함으로 좁혀 놓고 재단하다 보면 그것이 어느새 사람에게 피해를 주는 '미신', 즉 그릇된 믿음이 되고 만다고요.

김금화 선생의 말에 따르면, 굿에서는 복수를 가르치지 않는다고 합니다. 용서를 가르칠 뿐이라고 하지요. 우리 민족은 원래 복수라는 것을 잘 모르는 착한 심성을 가지지 않았느냐는 거예요. 사람에게 받은 상처를 복수로 금방 풀어 버리는 것이 아니라 가슴에 쌓고 또 쌓아 놓았다가 굿 한판 걸게 하면서 그 깊은 한을 달래 온 것이 우리 민족이라고 말씀하셨습니다. 복수하는 대신 용서하고 화해하며, 마음에 쌓인 것을 풀어헤쳐 넓은 하늘로 깊은 바다로 띄워 보내고 마음의 평안을 얻는 것이지요. 선생은 자신이 아무리 사람의 운명을 꿰뚫어보는 무당이라도 섣불리 그 사람의 문제를 해결하려 들지 않았습니다. 어떤 문제가 생겼을 때 그 문제의 전말은 누구보다도 당사자가 잘 알고 있다고 생각했기 때문이라고 말씀하셨죠. 또한 해결 방법도 그 사람 안에 있다고 하셨습니다. 무당은 그 사람의 운명을 염두에 두고 좋은 쪽으로 마음을 쓰도록 도와주고 용기를 북돋울 뿐이라는 것이에요. 그리고 그 해결 방법은 반드시 모두에게 좋은 쪽이어야 함을 강조하셨습니다. 어떠한 경우라도 원한을 푸는 복수를 부추겨서는 안 된다는 뜻이죠. 선생은 족집게처럼 잘 맞추는 무당이라는 소리를 듣는 것에 미련이 없으셨어요. 다만 사람이 잘 살도록 돕는 무당이고자 하셨죠. 허황된 믿음을 갖게 하는 것보다 현실에 단단한 뿌리를 내리며 살도록 이끌어주고 싶다고 말씀하셨습니다. 무당은 세상의 갈라진 것을 모으고, 찢어진 것을 아물게 하며, 뜯어진 것을 꿰매는 사람이라는 것이 김금화 선생님의 믿음이었습니다.

마지막으로 소개하고 싶은 종교경험은 경남 가톨릭농민회 마산교우연합회 회장을 역임하시고 가톨릭농민회의 첫 여성 회장을 역임하신 임봉재 선생님의 이야기입니다. 선생은 거제도에서 태어나셨는데, 그때만 해도 거제도에는 신부님이 한 분뿐이었으며 선생의 아버지가 독실한 가톨릭 신자이셨고 선생의 집이 공소였다고 해요. 말을 배우기 시작하는 서너 살 때부터 어머니에게서 『요리강령』이라는 그림책을 통하여 하느님의 천지창조부터 예수의 일생을 배웠대요. 다른 한편으로 선생은 딸과 아들에 대한 집안의 차별을 겪었다고 합니다. 선생은 장녀였는데, 남동생이 태어나면 가족들이 다 좋아하는 것을 보면서 자신이 딸로 태어난 것에 대한 부끄러움 같은 것을 느꼈다고 해요. 선생의 남동생들 중 둘이 일찍 죽으면서 할머니 할아버지의 손자에 대한 애착이 더 강해지고, 그러면서 어머니가 할머니 할아버지한테 아무런 죄도 없이 구박을 받는 것을 보며 불만을 느끼기도 했대요. 어느 날 선생이 밖에 나갔다가 집에 돌아왔는데 집에 아무도 없고 댓돌 위에 어머니 신발만 놓여 있었대요. 선생이 어머니를 부르면서 방문을 열어보니, 어머니는 혼자 아이를 낳고 탯줄을 가르고 지쳐 누워 있는 채로 선생에게 물 한 그릇만 가져다 달라고 하셨대요. 선생은 어린 나이에도 어머니가 너무 가엽고 서러워서 어머니께 물을 떠다 드리고 할머니를 찾아 나섰다고 합니다. 근처의 고모집에 있던 할머니에게 어머니의 출산을 말씀드리자, "그까짓 딸 낳은 것"이라고 하셨대요. 그 말에 화가 난 선생은 할머니도 시집오기 전에 딸이었을 텐데 왜 이렇게 딸 낳았다고 구박을 하느냐고 따졌다고 합니다. 그러면서 자신은 엄마처럼 살지 말아야지, 이런 생각을 했대요.

선생은 집안의 가난에도 불구하고 공부에 대한 꿈을 버리지 않았다고 합니다. 그 이유는 수녀가 되기 위해서였다고 해요. 엄마처럼 살지 않기 위해서는 시집을 안 가야 하는데, 시골에서는 시집을 안 갈 수 없잖아요. 그때만 해도 여자가 시집을 안 가면 어디가 문제가 있다고 생각해서 집안에 수치로 생각하는 거예요. 그런 분위기 속에서 시집을 안 가려면 수녀가 될 수밖에 없다고 생각했어요. 기왕이면 『요리강령』 책에서 보았던 수녀가 되어서 정말 자기 같은 아이, 없어서 배우지 못하고 있는 아이들을 시골에서 도와주면 좋겠다고 생각한 것입니다. 선생이 나이가 차니까 아버지가 선을 보라고 해서 선생은 대구로 도망을 갔대요. 3개월 뒤에 아버지한테서 편지가 왔대요. 막내 남동생이 태어났는데 어머니는 일을 해야 하고 그 아이를 볼 사람은 없으니까 선생더러 시집가란 말을 안 할 테니 내려오라고 한 거예요. 집에 내려가 있는데 어느 날 수녀원에 갔던 아는 언니가 휴가를 왔대요. 그 언니와 이야기해 보니, 수녀원에 가려면 지참금 5만 원과 평생 입을 속옷 같은 것을 준비해서 가야 한다고 하더래요. 단돈 50원도 없는 형편이니까 수녀원에 들어가기를 포기하고 있던 차에, 《경향신문》에 한 수녀원 광고가 났대요. 초등학교나 중학교만 졸업한 사람도 올 수 있다고 적혀 있어서 지원을 했는데, 가보니 100여 명이 몰렸대요. 다행히 선발되어서 지참금도 없이 수녀원에 갈 수 있었다고 합니다. 그곳에서 중학교 과정을 마치고 나서 고등학교 과정을 밟던 중, 동생이 신학대학에 갔는데 학비가 없어 휴학을 하게 된다는 소식을 듣고는 동생들을 돌봐야겠다는 생각에 수녀원을 나왔다고 합니다.

임봉재 선생님은 농업문제가 단순히 농민이나 농촌하고만 연결된 것이 아니라 모든 생태와 연결된 것이라고 말씀하셨습니다. 가톨릭농민회에서는 농민운동을 생명운동이라 하면서 생명농업, 그리고 또 국민농업이라고 해요. 농민만이 아니라 온 국민이 같이 해야 한다는 이야기예요. 생명농업, 국민농업, 생명농업이라 하는 것은 단순하게 먹거리를 생산하는 게 아니라, 먹거리를 생산함으로써 생태계를 보존한다는 거죠. 선생님에 따르면, 생명운동으로서의 농업에서 중요한 것 가운데 하나는 씨앗 문제입니다. 우리 땅에 맞는 내 종자를 갖고 있지 않을 경우는 생명운동이 안 된다는 거예요. 선생이 처음에 종묘상에서 고추, 배추, 오이, 토마토, 가지 등등을 사다가 심어 봐도 안 되더래요. 그래서 '내가 갈무리를 잘못했나 보다', 이렇게 생각했다가 나중에는 우리나라에 들어오는 종자 대부분이 유전자 조작되었기 때문임을 깨달았다고 해요. 유전자 조작이 된 농작물을 계속 이 땅에 심게 되면 토양이 변한다고 해요. 토양 자체가. 이 작물만 변하는 게 아니라, 그 작물을 먹은 사람만 해를 입는 것이 아니고, 토양도 변한대요.

또한 선생에 따르면, 살충제보다 심각하게 환경을 파괴하는 것은 제초제라고 해요. 자살하려고 살충제 농약을 먹은 사람은 당장 병원에 데려가서 세

척을 하면 살릴 수 있는데 제초제는 거의 불가능하다고 합니다. 이 제초제를 땅에 계속 뿌리면 땅이 죽는다고 해요. 선생이 새로 이사 간 곳에 돌이 많아서 곡괭이로 파내는데 곡괭이가 땅에 부딪히면 탕탕 튀었다고 합니다. 그만큼 땅이 죽어 있기 때문에 딱딱할 수밖에 없는 거예요. 처음 4~5년까지는 괭이를 썼는데 그 뒤로는 괭이를 안 쓰고 호미도 별로 쓸 일이 없게 되었다고 합니다. 손으로도 풀이 쑥쑥 뽑힐 만큼, 발로 밟으면 푹푹 꺼질 만큼 밭이 부드러워졌기 때문이래요. 그리고 농사짓는 사람 중에 풀은 다 뽑아야 한다고 생각하는 사람이 많지만, 사람도 더불어 살아야 좋은 것처럼 작물들도 더불어 살아야 한다는 것이 직접 농사를 지으며 선생이 깨달은 바라고 하였습니다. 같은 종이 밀집해 있으면 병이 나고, 다양한 종을 같이 심어 놓으면 더 강해지고 벌레도 덜 먹는다고 합니다. 풀을 다 뽑고 나면 땅이 가뭄을 빨리 타요. 그늘이 없거든요. 그리고 벌레가 작물 쪽으로만 가요. 다른 건 먹을 게 없으니까. 비가 오면 흙이 더 많이 쓸려 내려가고 빨리 마른대요. 반면에 풀이 있으면 하늘에서 내리는 비가 풀들의 뿌리를 통해서 땅속으로 깊숙이 스며들어 저장되는 거예요. 그리고 벌레가 이쪽저쪽에 먹을 게 있으니 여기 가서도 먹고 저기 가서도 먹게 된다고 합니다. 벌레뿐만 아니라 두더지도 그냥 놔뒀더니 자기들 먹을 만큼만 먹고 남는 게 있었다고 해요. 사람만 욕심을 안 부리면 된다는 거예요.

모든 운동의 궁극적인 목적은 사람답게 살기 위함에 있다는 것이 임봉재 선생님의 생각이었습니다. 사람답게 살기 위해서는 내가 쓰고 먹고 말하고 버리는 것들이, 그리고 내가 마음속에 가진 욕심들이 다른 사람에게, 또는 생물에게, 또는 자연계의 모든 생물에게, 미생물에게 피해를 주지 않는지를 스스로 물어보고 되돌아보아야 한다고 말씀하셨지요. 피해를 주지 않고 산다는 것이 어떨 때는 무척 힘들기도 하지만, 그 힘든 일들이 모두 다 내가 바라던, 내가 살고자 했던, 사람답게 살고자 했던 길에서 벗어날 수 없는 것이라는 마음을 가지셨대요. 선생은 자기의 삶을 돌이켜보면 결국 자신과의 싸움이었던 것 같다고 말씀하셨습니다. 사람들이 보기에 선생의 삶이 희생의 삶처럼 보일지라도, 선생은 자신이 선택한 길이 누구를 위해서 희생한 것이 아니라 내가 나를 위해서 한 것이라고 생각하였습니다.

이처럼 체험은 주관적인 것이며, 입증될 수도 없고 반증될 수도 없는 것이지요. 그리고 간접경험이라는 말은 있어도 간접체험이라는 말은 쓰지 않는 것 같습니다. 경험은 문화적, 사회적 범위를 포함하는데요, 종교경험은 체험 자체가 아니며, 그 체험을 나름대로 해석해서 언어로 표현해낸 것이지요. 그렇기 때문에 종교경험은 경험의 카테고리가 아닌 해석의 카테고리라고 합니다. 또한 종교경험은 천차만별입니다. 똑같은 경험이라 하더라도 어느 종교전통과 문화에 몸담고 있느냐에 따라서 상징적인 언어가 다르고 해석의 틀이 다르기 때문에 전혀 다르게 표상됩니다.

그래서 사람은 겸손해야 한다고 생각해요. 신의 문제에 대해서는 말할 것도 없고요. 종교학에서는 초월적이고 형이상적인 진위 문제를 따지지 않습니다. 신이 있느냐 없느냐는 이야기를 안 하지요, 신에 대해서 인간이 어떻게 생각하고 어떻게 반응하느냐는 이야기합니다. 신이 있느냐 없느냐를 이야기하려면 신의 본성에 대해서 이야기해야 되잖아요. 그러나 어느 누구도 신의 본성에 관해서는 이야기할 수 없어요. 단지 인식의 객체인 신이 아니라 인식의 주체인 나의 선험적인 생각이 항상 전제되어 있는 거예요.

한국인들의 종교경험에서(대담을 통해서) 공통적인 것은 그 경험을 거친 이후에 이기적인 삶보다는 이타적인 삶, 공동체적인 삶을 지향한다는 점입니다. 대부분의 사람은 어려운 일이 닥쳤을 때 종교에 매달리게 되지요. 그리고 종교를 통해 그러한 문제들을 해결하고자 합니다. 문제를 해결하고자 열심히 노력하는 동안에 크고 작은 종교경험들을 통해서 지난날의 잘못을 뉘우치고 기쁨과 평화를 얻게 되지요. 또한 믿고 있는 신념 체계에 대한 확신을 갖게 되지요. 조금 더 나아가면 지금까지의 삶이 전혀 다른 새로운 삶으로 변화되고, 이제껏 그들을 억압하던 구습을 벗어버리고 새로운 삶의 틀을 형성하기도 하지요. 의식의 지평이 넓혀지고 한없이 열려서 조화와 일치와 사랑과 자비의 감정으로 변화하는 것을 볼 수 있습니다.

【세계는 하느님의 몸, 하느님은 어머니·연인·친구】

조성환 선생님께서는 2010년에 「샐리 맥페이그와 해월 사상에서 살펴본 자연과 인간의 소통 가능성」이라는 논문을 발표하였습니다. 샐리 맥페이그[16]는 2001년에 나온 『풍성한 생명 ― 지구의 위기 앞에 다시 생각하는 신학과 경제』(원제는 Life Abundant: Rethinking Theology and Economy for a Planet in Peril)에서 '지구신학(Planetary Theology)'이라는 말을 쓰고 있는데, 이미 10여 년 전에 서양의 지구신학을 한국의 동학사상과 비교하셨다는 점이 대단히 놀랍습니다. 저는 작년 무렵부터인가 원불교사상연구원의 허남진 박사님을 통해서 '지구신학'이라는 존재를 알게 됐는데, 이제서야 교수님의 논문의 진가를 알 것 같습니다. 저 같은 독자들을 위해서 맥페이그의 '지구신학'에 대한 간략한 소개와 함께 이 논문의 문제의식에 대해서 말씀해주실 수 있을까요?

차옥숭 오늘날 동서양 학자들이 심각하게 받아들이는 문제는 생태와 관련된 것입니다. 지구 변화의 위기 속에서 사라져가는 숲, 지구 온난화의 위협, 생물 다양성의 감소, 세계 빈곤의 증가 등 암울한 오늘의 현실에서, 하나의 통합적

---

[16] 샐리 맥페이그(Sallie McFague, 1933~2019): 북미 생태여성주의신학을 대표하는 학자로서 미국 내슈빌에 있는 밴더빌트 신학대학교(Vanderbilt Divinity School)에서 30년간 신학을 가르쳤다. 하나님에 관하여 말하는 방식에서 어떻게 은유가 중심에 있는지를 뛰어나게 분석하였다. 그녀는 기독교 신학의 언어가 필연적으로 우리 하나님을 이해할 수 있는 가장 좋은 도구이며, 건설이며, 인간의 창조물이라고 주장하였다. 신학에서 은유의 다양성은 하나님에 대한 우리의 모델을 고양시키고 풍부하게 할 수 있다고 한다. 또한 그녀는 범재신론적 신학을 말하며 신의 초월성보다는 내재성을 강조한다. 신은 창조물을 반대하여 멀리 떨어져 계신 분이 아니라 우리가 사는 이 세상(하나님의 몸)에서 몸으로 함께 계시며, 우리도 그의 몸속에서 살고 있다고 한다. 저서로는 『은유신학(Metaphorical Theology)』(1982), 『어머니·연인·친구(Models of God)』(1987), 『하나님의 몸(The Body of God)』(1993), 『초, 자연적 기독교인(Super, Natural Christians)』(1997), 『신학의 새로운 환경: 하나님, 세계, 그리고 지구온난화(A New Climate for Theology: God, the World, and Global Warming)』(2008) 등이 있다.

공동체로서 지구를 소생시키기 위해서는 인간과 다른 생명 사이를 연속성의 토대 위에서 이해해야 합니다. 생명 파괴의 바탕에는 모든 가치의 중심에 인간을 두고 자연과 인간의 불연속성을 전제로 한 세계관이 있습니다. 인간과, 우주의 나머지 존재들 사이에 커다란 격차가 있다는 생각은 인문학자들이나 과학자들 양편 모두에서 키워 온 사상입니다. 과학자들은 철두철미하게 우주의 나머지 존재들을 기계 혹은 객체라고 묘사함으로써 그런 사상을 부추겼고, 인문학자들은 인간의 정신과 영혼의 철저한 독특성을 강조함으로써 그렇게 했습니다.

특히 근대의 데카르트는 인간의 육체와 동물을 기계라고 보아 격하하고, 생각하는 이성적 자아만을 확실한 기초라고 생각했는데, 이러한 이성 중심적 사고는 대상에 대해 냉혹한 자아를 형성하는 전통을 낳았습니다. 신체에 대한 경멸을 포함한 이성 중심적 사고의 폐해는 동양적 사고의 장점을 수용하지 못하게 하는 큰 장애 요인이 되었습니다. 근대 과학문명을 옹호하는 전통은 이성적 의지에 추동되는 그러한 데카르트적 인격과 결합하여 오늘에 이르고 있습니다. 그 결과 이원론적 사고방식이 널리 수용되었고, 자연과 인간의 경계 강화는 자연에 대한 폭력으로 이어졌습니다. 그러나 그 폭력은 그대로 인간에게 되돌아옵니다. 지구의 주요한 생명체계들이 지구 안에서 제대로 기능할 수 없는 최종점에 직면하고 나서야 비로소 인간의 윤리성에 문제가 있음을 알아차리게 된 것입니다.

셸리 맥페이그의 '하느님의 몸으로서 자연'의 메타포는 '신, 인간, 자연'의 만남과 소통을, 그리고 나를 다시 한 번 성찰해 보게 합니다. 셸리 맥페이그는 그의 저서 『하느님의 몸』 서문에서 "나는 백인이고 중산층이고 미국 그리스도교 여성이면서 제1세계 특권을 가진 주류 그리스도교인에게 이 글을 쓰고 있다."라고 밝히고 있습니다.[17] 그녀는 현재 세계 인류의 상위계층 15%가 개

---

[17] Sallie McFague, *The Body of God*, Minneapolis: Augsburg Fortress, 1993, p. viii.

인적 소비의 86%를 차지하는데 그 15%의 상당 부분을 이루는, 현재 지구를 파멸시킬 방향으로 나아가는 인간의 삶의 모델로 귀결되는 중산층 북미인들에게 특별히 자신의 메시지를 전한다고 밝히고,[18] 상위계층 15%가 누리는 편리함이 자연의 안녕과 다른 사람들의 안녕을 희생시킨 대가 위에 얻어지는 것이라며, 그런 방식의 삶을 지속해야 하는가를 묻습니다. 그리고 그것은 현실적으로 불가능하다고 말합니다. 만약 지구의 모든 사람들이 북미인들처럼 산다면, 그에 필요한 에너지를 생산하기 위해 4개의 지구가 더 필요하다는 것입니다. 따라서 맥페이그는 그리스도인들이 인간중심적인 패러다임에서 우주론적 패러다임으로, 모든 생명의 안녕을 돕는 세계에서의 존재 방식으로, 전환되어야 할 필요성을 강조합니다.

그리고 '세계는 하느님의 몸'이라는 메타포를 도입합니다. 세계를 하느님의 몸으로 보는 모델은, 말씀이 육신이 되었으며 하느님이 이 세계 안에 성육신해 계신다는 그리스도교의 주장에 기초해서 초월을 이 세계 너머에 따로 분리된 것으로 보는 인습적인 의미를 뒤집어서, "초월 너머의 초월"을 철저한 내재로 이해하도록 만듭니다. 세계를 하느님의 몸으로 보는 모델에서 우주는, 자연은 하느님의 현존의 성례전(聖禮典)[19]입니다. 그러므로 하느님에 대해 가장 철저하게 초월적으로 이해하는 것은 동시에 가장 철저하게 내재적으로 이해하는 것입니다. 하느님은 항상 성육신적이기 때문에, 항상 구체적으로 구현되기 때문에, 하느님의 초월성을 내재적으로 볼 수 있습니다. 하느님을 만나는 것은 순간적인 '영적(靈的)' 사건이 아닙니다. 하느님은 실재(존재)이십니다. 존재하는 모든 것은 하느님으로부터 그 존재를 얻은 것입니다. 하느님은 자신의 몸을 구성하는 수십억의 다른 몸들에게 생명을 부어주는 영이고 숨결이기

---

[18] Sallie McFague, *Life Abundant: Rethinking Theology and Economy for a Planet in Peril*, Minneapolis: Augsburg Fortress, 2001, p. 206.

[19] 성례전(聖禮典): 비가시적인 신의 은총을 가시적인 매체를 통해 전달하는 기독교 의례. 천주교에서는 성사(聖事)라고 한다. 이 말의 원어는 sacramento라는 라틴어이다.

때문입니다. 창조가 하느님에게 전적으로 의존하기 때문에 하느님은 존재하는 모든 것의 원천이면서 힘이며 모든 것의 목적이기도 합니다.[20]

맥페이그는 세계와 함께 하시는 하느님, 모든 생명의 상호의존성, 그리고 모든 생물의 사회·정치·경제적 정의의 비전을 실현하기 위해 함께 일하시는 하느님을 어머니, 연인, 친구라는 은유로 표현합니다.

세 가지 사랑—창조적, 구원적, 지속적—은 각기 다른 방법으로 모든 생명의 상호관계성과 상호의존성에 관심을 기울입니다. 생명을 전하고 온갖 생명이 번창하도록 보살피는 보존자이시며 심판자이신 어머니 하느님은 나눔을 거부하는 이기적인 자들에게 유죄를 선고하십니다. 그러나 어머니-창조자 상의 목적은 죄인들의 정죄나 구출이 아니라, 우주를 의롭게 처리 경영하여 만물을 이롭게 하는 것입니다. 그녀의 관심은 미래의 판결이 아니라, 지금 정의를 세우는 것입니다.

연인 하느님의 관심은 세상에서 특별한 개별자를 구출해내는 것이 아니라, 소외되고 파편화된, 건강하지 않은 실행들로 아프고 죽음과 멸종의 위협 아래 놓인 사랑하는 우주 전체를 구원하고 온전하게 만드는 것입니다. 모든 동식물의 종(種)을 소중하고 매력적으로 여기는 연인 하느님은 전체적인, 복잡 미묘한 진화 복합체를 무한히 값지고 경이롭게 여기십니다. 연인 하느님은 사랑받는 자들 가운데서 이미 발생한 소외의 많은 부분에 책임이 있는 자들—우리 인간—의 도움이 필요하다고 여기십니다. 연인 하느님의 모델은 하느님의 세상 구원을 돕는 우리의 손길을 필요로 합니다.

상호성, 헌신, 신뢰, 공동의 비전, 상호의존성을 강조하는 친구 관계는 소유를 부정하고 절망에 도전합니다. 그것은 희망의 모델입니다. 하느님은 우리와 함께 계시고, 우리의 친구이자 동료인 세상 안에 내재하시며, 교회라고 불리는 친구들의 공동체, 즉 세상의 치유와 해방의 비전에 헌신하는 사람들의 모

20 Sallie McFague, *The Body of God*, op. cit., p. xi.

임 안에 계십니다.

친구 관계는 기쁨의 관계입니다. '동무(companion)'란 말은 '빵을 함께 뗀다'라는 문자적 의미를 갖고 있습니다. 동무들은 음식을 함께 나누고, 음식을 먹으면서 기쁨을 공유합니다. 친구 모델의 핵심인 축제, 즉 처음에 나타나는 것처럼 보이는 배타적 의식이 아닌 음식을 함께 나누는 일은 본래적으로 (또한 그리스도교의 기원과 역사에서 명확히) 포괄적이기 때문입니다. 그것은 추방당한 자들과 이방인에게 다가가서 그들을 안으로 맞아들입니다. 어머니이신 하느님(아가페)은 "네가 존재해도 좋다"고 말씀하시고, 연인이신 하느님(에로스)은 "너는 상상할 수 없을 정도로 고귀하다"고 말씀하시며, 친구이신 하느님(필리아)은 "우리, 우리 모두 사귐과 기쁨 속에서 함께 빵을 떼자"고 말씀하십니다.

【서구 생명사상의 한계를 넘는 동학의 '감응적 주체'】

조성환 이 논문을 보면 샐리 맥페이그는 물론이고, 토마스 베리나 존 캅과 같은 생태신학의 거장들도 인용되고 있습니다. 특히 토마스 베리의 『위대한 과업』에 나오는 '생명공동체'나 존 캅의 『생명의 해방』에 나오는 '지구 살해' 같은 개념이 인상적인데요, 이분들은 지구인문학적으로 말하면 지구종교학자이자 지구신학자에 속한다고 할 수 있습니다. 이미 2010년에 이런 분야의 연구를 시작하셨다는 점도 놀랍고, 게다가 그것을 단순히 소개하는 데 머무르지 않고 한국의 동학사상과 비교한 점도 시사하는 바가 크다고 생각합니다. 특히 맥페이그의 『생태학적 핵 시대와 하느님의 세 모델 — 어머니·연인·친구』(원제는 Models of God: Theology for an Ecological Nuclear Age)을 인용하면서 '식탁공동체'라는 표현을 쓰시고, 그것을 해월 최시형의 "밥 한 그릇의 의미를 아는 것은 모든 것을 아는 것이다"(萬事知, 食一碗)와 김지하의 시 「밥은 하늘입니다」와 연결시킨 점이 돋보였다고 생각합니다. 이어서 2017년에 나온 「천도교의 음식

문화」에서는 이 논의를 천도교와 한살림까지 확장시키셨고요. 특히 최시형의 「내수도문(內修道文)」에 나오는 "식사는 제사다"에 주목한 점도 대단히 통찰력 있는 견해였다고 생각합니다. 어떻게 이런 선구적이고 작업을 하시게 되었는지 궁금합니다.

차옥숭 오늘날 인류가 직면하고 있는 문제 해결을 위한 새로운 비전, 즉 모든 인류, 모든 생명체, 그리고 미래를 위해 공정하며 형평성을 갖춘 방식으로 영구적인 번영을 제공할 수 있는 비전 창출을 위한 패러다임의 전환이 필요합니다. 자연과 인간의 경계를 허물고 소통하려는 새로운 패러다임 전환의 요청에 직면한 지금 뭇 생명에 기대어 살아가는 인간이 할 수 있는 일은 무엇일까요? 여러 종교 전통들은 여기에 대한 해답을 찾기 위해 진지한 성찰과 거기에 따른 여러 가지 대안들을 제시하고 있습니다.

예를 들면 여성신학자이며 생태주의 신학자이기도 한 샐리 맥페이그는 모든 생명의 안녕을 돕는 세계 내 방식으로 전환할 필요성을 강조하고, '세계는 하느님의 몸'이라는 메타포를 도입합니다. '세계가 하느님의 몸'이라는 메타포는 고통당하는 인간과 동물의 몸이 느끼는 아픔도 함께 겪는다는 것을 시사합니다. 우주가 하느님의 몸이라면, 하느님은 한 장소에서만 우리에게 현존하는 것이 아니고 태양과 달, 나무와 강, 동물과 인간의 몸 등등 모든 몸들을 통해서 우리에게 현존합니다. 따라서 강과 산이 오염되고 파헤쳐서 고통당하면 하느님도 고통당합니다. 하느님은 모든 고통 받는 몸들과 동일시하는 몸이 된 신입니다. 그렇다면, 하느님의 몸을 이루는 생명과 생명의 관계는 어떻게 설명될 수 있을까요? 그들 사이에서 먹고 먹힘의 관계는 어떻게 설명될 수 있을까요?

하비(Graham Harvey)는 인간이 생명을 유지하기 위해서는 다른 생명을 죽여야 하고, 여기서 벗어나기 위해 '나'를 죽이는 것은 '나'와 더불어 살고 있는 생명체에 잔인한 폭력을 행사하는 일이기에, 폭력의 사이클에서 벗어날 길이 없다고 말합니다. 나의 삶을 지탱하기 위해 '그들'에게 어쩔 수 없이 폭력을 저

지른다고 해도, '그들'과 계속 관계를 맺을 수 있을까요? 어떻게 하면 그럴 수 있을까요? 이 질문에 대한 대답은 다른 종들과 관계를 맺을 때 절제와 되돌려줌, 한계 두기와 되갚기, 허용과 한도를 설정하는 데 있으며, 종교는 생명체에 대한 잔인한 폭력 행위에 제동을 거는 장치로서 서로 다른 종들(persons) 사이에서 교섭(negotiation)하고 합의(deal)를 도출하는 역할을 맡아야 한다고 말합니다. 맥페이그는 "다른 몸들의 필요성을 채우기 위해 자신의 몸을 내놓음으로써 하느님을 만나는 일, 이것이 철저한 내재로서의 초월을 비추는 일이다. 우리는 우리 자신의 몸을 타자들을 위해 내려놓음으로써 타자의 몸 안에서 그리고 그 몸을 통해 하느님을 만난다."고 말합니다. 맥페이그는 '자기 비움'(케노시스), 곧 '자기를 제한하여 다른 이들이 성장하고 번창할 수 있도록 공간과 장소를 내어주는 것은 하느님이 세계를 향해 일하는 방식이고, 또한 우리가 서로를 향해, 그리고 삼라만상을 향해 일하는 방식'이라고 말합니다. 이 자기 비움은 역설적으로 참된 충만함의 길이기도 합니다. 따라서 '지구의 건강을 위한 윤리는 개인적이고 영적인 차원에서 자아와 물질적 필요를 스스로 제한하는 데서 시작할 수 있으며, 반드시 그렇게 되어야 한다.'고 강조합니다.

여기에서 제기되는 의문점은 하비가 제시하는 생명체에 대한 폭력 행위에 제동을 거는 종교의 역할이, 쌍방 간에 이루어져야 하는 서로 다른 종들 사이의 교섭과 합의 도출이 가능한가입니다. 마찬가지로 맥페이그가 제시한 "다른 몸들의 필요성을 채워주기 위한 '자기 비움'" 역시 일방적으로 인간이 다른 생명체들에게 강요해 오던 일이며 인간이 다른 생명체들을 위해 자기 몸을 내어주는 일이 가능한가 하는 점입니다.

동학은 이러한 사상들을 극복하는 데에 좋은 대안 중의 하나라고 생각됩니다. 해월의 '이천식천(以天食天)'은 먹힘과 먹임의 관계를 잘 풀어내고 있습니다. 맥페이그는 최근까지 활동하던 사람이고 하비는 지금도 살아서 활동하는 사람들이지만, 해월은 120여 년 전, 생태 문제가 전혀 거론되지 않던 시기에 활동했던 사람입니다. 해월이 말하는 '이천식천' 역시 하비의 주장처럼 폭력을 합리화하고 완화시키기 위한 고도의 장치에 불과할는지 모르지만, 그의 가르침에 바탕을 둔 동학 및 천도교의 음식문화는 오늘의 심각한 생태 문제와 음식 문제를 푸는 실마리를 제공할 수 있을 것입니다.

해월은 '만사지 식일완(萬事知 食一碗)'이라는 말을 남겼습니다. 밥 한 그릇을 먹게 되는 이치만 알게 되면 모든 이치를 다 알게 된다는 뜻입니다. 우주 만물을 유기체적인 생명공동체로 인식한 해월은 만물이 자기 안에 한울님을 모신 존재(侍天主者)로 보았습니다. 사물을 생명으로 보고 나아가 그 자발성과 우주적 연대성을 강조하는 동학사상의 혁명성은 민중의 삶이 피폐해지고 식민화의 위기를 목전에 둔 19세기 말의 상황에서 생명 세계와의 상호 긍정적 관계를 첨예하게 주장했다는 데에 있다고 생각합니다. 시대 상황과의 연관을 무시하지 않고 인류의 미래까지도 살리려고 하는 동학의 이러한 역사의식은 오늘에도 큰 귀감이 된다고 하겠습니다. 인간의 신체와 그의 기억까지 산업화와 돈벌이의 수단으로 이용되는 오늘날 이러한 생태적 역사의식은 더욱 필요한 것이 아닐 수 없습니다. 이런 의미에서 동학의 주체성이 갖는 여러 성격을 규명하는 것은 중요한 의미가 있습니다.

생명의 그물망과 생명의 다양성, 그리고 만물의 내연관계에 입각한 따뜻한 음식문화 가치가 사라져 가고 상품화된 음식문화가 범람하는 오늘날, 동학 및 천도교의 음식문화에 담긴 사상, 그리고 천도교여성들의 모심 운동과 한살림의 실천운동은 우리에게 많은 반성과 성찰을 하게 합니다. 동학 및 천도교의 음식문화는 환경과 대립하기보다 조화를 회복하여 환경을 보존하면서 후손에게 물려준다는 미래의식에 연관되어 있습니다. 환경을 파괴하면서 포만을 추구하는 것이 아니라, 전체의 생명을 긍정하는 관점에서 자연을 보존하고, 문화의 역사적 연속성을 추구한다는 것입니다. 후천개벽이라는 것은 바로 과학기술 문명을 수용하면서도, 생태계에 대한 이러한 역사적 관점을 기본적 인생관으로 유지하는 것이라고 생각합니다. 자기 안에는 신령하고 무궁한 우주생명이 살아 있다는 것을 인식하고, 그 우주생명을 공경하여, 거기에 자신을 일치하는 것이 바로 자기실현입니다. 자기 안에 우주생명이 살아 있다면 이웃 안에도 살아 있음을 인정할 수 있고, 이웃을 공경함으로써 새로운 공동체를 창조할 수도 있습니다. 나아가 동식물과 무기물 안에도, 기계에까지도 우주생명이 살아 있음을 인정하고 공경함으로써 생태계의 균형을 새롭게 회복할 수 있습니다.

이규성[21]에 따르면, 세계와 함께하는 정신이 동학을 단순한 주관적 해탈주의에 빠지지 않게 함으로써 영성주의적 부패를 방지하게 할 수 있었다고 합니다. "타인의 존재 의미를 평등하게 공경하는 동학의 원리는 사물 내부의 보이지 않는 심층적 실재를 향해 우리의 의식이 자신의 표층을 깨고 나와 확장해 가는 활동"이라는 것입니다. 서로 다른 개체들의 평등한 연대를 인정하고 타자에게 공감하고 그 존재를 긍정하는 것은 추상적인 법칙에 따르는 데서 이루어지는 일이 아니라, 타자의 심층과 교류하는 사랑의 능력에서 비롯되는 일입니다.

이성적 의지에 의해 구성되는 냉정한 주체성은 잔인한 공격성과 연계하여 발전되어 왔다고 할 수 있습니다. 그와 달리 감응의 주체성은 신체성을 긍정하지만 이기적 쾌락주의로 전락하는 것이 아니며, 이성이 과학을 수용한다 하더라도 이를 생태적 관점에 조화시키는 통찰의 주체성이기도 합니다. 자연과의 화해는 생명과 감응하는 감성과 전체를 통찰하는 이성과 우주로 나타난 신을 섬기는 종교성을 겸비합니다. 이 종교성에 생명 본능이라 할 수 있는 감응적 감정이 결부되어 있고, 미래 후손의 생태적 삶의 공간을 인정하는 역사의식이 결합되어 있습니다.

사실 요즘 청소년들 문제가 심각하고, 청소년 자살률도 우리나라가 참 높거든요? 그 원인은 밥상 공동체가 무너진 데에도 있다고 생각해요. 그러니까 밥상에 먹는 입은 있어도 말하는 입은 없는 거예요. 밥상 공동체에서는 말하

[21] 이규성(李圭成, 1952~2021): 1983년부터 1988년까지 영남대학교 철학과 교수로 재직하였고, 1989년부터 2017년까지 이화여자대학교 철학과 교수로 재직하였다. 저서로는 『한국현대철학사론—세계상실과 자유의 이념』(2012), 『최시형의 철학—표현과 개벽』(2011), 『생성의 철학—왕선산』(2002), 『내재의 철학—황종희』(1994) 등이 있다.

는 입과 먹는 입이 같이 있어야 되는 거잖아요. 그런데 맞벌이 부부의 경우에는 어린아이들 놔 두고 다 나가고, 메모만 남겨 두고, 아이들이 차려져 있는 밥을 혼자 먹고, 이러면서 많은 것들이 무너진다고 나는 생각하거든요. 그런데 동학에서는 밥을 먹을 때 그냥 먹지 않잖아요. 밥상에 올라온 이웃 생명들, 그리고 천지부모뿐만이 아니라 스승들 같은 분들까지 다 생각하면서 감사하는 마음으로 심고(식고)하잖아요. 나에게 생명을 내어준 밥상에 올라온 이웃 생명들에게도 감사하는 마음으로 심고하고요. 그리고 음식을 함부로 버리지 않고요. 이런 것들이 오늘의 위기 상황 속에서 많은 시사점을 내포하고 있다고 생각해요.

【대종교가 이런 대접을 받아서는 안 된다】

홍박승진 신흥종교에 관한 선생님의 연구 중에서 대종교에 관한 연구도 주목될 필요가 있다고 생각합니다. 오늘날 대종교는 천도교·증산교·원불교 등의 여타 한국 자생종교에 비하여 교세가 더욱 약한 듯하며, 그리하여 학술적인 차원에서도 연구가 훨씬 덜 이루어진 측면이 있기 때문입니다. 특히 선생님께서 2012년에 발표하신 논문 「동서 교섭의 관점에서 본 대종교의 몸과 마음 이해」는 몸과 마음이라는 관점으로 대종교를 고찰하였다는 점에서, 지금 읽어 보아도 매우 독창적이고 탁월하다는 생각이 듭니다. 몸과 마음이라는 키워드로 대종교를 고찰한 사례는 흔히 찾아보기 어렵습니다. 선생님께서는 어떻게 대종교에 관심을 두게 되셨으며, 대종교의 어떠한 측면이 가치 있다고 생각하셨을까요? 게다가 '몸과 마음'이라는 독특한 시각에서 대종교를 바라보신 까닭은 무엇이었을까요?

차옥숭 처음 내가 대종교를 접한 건 굉장히 오래됐는데요. 그 당시에 한국교회

사연구소[22]가 명동에 있었는데, 거기에서 종교학 사전을 펴내면서 나한테 대종교를 비롯한 몇 가지 항목을 맡겼어요. 사전 원고라는 게 항목 당 열여섯 장인데, 실은 다 알지 못하면 못 쓰잖아요. 그래서 대종교 본부에 전화를 하고 찾아가서 책을 여섯 권쯤 사 왔어요. 그 이상도 없더라고. 그중에 『중광 육십 년사』가 있는데, 내가 그걸 보면서 정말 많이 울었어요. 대종교를 모르고 있었다는 것 자체가 너무 부끄럽더라고요. 그래서 관심을 갖기 시작했는데, 대종교에서 일하는 분들 중에는 대종교인들만 있지 않아요. 거기에서 정말 열심히 일하는 사람들이 대종교인인 줄 알고 인터뷰를 해보면 기독교인이야. 기독교인이면서도 대종교를 도와야 한다고 생각하고 일하는 거야. 그리고 대종교 최고 지도자인 총전교를 지내신 이상훈[23] 선생님도 내가 인터뷰했는데, 그분은 윤세복[24] 선생님이 만든 학교의 교사였거든요. 윤세복 선생님이 거기에서 가르치라고 해서 '나는 기독교인이다'라고 했는데, 윤세복 선생님이 '기독교인이면 어떠냐. 그냥 와서 가르쳐라'라고 했대요. 그리고 이상훈 선생님은 해방 후 귀국해서도 기독교인이면서 대종교에 참여해요. 그렇게 대종교는 우리가 다 함께해야 한다고 생각하는 분들이 많았어요. 나는 그럴 수 있다고 생각해요.

무오독립선언서[25]이 기미독립선언 이전의 시발점이잖아요. 무오독립선언에

~~~~~~

[22]　천주교 서울대교구 산하 한국교회사 연구기관. 체계적인 교회사의 연구·교육 및 자료의 수집·정리를 목적으로 1964년 8월 가톨릭대학 부속기관으로 창설되었다. 1986년 12월에는 명동 가톨릭회관으로 이전하였고, 2002년 10월에는 저동으로 이전하였다.

[23]　이상훈(李祥薰, 1910~2004): 1938년 만주에서 동포 자녀를 교육하며 대종교를 접했으며 정년퇴임 후 1975년부터 5년간 대종교 최고 지도자인 총전교(제11대)를 역임하면서 대종교 재단의 대종고등공민학교 교장으로 무보수로 일하기도 했다.

[24]　윤세복(尹世復, 1881~1960): 대종교의 제3세 도사교이며 초대 총전교(總典教)이다. 교단에서의 호칭은 단애종사(檀崖宗師)로, 단애는 그의 호이다. 1934년에 닝안 현 둥징성(東京城), 즉 발해의 옛 도읍으로 총본사를 옮겨서, 단군 천진전(天眞殿)을 모시고 대종학원(大宗學園)을 세웠다. 이런 활동을 벌이던 중 1942년 교단간부 20여 명과 함께 일본 경찰에 붙잡혀 무기형을 선고받았는데, 이 사건을 교단 내에서는 임오교변이라고 부른다. 광복과 더불어 출옥하여 이듬해인 1946년 귀국, 서울에 총본사를 설치하였다.

[25]　대한독립선언서(大韓獨立宣言書): 1919년 2월(음력 1918년 12월) 만주 길림에서 만주와 연해주, 중국, 미국 등 해외에서 활동중인 독립운동가 39명의 명의로 발표된 독립선언서. 선언서 작성과 서명이 1918년 무오년에 이뤄진 점을 고려하고, 한달 뒤인 3월 1일 발표된 기미독립선언과 구별하고자 '무오독립선언'으로 불린다. 여기에 서명한 인사 가운데 상당수가 대종교인이었다(김교헌, 김동삼, 김좌진, 여준, 이동녕, 이상룡, 박성태, 박찬익, 신정, 윤세복, 조욱 등).

참여하신 대부분이 실은 대종교인들이셨어요. 상해 임시정부 어른들도 대부분이 대종교인들이셨거든요. 그분들이 나라 생각하고 민족 생각하느라고 자기 후손들 생각이나 하셨겠어요? 친일했던 사람들은 자기도 잘살고 자기 자식들도 공부 많이 시켰지만, 그분들은 자식들에게 공부도 많이 못 시키셨어요. 그냥 가난해요. 후손들이 다 그러니까 대종교의 일요일 예배에 가서 헌금을 보면 기가 막힌 거예요.

한 번은 증산교 대순진리회 쪽의 치성 드리는 날에 초대를 받았어요. 몇천 명씩 오더라고요. 나는 꼭 제일 높은 곳의 앞부분에 앉아서 그걸 다 보게 해달라고 해서 위에 올라갔어요. 얼마나 으리으리해요. 치성을 드리는 데 경쟁도 하잖아요. 그다음 날 아침에 대종교 행사가 있었어요. 거기에 갔는데 정말 눈물 나더라. 그런 대접을 받으면 안 되잖아. 그게 어떤 종교인데.

대종교인들은 주체적 역사의식으로 민족의 위기를 돌파하고자 밖으로는 자연발생적인 공화의 정신을 민족 간 공존 상생의 원리로 확대하고, 안으로는 한민족의 기원적 창건 정신을 세워 민족해방의 문화적 기초로 삼고자 했습니다. 독립운동에 참여했던 일제하의 많은 지식인들은 대종교와 직간접으로 연관이 있었습니다. 대종교에서 삼진귀일(三眞歸一),[26] 홍익인간, 이화세계(理化世界)[27]를 내용으로 하는 '성통공완(性通功完)'[28]이란 영묘한 신성(神性)에 자각적으로 통하고 그 결과를 사회적 실천으로 표현하는 내외 합일의 노력에서 진정한 공효(功效)가 완성된다는 것입니다. 대종교인들은 독립운동과 교육운동이라는 실천적 사명을 행동으로 옮겨야 하는 절실한 상황에 있었기 때문에 공효의 정신은 특히 중요한 것이었습니다. 그들은 수전일치(修戰一致)의 원칙에 따라 행동하는 가운데 독립운동의 사상적 기반을 세웠습니다.

[26] 한얼에게 받은 삼진(三眞)을 곱게 잘 간직하였다가 한얼에게로 다시 되돌아감을 대종교에서 이르는 말. 삼진(三眞)은 사람이 나면서 한얼에게 받은 성(性), 명(命), 정(精)의 세 가지 참된 것을 대종교에서 이르는 말.
[27] 이치로써 다스린 세계. 단군의 건국이념인 재세이화(在世理化)가 충족된 세계를 이르는 말.
[28] 도를 통하여 깨달음이 이루어지는 일을 대종교에서 이르는 말.

대종교인들에게 있어서 '실심(實心)'은 자신의 상황과의 활동적 관계 속에서 인식하는 것이고 인식된 것을 다시 활동 속에서 확인하는 지행합일의 과정을 살아가는 마음입니다. 또한 실심의 주체성은 사회적 상황과 관계하는 마음일 뿐만 아니라 '우주의 본체(天之本體)'와도 맞닿아 있는 '마음의 본체(心之本體)', 허령한 마음, 한얼 마음입니다. 허령한 마음은 고요의 차원(靜無)인 '마음의 우주적 심연(天淵)'까지 경험의 영역을 확장합니다.

인간의 마음은 자신의 심층에 내재하는, 그리고 심층에서 경험 가능한 본성(性)에 바탕하여 그것을 상황 속에서 구현하는 창조적 활동의 주체입니다. 이와 같은 내적 수렴과 외적 활동의 종합적 구조는 바로 동아시아의 대승불교와 도교철학 및 송명이학이 추구했던 내외합일의 세계관(內外合一之道)이었습니다. 대종교는 유·불·도의 주요 개념을 가지고 특유의 내외합일의 세계관을 전개하였습니다. 이러한 점에서 대종교의 몸과 마음 이해는 분명히 동양 전통에 서 있습니다. 대종교가 저세상이 아닌 이 세상에 대동사회를 이루려는 점, 성통공완을 통한 삼진귀일 사상도 그러합니다.

【후손들에게 어떠한 나라를 만들어주어야 할지】

홍박승진 선생님의 2016년 논문 「대종교인의 독립운동과 사상의 변천 양상」 102~103쪽에 따르면, 대종교의 홍익정신은 일부 대종교인들이 무정부주의적 공산주의나 사회주의로 나아가게 되는 이유로도 작용하였다고 언급하였습니다. 예컨대 주시경[29]의 제자로서 국어학을 연구한 김두봉[30]은 사회주의를

---

29 주시경(周時經, 1876~1914): 국어학자·대종교인. 호는 한힌샘. 한말과 일제 강점 초기에 한글 연구와 우리글 지키기에 온 힘을 쏟고 최현배·김두봉·권덕규·김윤경·이윤재·염상섭·변영태·현상윤·신명균·이규영·장지영·이병기 등 훗날 국어 연구의 큰 별이 된 제자들을 양성하였다.
30 김두봉(金枓奉, 1889~1960): 독립운동가·한글학자·대종교인·정치가. 조선어 사전 편찬 사업에 참여하는 등 한글 연구에

수용하였고, 신채호[31]나 이회영[32] 등은 무정부주의자가 되었다는 것이지요. 여기에서 한 가지 의문이 생기는데요. 예컨대 위 논문의 120쪽에 따르면, 박은식[33]은 개체의 욕망과 자발성을 강조하며 반국가적 공동체 운동을 모색하였던 양명 좌파의 경향이 공덕과 공리의 정신에 부합하지 않는다고 보았으며, 이에 박은식이 대종교의 홍익인간 윤리에 접근한 것은 개체의 자유를 중시하는 무정부주의적 혁명론과 분리된다고 하였습니다. 대종교는 단군과 민족 공동체를 중시한다는 점에서 아나키즘과 충돌할 만한 지점이 있는 것처럼 보이는데, 이러한 표면적 상이함에도 불구하고 역사적으로 대종교와 아나키즘 사이에 친연성이 나타나는 이유는 어떻게 이해하면 좋을지요?

차옥숭 한국의 1세대 지식인들은 민족주의적 관심에 지배된 측면이 있기에 자기희생의 도덕을 강조하고 개개인의 가치보다는 공익을 생각하고 공동체의 가치를 우선하였습니다. 따라서 서구의 근대가 개인의 가치의 자각에서 출발한다면 한국의 근대는 공효(公效)와 보편적 공리(公理)와 공동체의 가치에서

기여하였고, 3·1 운동과 민족 혁명당·조선 독립 동맹 결성 등 독립운동에도 적극적으로 참여하였다. 광복 후에는 북한에서 활동하다가 숙청당하였다.

[31] 신채호(申采浩, 1880~1936): 일제강점기에 『조선상고사』, 『조선상고문화사』, 『조선사연구초』 등을 저술한 역사학자이자 언론인·독립운동가이다. 『황성신문』 기자, 『대한매일신보』 주필로서 항일언론운동을 벌이며 신민회와 국채보상운동에 참여하였고 1910년 중국으로 망명했다. 항일을 고취하는 글과 역사서를 집필하면서 대한독립청년단 조직, 임시정부 수립에 참여하였다. 1922년 이후에는 폭력을 통한 민중 직접혁명을 주장하여 아나키스트의 길을 걸었다. 1928년 대만에서 체포, 여순 감옥에서 복역 중에 순국하였다.

[32] 이회영(李會榮, 1867~1932): 일제 강점기의 아나키즘 계열 독립운동가. 1910년 일가 6형제와 함께 유산을 처분하고 만주로 망명하여 1912년 신흥강습소(신흥무관학교의 전신)를 설립, 독립군 양성과 군자금 모금 활동을 했다. 그 뒤 신흥무관학교가 일제의 탄압으로 실패하자, 상하이에서 아나키즘 사상에 심취하였다. 1932년 11월 만주의 연락 근거지 확보와 지하공작망 조직, 주만 일본군사령관 암살 등 아나키스트의 활동범위를 넓히기 위해 상하이에서 다롄(大連)으로 이동을 결심하였다. 당시 만주는 일본의 강력한 영향 아래에 있어 대단히 위험했으므로 주위의 동지들이 말렸으나 그의 고집을 꺾지 못했다. 그러나 그해 11월 조선인들의 제보와 일본 밀정의 첩보, 그와 사상이 달랐던 조카 이규서 등의 밀고로 이동 중 다롄 항구에서 일본 경찰과 중국수상서원에게 체포되었고, 일본 영사관 감옥에 수감되었다. 11월 17일 이때 이미 노인이었던 그는 혹독한 고문을 이기지 못하고 옥사하였다.

[33] 박은식(朴殷植, 1859년~1925): 『한국통사』, 『한국독립운동지혈사』 등을 저술한 역사학자·언론인·독립운동가. 1911년 4월 독립운동과 국혼(國魂)이 담긴 역사서를 쓰기 위해 망명을 결행하였다. 압록강을 건너 국경을 탈출해서 만주의 환런현[桓仁縣] 흥도천(興道川)에 있는 윤세복(尹世復)의 집에 1년간 머물며 저술에 집중하였다. 그때 윤세복의 영향으로 대종교인이 되었다.

출발합니다.

대종교는 식민지 하의 자유가 박탈당한 상황에서 이 현실을 강건한 정신적 힘과 물리적 힘으로 극복하고자 했습니다. 이 염원을 그들은 종교적 신념에 담아냈습니다. 널리 인간을 이롭게 하여 서로 돕고 상생(相生)하는 평화로운 복지사회를 이 땅에 이룩하려는 홍익 정신은 대종교인들의 일부가 무정부주의적 공산주의나 사회주의로 나아가게 되는 이유로도 작용했음을 간과할 수 없습니다. 대종교의 투쟁은 생사를 거는 투쟁이었습니다. 그들의 초미의 관심사는, 안으로는 생사를 초월하는 자유를 바탕으로 독립 자주의 주체성을 선취하는 자아실현이었으며, 밖으로는 민족해방의 실천이었습니다.

무정부주의는 민주주의라는 명분을 가진 기존 정치체제와 그 이데올로기에 대한 비판을 통해 평등한 자유의 이념을 보여줄 수 있었습니다. 또한 무정부주의는 개인들의 자발성과 자주성이 갖는 절대적 의의를 존중함으로써 개체의 유일성(singularity)을 강조할 수 있었습니다. 개체적 삶의 특이성을 강조하는 입장에서 볼 때, 그것을 억압하는 국가나 사회는 사이비 보편성에 불과한 것입니다. 무정부주의는 개인들의 자발적 유대를 진정한 사회적 관계로 보기 때문입니다. 신채호와 이회영은 민족 해방을 중심 과제로 삼지만, 그들의 민족 해방 원리는 개체의 자주성과 자유 연대를 기초로 합니다.

무정부주의가 비록 권력 장악과는 거리가 멀지만, 자유로운 사회관계의 이상을 끊임없이 제기한다는 점, 봉건적 지배의지나 공리주의적 동원 체제를 버리고 미래적 이상을 현재에서의 일상 문화를 통해 발현해 나가는 과정으로 본 것은 중요한 의의를 갖습니다. 획일적 통제를 거부하는 이회영은 바로 이 정신에 따라 미래 사회에 대한 방략을 구상합니다. 미래의 조선은 정치 민주화와 경제 민주화를 국가와 경제의 사회화를 통해 실현하는 사회입니다.
여기에서 신채호와 이회영이 그들의 삶을 통해 극명하게 보여주었던 생명의 자발성과 우애의 연대성, 타인의 고통을 동류의 고통으로 보는 대동의 이상은 대종교의 홍익인간 사상과 맥이 이어진다고 볼 수 있습니다.

홍암 나철[34] 선생님은 민족을 위해서, 그리고 대종교를 위해서 죽는다고 하면서 돌아가시잖아요. 한얼님께 당신을 희생 제의로 바친 거라고 이야기하잖아요. 하나도 흐트러진 모습 없이 고요하게 돌아가시면서 얼굴도 평온하셨다고 하는데, 어떻게 돌아가셨는지 알아요? 호흡을 스스로 끊고 가신 거예요. 참 대단하지 않아? 백포 서일[35] 장군도 결국은 조식법으로 돌아가세요.

나는 백포 서일 장군을 굉장히 좋아하는데, 그분이 쓰신 『회삼경(會三經)』을 보면 사상적으로도 굉장히 아름다워요. 청산리 대첩 이후에 일본이 경신참변[36]을 일으킬 때 독립군과 조선인 마을이 피해를 크게 입잖아요. 그리고 나서 김좌진 장군은 마적단 쪽과 손을 잡자고 해요. 소련 쪽에서도 우리 독립운동을 지원하겠다고 해요. 서일 장군은 명분이 희박한 마적단과 손잡을 수는 없다고 생각해서 결국은 소련을 택해요. 그리고 통문을 돌려 여기저기 흩어져 있는 조선 독립운동 단체들을 하나로 모아요. 소련은 독립운동단체를 자기네 휘하에 넣고 싶은 거예요. 백포 장군이 미리 그걸 눈치채요. 그리고는 부모가 있는 젊은이들 300명 정도를 떠나게 해요. 그러지 않았으면 이 사람들은 죽었

---

[34] 나철(羅喆, 1863~1916): 일제 강점기 대종교의 초대 교조이자 독립운동가. 호는 홍암(弘巖). 을사조약이 체결된 뒤에는 을사오적을 암살하려 했으나 실패하고 1907년 자수하여 10년 유배형을 선고받았으나, 1년 후 고종의 특별사면으로 풀려났다. 1909년 유근(柳瑾), 정훈모(鄭薰模), 이기, 김인식, 김춘식(金春植) 등의 동지들과 함께 서울 재동에서 '단군대황조신위(檀君大皇祖神位)'를 모시고 제천의식을 거행한 뒤 단군교를 공표하였으니, 이것이 대종교의 시작이었다. 1916년 8월 15일 황해도 구월산 삼성사에서 한배검(단군)에게 제천의식을 올린 뒤 순명삼조(殉命三條, 한배님께 제천하고, 대종교를 위하고, 한배님을 위하고, 인류를 위해 목숨을 끊는다는 내용의 유서를 남기고 조식법(調息法, 호흡을 조절하는 방법)으로 스스로 숨을 거두었다.

[35] 서일(徐一, 1881~1921): 호는 백포(白圃). 경술국치 이후 탄압이 심화되자 국내에서 항일투쟁의 어려움을 느끼고 만주로 건너갔다. 거기에서 대종교에 입교하여 교리의 연구와 포교활동에 주력하였으며, 두만강을 넘어오는 의병의 잔류병력을 규합하여 중광단(重匡團)을 조직하고 단장에 취임하였다. 1919년 김좌진 등 39명의 동지들과 함께 대한독립선언서를 발표하였다. 1918년 3·1 운동 이후 중광단을 토대로 정의단(正義團)을 조직하였다. 1919년 대종교 2세 교주인 무원종사(茂園宗師) 김교헌(金敎獻)이 서일에게 교통(敎統)을 전수하려고 하였으나 독립군 양성과 일제에 대한 무력항쟁에 힘을 기울이기 위해 교통의 인수를 5년 뒤로 미루었다. 정의단은 대한군정부로 개편된 뒤 대한군정서(북로군정서)가 되었다. 이범석과 김좌진이 북로군정서 소속이었으며, 서일은 총재를 맡았다. 1920년 김좌진과 함께 청산리 전투에서 일본 정규군을 크게 무찔렀다. 1921년에는 독립군 조직을 통합하여 대한독립군단을 조직하였다가, 같은 해 6월 28일 스보보드니에서 자유시 참변(일명 흑하사변)이 일어나고 많은 동지들이 사망하자 이에 대해 책임을 지고 두 달 후 스스로 호흡을 멈추는 방법으로 밀산에서 스스로 숨을 거두었다.

[36] 1920년 일본군이 만주를 침략해 간도에 거주하던 한국인을 대량으로 학살한 사건. 청산리에서 한국 독립군에 의해 대패를 당한 일본군은 이에 대한 보복으로 무차별 한인 학살 작전을 감행하였다. 3~4개월 동안 벌어진 일본군의 무차별 학살로 수많은 동포가 참혹한 죽임을 당하였다.

죠. 나머지들은 소련에 의해 무장해제 당하는 과정에서 너무 많이 죽어요. 그 소리를 듣고 이회영 선생과 신채호 선생은 소련의 공산당하고 완전히 결별해요. 그리고는 서일 장군은 국제관계 속에서 다시 재기의 기회가 있을까 해서 독립군을 모아놓았는데 또 한 번 마적단에게 습격을 당하여 더 초토화되거든요. 오갈 데도 없고 국제관계에서도 완전히 희망이 안 보이니까 결국 백포 서일 장군도 조식법으로 돌아가세요.

신채호 선생님은 감옥에 계셨었잖아. 그 추운 데서 병이 심해져 죽게 생겼으니까, 그분 가족한테 데려가라고 통지가 온 거예요. 가족들이 수소문해서 그분을 데려올 수 있는 사람을 찾았는데 이 사람이 친일 쪽이에요. 그래도 이 사람이 신채호 선생을 모시고 오겠다고 하니까, 신채호 선생님이 '죽으면 죽었지 그놈한테 신세 안 진다'라고 해서 그 추운 감방에서 그냥 돌아가시잖아요.

이회영 선생님도 정말 훌륭하신 분이에요. 러시아 혁명이 일어나니까 조소앙 선생님이 그곳에 다녀와 그곳 사정을 설명해요. 이회영 선생님은 다 듣고 나서 '빵을 평등하게 나누면 뭐하냐. 자유가 없는데', 이러고는 '이건 아니다'라고 판단하신 거예요. 그러니까 우리 후손들에게 어떤 나라를 만들어줘야 할지를 얼마나 고민하고 숙고하는지 하는지 몰라요. 외래 사상을 무조건 받아들이지 않고 숙고한 뒤에 무정부주의를 택하는 거야. 무정부주의는 진짜 아름다워요. 권력을 탐하지 않거든요. 항상 권력 앞에서는 뒤로 물러나요. 내가 어떤 선배한테 '무정부주의가 진짜 좋아'라고 했더니 그 선배가 '그 대신 힘이 없잖아'라고 하더군요. 그렇지만 그렇기 때문에 뒤로 물러나서 잘못된 걸 늘 직시하고 이야기할 수 있는 거예요.

이회영 선생님 집안이 얼마나 부자였어? 서울의 제일 갑부였는데, 모든 재산을 갖고 만주에 가서 무관학교를 만들고 숙식도 다 제공하고 하다 보니, 나중에 동생인 이호영 선생은 굶어서 죽잖아요. 그 많은 재산을 팔아서 건너갔는데, 이회영 선생님도 돌아가시기 직전에는 하루에 죽 한 그릇도 먹기 힘드

섰다고 해요. 그러는데도 정신은 맑으신 거죠. 일본 사람들이 이회영 선생님을 막 찾으니까 이회영 선생님이 중국 다롄 지역에 가시려는 것을 주위에서 만류하죠. 그러니까 '젊은이들은 죽음의 문턱을 오르락내리락하는데 내가 이 나이에 죽음을 두려워해서 그만두는 건 부끄러운 일'이라고 하면서 다롄에 배 타고 가셨다가 내리지도 못하고 체포돼요. 그러고는 10일이 넘는 동안 고문을 무지무지 당해서 돌아가시잖아요. 만신창이가 되었는데도 주변에 있던 젊은이들 중 어느 누구도 다치지 않잖아요. 선생님이 입으로 이야기를 안 했으니까. 그래서 나는 신채호 선생님과 이회영 선생님의 죽음을 떠올릴 때마다, '인간의 이성이라고 하는 게 정말 어디까지 작동을 하는 걸까?'라는 생각이 들어서 항상 존경스럽고 감탄스러워요.

윤세복 선생님도 감옥에 있을 때 종신형 받았다가 해방이 돼서 귀국하셨는데, 이분도 살아계시는 동안 아무리 좋은 찬을 드려도 안 드시고 간소하게 상 위에 찬을 세 가지 이상은 놓지 못하게 하셨다고 해요. 그리고 항상 방석에 안 앉으셨대요. 죽은 동지들을 생각하면서. 우리한텐 정말 훌륭한 분들이 많으셨던 거 같아요. 그러니 우리가 잘살아야 하는 거잖아요.

【슬픔을 느끼는 방향으로 가는 것은 항상 옳은 방향】

홍박승진 마지막으로 오늘날 여성에게 전하고 싶으신 메시지가 있다면 무엇인지 여쭙고 싶습니다. 이 질문은 처음 저희가 선생님과 인터뷰하고 싶다고 생각한 이유와도 어느 정도 연관이 있는데요. 동학-천도교를 더 깊이 이해하기 위하여 학술대회나 공부 모임을 다녀보면 아저씨와 할아버지들이 대부분일 때가 많았습니다. 동학-천도교는 페미니즘 종교이고 페미니즘 사상이라는데, 어째서 그것을 공부하는 분들 가운데서는 남성의 목소리만 넘쳐날 뿐이고 여성의 목소리는 찾기 힘들까? 이러한 고민을 하던 차에 차옥숭 선생님의 존재를 접하고 눈물 나게 기쁘고 감사하고 반가운 마음이 들어 이렇게 인터뷰를 부탁드린 것입니다. 오늘날에도 '독박육아'와 '경력단절' 등으로 인하여 여성이 학자로서 학문 활동을 지속하는 것은 너무나 어려운 일입니다. 학문의 길을 걸어가고자 하는 여성에게 어떠한 말씀을 들려주고 싶으신지요? 또한 여성해방의 물결을 남성에 대한 역차별처럼 왜곡함으로써 여성의 고통을 은폐하고 페미니즘 운동에 위협을 가하며 성별과 세대 간의 혐오를 조장하는 정치 세력이 날뛰고 있는 오늘날, 종교학자로서 한국의 여성들에게 용기가 될 수 있는 한마디를 들려주시면 진심으로 감사하겠습니다.

차옥숭 난 좋은 엄마는 아니었어요. 지금도 미안해요. 우리 아이는 본래 자폐아들한테 관심이 많아서 독일 뮌헨대학에서 소아정신과, 심리학, 특수교육의 세 가지로 논문을 썼어요. 열심히 여기저기 다니면서 자폐아들을 돌봐요. 결혼은 했는데 아이는 안 낳겠대. 가끔 사진을 보내오면, 자폐아들하고 너무 행복해. 그 모습을 보면 '그래, 꼭 지 새끼여야 할 필요는 없으니까', 이런 생각이 들어요.

우리 아버지는 딸들을 정말 사랑하셨고, 아들과 딸을 구별하지 않으셨어요. 그래서 남녀 차별 같은 걸 전혀 집에서 느끼지 못하고 자랐어요. 그런데 시댁에 가니까, 시할머니 시고모까지 다 사는 집인데, 남자들은 손 하나 까딱 안 하더군요. 명절 때도 여자들만 집안일을 하고. 음식 다 차려 놓으면 어른 남자들이 다 먹고 그다음에 애들이 와서 먹고 그다음에 여자들이 가서 남은 음식들을 먹는 거예요. 나는 죽어도 그걸 못 먹겠더라고.

시댁에서는 그렇다고 치고, 남편과 내가 따로 살 때도 처음에는 남편이 밥을 다 먹으면 손을 탁 털고 일어나더라고. '아, 이때 이야기 안 하면 안 되겠구나' 싶어서 이렇게 말했어요. '당신, 밖에서는 굉장히 진보적인 생각을 가지고 있는 사람이 집에서는 왜 봉건적인 잔재를 그대로 답습하려고 하느냐'고, '내가 부엌일은 더 능숙하고 빠르게 할 수 있어서 하지만, 밥을 먹었으면 최소한 설거지는 해야 되는 거 아니냐'고. 그랬더니 얼굴이 빨개지더라고. 그 뒤부터 지금까지 설거지는 항상 남편이 해요. 청소도 남편이 하고. 근데 우리 시할머니하고 시어머니가 우리 집에 왔을 때 남편이 무심코 설거지를 했다가, 아휴, 내가 얼마나 혹독하게 당했는지 몰라.

　오늘을 사는 젊은이들한테는 미안해요. 어느 날 내가 강의를 끝내고 나와 보니 이화여대에서 나한테 배웠던 제자 하나가 강의실 밖에 서 있는 거예요. 이 아이는 언론 쪽 공부를 한 아이인데. 그래서 '어, 웬일이야?' 그랬더니, '선생님!'이라고 하면서 막 우는 거야. '어, 왜 그러니?'하고 물었더니 언론고시를 여러 번 봤는데 다 떨어졌다는 거예요. 지원자 이천여 명 가운데 남자 둘 뽑고 여자 하나 뽑고, 어쩔 때는 남자만 뽑고. 자기는 마지막에 떨어질 때가 많은 거야. 이런 이야기를 하면서 막 우는데, 뭐라고 할 말이 없더라고. 그래서 '나랑 걸을래?'라고 하고 봉원사 쪽으로 같이 걸어가는데, 자괴감이 느껴지는 거예요. 우리는 대학 졸업하면 그래도 취직은 할 수 있었잖아요. 근데 요즘 젊은이들은 취직하기가 너무 힘들잖아요. 사실 나이 든 사람들의 책임이잖아요. 같이 걸으면서도 아무 말도 안 했어. 그리고는 '미안하다, 미안하다' 그랬어요. 나는 젊은이들한테 용기를 줄 자격도 없고, 이래라저래라 할 자격도 없어요. 그런 말을 어떻게 해. 너무 미안해. 이론적으로는 어쩌고저쩌고 이야기할 수 있겠지. 근데 나는 그런 게 너무 미안해. 그래서 이 질문 받고 난 너무 힘들더라고. 그래도 부끄럽지만 조금 이론적으로 답변을 마무리해 볼게요.

　여성들이 처한 삶의 현실은 획일화될 수 없으므로, 여성주의 이론을 구성하는 것은 어떤 단일하고 획일적인 입장이나 적합적인 체계가 아니라 다양한 접근과 방법을 제시해야 하지요. 그러나 여성주의 이론은 여성 억압에 대한 설명과 이 억압을 제어하기 위한 해결책을 제시하고 대안을 모색한다는 핵심적인 관점을 공유하긴 해요. 여성 중심적 이론과 여성주의 이론 사이에는 분명히 근본적인 차별성이 있어요. 여성들 편에 서서 논쟁하고 투쟁하는 정치적·사회적·학문적 운동의 관점과 전망에 근거하는 것이 여성주의 이론이야. 그러나 여성 중심적 이론은 여성이라는 존재의 생물학적 상태에 기반을 둔 이론으로 그칠 수 있어요. 그런데 결국 여성주의 이론을 여성주의적으로 만드는 것은 여성 억압에 대한 인식과 그에 대한 저항을 공유한다는 사실이에요.

사회적 구성물로서의 성별에 의해 여성이 당하는 억압의 양태와 방식이 다양하고 복합적이라는 사실에 입각하여 서로 다른 문제들이 강조되어야 하고 핵심적으로 다루어져야 한다고 생각해요. 그리고 여러 가지 가치 이념들에도 불구하고 모든 사람이 억압과 종속 없이 자기 삶의 주인이 되기 위해서 필요한 입장을 정하는 것은 초역사적인 어떤 무슨 정언 명령이 아니라 하나의 선택이며 결단이라고 할 수 있겠죠. 그래서 이러한 '입장 정함'이 선행되어야 하는 우리는 그것들을 '억압에 저항하는 일체의 실천에 객관적인 기준을 제공해주는 척도'로 삼을 수 있어요. 우리들 각자의 구체적인 삶의 상황과 조건이 서로 다름에도 불구하고 주관주의나 원자적 개인주의를 넘어설 수 있는 '역동적인 같음'을 찾을 수 있는 여지는 이러한 가치의 공유에 있지 않을까 하고 생각하는데요.

사실 저는 앞으로 여성주의 운동이 생태론과 평화운동에 참여해서 더불어 사는 사람들 사이의 협동 및 환경과 조화의 협동을 증진시키고 촉진시키기 위한 생산적 활동들을 해야 하지 않을까라고 생각해요. 여성이 어디에 서 있느냐에 따라 전쟁과 평화에 대한 사유가 다르고 활동이 다르지만, 여성은 가부장적 담론 규범에 구속된 여성이 아닌 스스로 여성 되기를 선택하고 새로이 자신을 만들어 가는 여성이어야 한다고 생각해요. 그래서 여성들의 평화운동은 단순히 전쟁을 반대하는 것이 아니라 전쟁 체제와 은밀히 내통하는 모든 차별적 구조와 권력 관계에 저항해야 한다고 생각해요.

최근에 어떤 젊은 여성 운동가의 이야기를 읽었어요. 이 여성은 지리산 쪽에 있는 대안학교의 교사예요. 영어도 가르치는데, 이 친구가 아마 그 대안학교 학생들을 상대로 기후 변화에 대해서 강의를 했나 봐요. 그랬더니 반응이 좋아서, 그 뒤로 이런저런 단체로부터 계속 강의 요청을 받았대요. 교사 생활

하랴, 외부 강의하랴, 너무 바쁘게 살다 보니까 습진이 어느 날 갑자기 막 번져서 손에서 진물이 나고 너무 고통스러웠대요. 어떤 한의사가 '모든 걸 다 내려놔라'고 해서 기후 변화에 관한 강의도 다 끊었더니 차츰 몸이 나아졌대요. 그 무렵 자기 집 앞에 있는 조그마한 강에 가서 하염없이 앉아 있는데, 거기에 철새들이 확 날아오르는 걸 보면 그 역동적인 게 너무 좋았대요. 거기가 쓰레기 매립지래요. 그 악취 나고 좋지 않은 환경 속에 내려앉는 그 철새들을 보면서 마음이 쓰였던 것 같아요.

그리고 조금씩 나아지면서 기후 위기 활동가들을 위한 세계적인 워크숍에 참가했는데, 자기는 영국 할머니 한 분과 모둠이 되었대요. 이분이 그 할머니한테 이 이야기를 한 거야. '강을 보는데요, 쓰레기 매립지에서 새들이 날아오는 걸 보면 한편으로는 좋으면서도 한편으로는 너무 슬퍼요.' 이렇게 이야기를 하니까 그 할머니가 '강의 마음을 함께 느끼는 거 아니에요?'라고 말하더래요. 나는 거기까지만 읽고 그다음 부분을 보기도 전에 울컥하더라고요. 우리의 몸도 많은 부분이 물로 되어 있잖아요. '강의 마음을 함께 느끼는 거 아니에요?'라는 그 할머니의 말을 들으면서 이 사람이 막 울었다고 해요.

해월 선생님은 새들의 소리 속에서도 하늘의 소리를 듣잖아요. 옛날 어른들 중에는 그런 분들이 많으셨죠. 이 친구는 계속 환경운동하면서 그런 것들이 그냥 보이지는 않았겠죠. 그러고 나서는 그 강에 가도 더 이상 슬프지 않았대요. 이 경험을 통해서, 슬픔을 느끼는 방향으로 가는 것은 항상 옳은 방향임을 느낄 수 있었다고 해요. 그래서 나는 결국 여성운동의 마지막 방향은 평화운동, 환경운동, 생태운동이 되어야 하지 않겠나 하고 생각해요. 우리가 결국 지향해야 할 가장 중요한 가치는 생명이에요. 생명을 살리는 일. 이웃의 뭇 생명들은 우리에게 끊임없이 생명을 주잖아요. 우리는 뭇 생명들에게 기대어 살면서 한 번도 감사함을 느끼지 못하고 뭇 생명들에게 나를 내어주지도 못해요. 이건 상호 소통이 아니잖아요. 항상 일방적인 것이지요.

인간뿐만 아니라 이웃 생명들까지 함께 살아갈 수 있는 대안이 무엇인지 항상 깊게 고민하면서 살아가야 해요. 우리 여성들은 평화와 생명에 관한 것을 더 많이 이렇게 느낄 수 있는 것 같아요. 왜냐하면 여성은 생명을 내 안에 품고 내 안에서 길러내잖아요. 그것은 바로 창조 행위와 연결되는 것이고요. 나는 여성들이 그러한 몸의 경험을 통해서 훨씬 더 신비에 열려 있다고 생각해요.

조성환 긴 시간 동안 인터뷰에 응해주셔서 진심으로 감사드립니다. 무척 성공적인 인터뷰였다는 생각이 듭니다.

차옥숭 보고 싶어서 설레는 마음으로 왔어요.

194

【인터뷰이의 에필로그】

사정이 겹치고 겹치는 바람에, 선생님께 질문지를 미리 드려놓고 한참이 지난 뒤에야 인터뷰가 이루어졌다. 심지어 나는 그 자리에 가지 못하였다. 조성환 편집인이 질문지에 적힌 나의 질문을 대신 읽어주었다. 인터뷰가 성사되기 훨씬 전에 질문지를 받아보셔서 그런지, 선생님께서는 질문마다 너무나도 자세한 답변과 깊은 고민을 들려주셨다. 조성환 편집인이 녹음한 4시간 분량의 파일을 새벽 1시부터 듣기 시작하였다. 조금만 듣다가 잠을 자고 다음 날에 마저 들어야겠다는 생각으로 음성파일을 듣기 시작하였는데, 새벽 5시까지 한 번도 쉬지 않고 녹음본 전체를 내리 다 들어 버렸다. 어느 대목에서는 역사가 통째로 다가오는 느낌이었고, 또 어느 대목에서는 희망과 위로를 전달받는 느낌이었다. 인터뷰를 정리하면서 이 기록의 제목을 '마음으로 눈물을 흘리는 종교학자'라고 붙이고 싶었다. 내가 인터뷰로 접한 선생님은 마음으로 우는 분 같았고, 그 마음의 눈물이 일어나는 방향을 따라 이끌리듯 걸어가는 분 같았다. 녹취를 글로 풀어내는 과정에서 선생님과 여러 번 통화하며 긴 이야기를 나누었다. 그러다 나도 운 적이 있었다. 선생님과 나는 따로 벚꽃 필 때 군산에서 만나 식사를 나누기로 하였다.

RE: READ

'한남 콘텐츠'는 어떻게 혐오를 부추기는가?

권수현

넷플릭스 <지금 우리 학교는>의 '서사'가 초대하는 폭력의 향연

(※ 이 글에는 스포일러가 포함되어 있습니다.) 포르노그래피의 목적은 시청자의 가학적 성적 쾌락을 극대화하는 것, 즉 시청자를 성적으로 제대로 흥분시켜 가학적 쾌락을 통한 만족감을 주는 것이다. 콘텐츠 제작 방향은 시청자가 가학적인 성 착취 장면을 즐기게 만들고, 그 맛에 그런 콘텐츠를 계속 찾게 만드는 것이다. 그래서 포르노그래피 제작자는 서사의 완성도나 설득력에는 공을 들이지 않는 경향이 있다. 한마디로, 포르노그래피의 서사에는 '성의'가 없다. 개연성 없고, 엉성하고, 어설픈 캐릭터와 플롯으로 대충 짜 맞춰져 있을 뿐이다. '서사'의 역할은 그 쾌락을 고조시키는 수단 혹은 배경 정도로만 의미가 있기 때문이다.

좀비 바이러스로 인해 끔찍한 재난 현장이 되어버린 고등학교를 배경으로 하는 학원 좀비물, 넷플릭스 콘텐츠 <지금 우리 학교는>은 시청자가 폭력적인 장면과 내용에 '즐겁게' 몰입할 수 있도록 고안된 시각적, 서사적 양식을 채택하고 있다는 점에서 일종의 '폭력의 카니발'이다. 이 콘텐츠에서 서사의 역할은 콘텐츠 소비자가 폭력 행위자를 동일시하거나, 폭력 자체에 동의하게 만들거나, 폭력 장면에서 쾌감을 맛보게 하는 데 맞춰져 있다. 이 콘텐츠의 캐릭터와 플롯은 시청자를 '폭력을 즐기는 주체'로 만드는 데 초점이 맞춰져 있기에, 몹시 노골적이고, 세련되지 못하고, 억지스럽다. 또한 폭력의 자연화(naturalization), 즉 시청자가 폭력을 폭력으로 인지하지 못하고 그것을 자연스럽게 받아들이게 만드는 기술을 총동원하고 있다. 이 콘텐츠는 시청자가 시각적, 서사적 폭력을 당연시하거나 통쾌하게 소비할 수 있도록 한국인에게 익숙한 혐오의 기술과 코드로 구성되어 있다. 내가 이 콘텐츠를 '한남 콘텐츠'로 명명하는 이유는 이 콘텐츠에는 한국 사회의 여성 혐오 문법에 따라 성차별적 여성 혐오와 남성 혐오 코드가 망라되어 있기 때문이다.

이 글에서는 성차별적 혐오를 부추기는 이 콘텐츠의 서사적 장치를 살펴보고자 한다.

【혐오를 유발하는 여성 캐릭터들】

1) 위대한 분노 유발자 어머니
모성 신화는 여성 혐오의 고전적 양식이다. 모성의 찬양/낙인(비난), 즉 규범적 모성은 찬양하고 그 틀에 맞지 않는 모성은 비난하는 프레임이 바로 그것이다. 모성 신화를 활용한 여성 혐오는 찬양 또는 비난 중 하나에만 집중하는 방식, 두 가지를 좋은 것과 나쁜 것으로 대비하거나 모호하게 섞어 쓰는 기술을 사용하기도 한다. 이 콘텐츠가 주로 활용하는 기술은 후자다. 예를 들면, 한 어머니가 재난이 발생한 학교로 아들을 찾아가는 장면이 있다. 이 장면은 자식을 위해 모든 것을 내어주는 '위대한 어머니'라는 모성 신화를 전제로 하고 있지만, 실제 이 어머니의 행동은 막무가내이며, 무모해 보이고, 짜증을 유발한다. 이 플롯에는 '위대한 어머니' 코드와 짜증/분노 유발자 '김여사' 코드가 뒤섞여 있다. 시청자가 이 어머니의 죽음을 예상하면서도 그다지 비극적인 느낌으로 와 닿지 않는다면, 그것은 '김여사 코드'의 효과라고 볼 수 있다.

199

2) 위대한 비행 청소년 어머니

이 콘텐츠에는 수많은 '문제' 청소년들이 등장하는데, 그런 인물은 모두 어떤 삶을 살아왔는지 그 배경이나 맥락이 소거된 채, '미혼모', '비행 청소년' 등 하나의 지점으로 수렴된다. 이 콘텐츠에는 많은 이들이 지적하고 있는 청소년 미혼모의 출산 장면이 포함되어 있다. 이 인물은 출산 직후 아기를 두고 나왔다가 감염병이 퍼진 것을 보고 아이에게 되돌아간다. 그리고 아이를 위해 자신을 희생한다. 혼자 아이를 낳은 그는 '비행 청소년-미혼모'라는 나쁜 모성의 자리와 결국 아이를 위해 자신의 모든 것을 내어주는 좋은 모성의 자리를 왕복하는 닫힌 캐릭터다. 결국, 그는 '폭력적인 공간으로서 학교'라는 이 콘텐츠의 '사회 비판 의식 코스프레'에 도구로 사용되어 전시된 수많은 캐릭터 중 하나일 뿐이다.

3) 남자의 기분을 상하게 하는 여자: 남성성을 훼손하는 여성 페르소나

'남성성의 훼손자=여성'이라는 집단 망상

가부장제는 남성 집단 내에서 남성을 위계화하고, 남성에게 지속적인 위협과 모욕을 가함으로써 유지되는 시스템이다. 성차별적 사회를 살아가는 '남자의 일생'에서 남성성에 대한 협박과 모욕의 주요 행위자는 다름 아닌 남성이다. 그런데 이 폭력적인 시스템을 이해하는 언어와 지적 역량이 결핍된 남성, 그 시스템에 적응하는 것 외에는 다른 생존 기술도, 상상력도 갖추지 못한 남성은 그 시스템에서 쌓인 억압, 분노, 무력감을 안전한/만만한 대상, 즉 여성에게 투사한다. 여성에 대한 직접적 공격, 여성에게 모욕을 당한 남성성이라는 집단적 망상의 표출, 한국 사회에서 남초 집단을 중심으로 창궐하고 있는 '여자사냥' 게임과 '사과받기' 프로젝트, 손가락=작은 고추 해프닝, 안산 선수에 대한 온라인 괴롭힘, '대림동 여경' 조작 사건, 다양한 버전으로 변이를 거듭하는 디지털 성범죄 등은 모두 이 현상의 일부다.

남성성의 훼손자 여성

이 콘텐츠에는 한국 남성의 집단적 망상이 투사된 인물이 등장한다. '남성성의 훼손자=여성'이라는 집단 망상은 그 캐릭터를 둘러싼 플롯에 살짝 가려진 방식으로 재현되어 있다. 이 콘텐츠에는 아무런 이유/맥락 없이 위악적인 인물들이 등장하는데, 고립된 생존자 무리에서 집단 내 분란, 갈등을 일으키면서 특정인을 노골적으로 욕보이는 한 여학생도 그중 하나다. 분란 유발자인 그는 동기 남학생 한 명을 이유 없이 괴롭힌다. 직접 남성성을 욕보이기보다는 그 남학생의 경제적 배경을 혐오의 재료로 삼는다.

 일견 이러한 재현은 여성 혐오로 보이지 않지만, 캐릭터 설정이나 사건 전개의 양상을 잘 들여다보면, 여성 혐오가 뚜렷하다. 남학생은 극 중에서 가난하고, 또 또래 중 키가 작고 몸집이 왜소하다는 '약점'을 갖고 있으나 착한 성격의 소유자이다. 그런데 이런 남학생이 예쁘고 싹수없는 여학생에게 속수무책으로 당하는 장면을 설정한 것, 이것이야말로 '한남이 원하는 그림'이다. 시청자에게 이 여학생을 응징하고 싶은 마음이 생긴다면, 이 콘텐츠 제작자의 여성 혐오 전략, 즉 일명 은근슬쩍 여성 혐오 부추기기는 성공한 것이다.

남성을 대신하여 여성을 처벌하는 여성

이처럼 은폐된 방식으로 여성 혐오를 실현하는 캐릭터를 내세운 방식과 더불어, 이 콘텐츠에서 활용하고 있는 기술/코드는 여성을 내세워 여성을 처벌하는 것이다. 이 콘텐츠에서 남성성의 훼손자로 만들어진 여성을 응징하는 인물은 또래 여성이다. 그것도 가장 똑똑하고 예쁜 여성을 통해서 남성의 심기를 건드린 여성을 찾아내고 응징하는 것, 즉 이런 식의 '손 안 대고 코 풀기'도 '한남이 원하는 그림'이다. 이 두 가지 그림은 여성에 대한 분풀이와 테러가 정상화된 한국에서 개발되어 창궐하고 있는 최신 여성 혐오 기술이다.

【여성에게 공감하는 '찌질한' 남성】

1) 남성 동성 집단의 남성 혐오 메커니즘

여성 혐오에는 여성을 대상으로 하는 방식과 남성을 대상으로 하는 방식이 동전의 양면처럼 공존한다. 이제 남성에 의한 '남성 혐오'에 주목할 필요가 있다. 남성에 의한 남성 혐오 중 가장 일반화된 것은 남성성을 줄 세워서 등급화하고, 기준에 부합하지 않는 '하위 남성성'을 비난하고, 깎아내리고, 조롱하고, 모욕하는 것이다. 남성 동성 집단의 성격에 따라 혐오의 양상은 다르지만, 공통점은 원하지 않는 행동을 하는 남성에 대한 비난과 폄하, 조리돌림이다. 페미니즘, 여성 인권 이슈에 관심이 있는 남성은 동성 집단 내에서 '여자에게 잘 보이고 싶어서' 남성에게 등을 돌리는 배신자라는 낙인이 찍힌다. 집단 내에서 왕따가 될 수 있다는 두려움이 충만하다면, 친한 친구 사이에서 '너 혹시 페미니스트야?'라는 가벼운 농담만으로 여성 인권 친화적 남성을 여성 혐오자라는 '제자리'에 돌려놓을 수 있다.

2) 여자에게 잘 보이고 싶은 = 찌질한 남성

여성에게 동일시하거나, 여성에게 공감하거나, 여성에게 인간적 마음/진심을 품은 남성 역시 조롱의 대상이다. 그런데 그런 남성이 외모, 학력, 경제적 자원, 인품, 평판, 인기 등 어떤 측면에서건 가진 것이 많거나 '괜찮은 남성'이라면, 조롱이 효과가 없을 뿐 아니라 조롱 행위자의 '가오'가 서지 않는다. 그래서 그 남성을 '제자리'에 되돌려 놓는 방식 중 하나는, 집단적 괴롭힘/폭력을 통해 '언더독'으로 굴복시키는 것이다. 또는 그 남성에게 '찌질한 놈'이라는 '열등한 남성성'의 낙인을 찍어 평판을 떨어뜨리기도 한다. '여자들에게 잘 보이고 싶어서' 남자에게 등 돌리고 배신하는, 남자로서 품격 떨어지는 '찌질이'라는 것이다. 이것이 여성 혐오 콘텐츠, 넷플릭스 드라마 <지금 우리 학교는>이 사용한 남성 혐오 기술이다.

이 콘텐츠에는 한 여학생이 동기 남학생들에게 집단적 괴롭힘, 불법 촬영과 유포 협박을 당하는 장면이 포함되어 있다. 기꺼이 그 폭력에 동참하는 무리와 다른 결을 가진 남학생이 있다. 그는 피해 여학생에게 동일시하고, 공감한다. 그것은 그가 단지 그 여학생을 좋아하기 때문만이 아니라, 폭력과 범죄에 대한 윤리 의식과 도덕 감정을 갖춘 인물이기 때문으로 보인다. 이른바 '쎈캐(쎈 캐릭터)', 즉 아무런 이유 없이 극단적으로 난폭하고 잔인한 캐릭터들이 활개 치는 이 콘텐츠에서, 여성 피해자에게 동일시하는 남성은 결국 끝까지 '찌질한 놈'으로 처리된다. 그래야 시청자들이 여성 혐오에 동의하기 쉽기 때문이다.

넷플릭스 드라마 <지금 우리 학교는>은 시청자가 폭력을 즐기는 일에 동참하게 만든다. 여성 혐오 프레임의 이면, 남성 혐오를 읽어내는 일, 그 작업이 중요한 이유는 각자의 위치에서 여성 혐오 생태계의 일부가 되지 않기 위해서이다. 청소년 및 젊은 성인 남성 대상 디지털 성범죄 예방 교육 경험자 인터뷰를 해 보면, 이들에게 여성의 피해를 설명하고 공감을 불러일으키는 전략이 효과가 없다는 말을 자주 듣는다. 왜 그런지 그 이유를 짐작해 보자면, 이들이 남성 집단 속에서 여성과 소수자에 대한 '탈동일시'를 거쳐 생존했기 때문이다. 여성을 혐오하지 않으면, 그리고 동료 남성을 비하하지 않으면, 안전하지 않은 생태계 속에서 살아 왔기 때문이다. 모두가 안전하게 살아가기. 그것이 한국 사회가 여성 혐오를 해결해야 하는 이유다.

【혐오에 동의하는 주체 만들기】

1) 분노 유발자 여성에 대한 응징
겨우 살아남은 이들이 좀비를 피해 은신처에 숨어 있는 상황에서, 동료를 위험에 빠뜨리고 집단 내 갈등/분란을 유발하는 자는 모두 여성이다. 이들이 일으키는 분란에는 대체 왜 저러는지에 대한 '맥락/배경'이 부여되지 않는다. 그저 '매를 부르는' 캐릭터일 뿐이다. 캐릭터 설정의 지향점은 이렇다. 시청자가 이 캐릭터에게 느끼는 짜증과 분노는 회를 거듭할수록 점점 고조되다가, 이 캐릭터를 싫어하게 된다. 이 캐릭터가 극 중 악당에 의해 처형당하듯이 공격당할 때 후련함을 맛보게 되는, 그런 식의 플롯이다. 즉 이 캐릭터가 폭력을 당하는 국면에서 시청자는 그 폭력 행위자에게 동일시하여 그 행위를 즐기게 되는 것이다. 즉 시청자는 그런 방식으로 분란 유발자 여성에 대한 혐오 폭력에 동의하게 된다.

2) 여성 피해자에 대한 탈-동일시

이 콘텐츠는 시청자가 여성 피해자에게 공감하지 않게 만드는 방식으로 캐릭터를 설정한다. 이 콘텐츠는 같은 학교 학생들 사이에서 벌어지는 집단적 괴롭힘과 고문, 불법 촬영 및 유포 협박 장면을 적나라하게 보여준다. 그리고 피해 여학생이 재난 속에서 위악적 인물로 변해 가는 모습을 보여줌으로써 시청자가 그 인물에게 가졌을 연민이나 공감을 거두게 만든다.

3) 정의로운 남성 캐릭터의 '아싸'화

"너 혹시 쟤 좋아하냐?"

직장 내 성희롱에 대해 남성이 문제를 제기하면 흔히 듣는 말이다. 성희롱 행위자와 동조자는 그 행동이 잘못임을 알려주는 사람의 마음을 심문 또는 폭로함으로써 두 가지 효과를 얻는다. 첫째, 그 사람의 마음을 구경거리로 전시하고 자율성을 박탈하는 것. 둘째, 성희롱을 윤리와 분리하여 문제의식을 와해/무력화하고, 목소리/언어를 빼앗는 것. 성희롱 장면이 불쾌한 이유가 피해자를 좋아하기 때문이라고 전제하면, 그 행위에서 누구나 '옳지 않음'을 발견할 권리를 박탈할 수 있다. 즉 문제의 행동에 대한 보편적 판단의 기회를 소거하는 것이다.

이 콘텐츠에는 집단적 괴롭힘과 불법 촬영 장면이 포함되어 있다. 가해자는 동조하지 않는 남학생에게 이렇게 묻는다. '너 혹시 쟤 좋아하냐?'고. 같은 학교 동기 여학생을 괴롭히고, 강제 촬영에 가담하지 않은 남학생은 그 여학생을 좋아하는 것으로 설정되어 있다. 한남 제작자의 상상력에는 '여성 피해자를 좋아하지 않으면서 문제의식을 느끼는 남자'가 들어설 자리가 없다. 문제는 이 콘텐츠가 그 남학생을 '아싸(아웃사이더)-찌질이'로 설정한다는 데 있다. 그렇게 되면 시청자가 찌질한 캐릭터에 동일시하기 어렵다. 결국, 그렇게 극 중 가해자들은 윤리적 시선에서 벗어나게 되는 것이다.

좀비 장르에서는 살기 위해 죽여야 하는 가상의 재난 상황을 통해 옳고 그름의 경계가 모호해질 수 있다. 그러나 좀비 드라마 중에는 시청자가 선한 의지를 가진 인물에 동일시하도록 설계된 문법 구조를 유지하는 경우가 더 많다. 넷플릭스 드라마 <지금 우리 학교는>, 이 콘텐츠는 외견상 선악 구분을 유지하는 것처럼 보이지만, 수많은 익숙한 혐오 코드와 기술을 활용하여 시청자를 폭력과 혐오의 향연으로 끌어들인다.

【혐오를 수출합니다 : 'N번방'으로의 초대】

통상 성범죄에서 청소년과 성인 가해자의 행동 패턴은 다른 경향성을 띤다. 청소년 성범죄는 집단적 공모로 발생하는 한편, 성인 남성에 의한 성범죄는 단독으로 발생한다. 이것이 전 세계적으로 공통된 성범죄 양상이다. 그런데, 한국의 디지털 성범죄는 이 보편적 경향에서 벗어난다. 디지털 성범죄는 청소년과 성인 구분 없이, 온라인과 오프라인의 경계를 오가며, 조직적, 집단적 공모를 통해 이뤄지며, 그러한 프레임 속에서 점점 더 잔혹해지는 양상으로 진화하고 있다. 이 콘텐츠가 대단히 위험한 이유는, 좀비 감염병이라는 가상의 재난 상황을 이용하여 시청자가 폭력과 혐오를 정당화하고 즐기게 만드는 방식으로 서사가 설계되어 있다는 점, 무엇보다 전 세계적 파급력을 가진 플랫폼, 넷플릭스의 콘텐츠라는 점이다.

감염병이 전 세계적으로 유행하면 인류 전체가 위태로워진다는 것을 우리는 이미 코로나19를 통해 깨달은 바 있다. 이 콘텐츠가 전 세계적으로 아무런 비판 없이 흥행하면, 한국인으로서 자부심이 높아질지 모르겠지만, 그만큼 한국식 여성 혐오를 전 세계로 수출하는 것이라는 점을 분명히 인식해야 한다. 디지털 성범죄의 허브 국가, 'N번방의 나라' 한국에서 만들어진 이 콘텐츠는 정상성을 가장한 폭력과 혐오의 바이러스를 세계에 전파하는 거대 숙주다. 이런 유의 콘텐츠가 아무런 비판 없이 유통되는 세상에서 우리의 삶은 갈수록 잔혹해지리라는 우려는 비단 나만의 것일까.

권수현

◆ 페미니즘/문화 이론을 공부했고, 영화와 그림책을 좋아합니다. 대학에서는 젠더와 가족/문화/친밀성/폭력, 여성과 소수자 등의 과목을 강의했습니다. 저의 핵심 키워드는 '난민 의식'입니다. '난민의 영혼'이 저를 여성 운동, 페미니즘, 문화 이론의 세계로 이끌었고, 앞으로 그간의 다양한 활동 경험을 바탕으로 페미니즘 문화 이론과 분석 방법을 쉽게 소개하는 글을 쓰고 싶습니다. 특히 어린이를 위해서 다양하고 평등하고 안전한 생태 문화 환경을 만들어 나가는 일을 하고 싶습니다.

다시 있다

RE: CONNECT

활동으로부터 초월로

전 인간의 연화(軟化)를 구제하고 치유하는 한 방안으로

김기전

현대어역 김명옥

『개벽』, 제20호, 1922.2.8

【1. 들어가는 말】

누구나 생각하는 바와 같이 이 우주 사이에 가득히 찬 원질(原質)은 잠시도 그대로 있지 못하고 무슨 원인에 의해서든 혹은 무슨 방법으로든 늘 유동하되 그 원질은 때로 교묘한 구조 속에서 다소의 기능을 가지고 나타나나니, 우리는 그 구조의 실체와 그에 짝한 기능을 아울러서 '생(生)'이라 칭하며, 그 기능 혹은 생물(生物)이 소유한 신수(神髓)의 전부를 '생(生)'이라 칭한다. 이와 같이 생(生)은 그 자체의 생성(生成)에 있어 일종의 비약—무생으로부터 유생에—이다. 그리고 '생'은 광의의 것과 협의의 것으로 나누어 볼 수 있는데, 이 글에서 논의하고자 하는 것은 그중에서 가장 협의인 사람의 생을 의미한다.

현대의 사람마다 그 부르짖는바 말은 다르고 그 취하는바 방식은 같지 아니하나 그 중요한 의의는 다 같이 자기 생의 확충이니, 생의 확충은 실로 현대사상의 중추이며 기조이다. 그러면 생의 확충이란 무엇이냐? 생(生)이라는 것은 사람 각자가 가진 개성(個性)의 다른 이름이며, 개성이라 하는 것은 요컨대 개인의 신체 조직에 유숙(留宿)하는 일종의 힘이 역학상의 법칙에 지배되는 것에 지나지 않는 것이다. 힘은 반드시 동작이 되어 나타나는 것이니, 왜 그러냐 하면 힘의 존재와 동작은 꼭 같은 의의가 있기 때문이다. 따라서 힘의 활동은 피할 수 없는 것이다. 이로써 보면 생의 필연의 논리는 그 개체에 활동을 명(命)하며 다시 그 활동에 의해서 생(生)을 연마하며 발휘하며 확충하나니, 요건대 활동은 생이 피하지 못할 운명이다.

【2】

우리가 봄날 저녁이나 여름날 아침에 해변 혹은 강변을 산보하다 보면 곧 고기 무리가 노는 모양을 볼 수 있을 것이다. 보면 어떠하던가. 그들은 혹은 수면에 뜨고 혹은 물속에 잠기며, 혹은 가고 혹은 와서 유유 자재한다. 그러나 한번 먹을 것이 수면에 가까워 오는 것을 발견할 때나 혹은 어부의 그물이 사방에 드리워지는 것을 눈치 채면 크게 날뛰어 수면을 벗어나서 그 먹을 것을 취하거나 그물을 벗어나니, 생명력의 충동을 스스로 못 이겨 자유롭게 부침(浮沈)하는 전자의 것이나, 경우의 시킴을 받아 정신일약(挺身一躍)하는 후자의 모양이나 고기의 활동이기는 다 한가지로되, 그 활동의 정도와 또는 그 활동이 고기 자신에 끼치는 영향은 전후의 것이 크게 같지 아니함을 알 것이다.

　생명을 가진 사람은 누구나 다 같이 호흡하며 기거하며 대화[談話]하며 삶을 경영[營營]하나니, 이것이 모두 활동이다. 왜 그러냐 하면 활동이라는 것은 생명력이 필연으로 발작되는 그것을 비유적으로 표현함에 불과한 것인바, 호흡-기거-담소 등은 다 같이 생명력의 직접 발작에서 나오기 때문이다. 그러나 생명을 가진 사람은 이와 같은 일상의 활동을 행하는 이외에 때로는 산을 오르고 바다를 건너며[挾山超海], 뜨거운 물에 뛰어들고 불을 밟고 지나가는[赴湯蹈火] 것과 같은 통쾌하고 굉장한 일을 감히 계획하며 능히 실행하니, 이것도 물론 우리 사람의 생명력의 발현에서 나온 활동의 일종임은 사실이나, 우리에게 주는 영향—효과—이 매우 크다는 점에서는 저 기거-음식하는 등의 일상 활동과 똑 같은 것으로 논의치 못할 것이 분명함을 알 것이다.

이 어찌 기자의 설명에 따라서 짐작할 것이리오 마는, 우주의 시작은 혼돈한 일기(一氣)뿐이었다. 이 일기가 긴 세월을 유동하며 또 유동하는 중에 스스로 중심을 구(求)하는 회전운동이 생겨서 수많은 별[星宿-항성과 행성: 역자주]이 조성되고, 별들은 다시 별들로서의 유동이 있어서 수많은 변화가 오히려 생기는 오늘날이라. 우리가 거주하는 이 지구는 그 별들 중의 하나로서 일찍이 수많은 유동을 거듭하여서 제일 먼저 하등생물을 탄생하였으며, 이 생물은 각각 자기의 생명력을 발휘하여, 다시 말하면 스스로 활동하여 고등생물이 되고 다시 인간이 되었다. 이로써 보면 이 우주에는 영겁(永劫)에 비추는 일종의 진전작용이 있을 뿐이며, 그 작용은 무생물에서는 유동의 형식으로 나타나고, 유생물에서는 활동의 형식으로 나타나되, 빛과 대기와 물은 직접으로 운동하며 기타 무생물은 이 삼자의 유동에 짝하여 간접으로 유동한다.

그런데 여기에 한 가지 이상한 일은 생물—중에도 고등생물—에 있어서, 그 생물의 생명력의 충실은 그 활동의 양식이 이따금 상식[常道]을 초월하는 기적을 나타내는데, 앞에서 말한 어류의 수면 탈출과 인간의 부탕도화(赴湯蹈火) 같은 것은 그 예의 하나이다. 그런 중에도 어류나 기타 동물은 그의 선천적 식욕 혹은 밖으로부터의 위기에 임박했을 때만 겨우 그러한 기적을 나타내는 데에 불과하지만, 우리 인간—인간 중에도 특히 비범한 인간은 능히 자기의 의지로 그와 같은 기적을 나타내되 조금도 구차[苟苟]한 태도가 없나니, 우리 사람의 여러 가지 활동 중에도 그러한 종류의 활동을 일컬어 '초월(超越)'이라 이름하며, 사람들이 이 초월을 감행하는 곳에서 일찍이 보지 못하던 크나큰 진전과 무한한 위대(偉大)가 있으리라 한다.

【3】

우주가 한 큰 항아리라고 한다면 만물이 한 덩어리 금(金)이며, 조화가 한 큰

대장장이라면 운동이 한 쇠망치이다. 이 쇠망치의 첫 운동이 유동이며 그다음이 활동이며 이 쇠망치를 가장 유효하게 운용하게 할 방법이 이 글에서 역설하는 소위 '초월'이라는 것이다. 그래서 이 우주의 심령(心靈)은 이 운동의 반복과 더불어 커지며 연단(鍊鍛: 쇠가 단련됨)되며, 현명(賢明: 어질고 사리에 밝음)하여 가나니 유동으로부터 활동, 활동으로부터 초월에 이르는 것은 우리 생물이 생겨나고 성장하는 경로인 동시에 우주 성장의 경로이며 그중에도 초월은 우리 인간—인간 중에도 특수한 인간에 이르러 비로소 발견한 운동법이다.

그러나 유동, 활동, 초월의 3자는 그 사이에 어떠한 맥락의 연계를 찾을 수 없는 별도의 사물은 아니다. 그 실상을 말하면 유동의 극단[極]이 활동이며, 활동의 극이 초월이다. 그래서 이 3종의 운동은 상수상자(相須相資: 서로 원인이 되고 서로 근거가 됨)해서 진전의 대도(大道)를 수행하고 있는 셈이다. 이는 (1) 크게 지구 전체를 보아 그러하니 빛[光]과 기(氣)와 물[水]은 유동하고, 일반 유기물은 활동하고, 특수한 인간은 초월하며 (2) 작게 인간의 일신을 보아 그러하니 혈액은 유동하고, 수족은 활동하고, 심령은 초월하여 있는 셈이다.

어찌 슬프지 아니하리오. 오늘까지의 일반 인간은 이 초월을 행하지 못하였으며 초월을 말하지 못하고 스스로 시들어 갔으며 스스로 모질어져 갔다. 성인·위인이라는 일부 특수 인간이 때로 초월의 기적을 나타내지 아니한 것은 아니지만 이것이 보통 사람의 범례가 되기는 너무 부족하였으며 보통 사람은 그것이 일반인이 시도하여 미치지 못할 바라고 하여 아주 단념하고 말았다.

그러나 초월은 결코 특수한 인간에게만 말하여 깨우칠 수 있는 고원난행(高遠難行: 높고 멀어서 도달하기 어려운 길)의 가르침이 아니요, 부인, 어린아이, 기타 일반 노동자까지 실행을 재촉하여 성취할 수 있는 가장 쉽고 또 간단한 것이다. 왜 그러냐 하면 초월은 활동과 동음이의어[同曲異調]인 동시에 활동에 취(醉)하는 때는 스스로 초월을 행하게 되는 까닭이라. 이것은 마치 프로펠러가 전속력으로 회전하면 비행기는 스스로 지면을 탈출하게 되는 것과 같은 이치이다. 즉 평상의 활동에서 치기(稚氣), 가면(假面), 작위(作爲) 등의 너저분한 작태를 일소하고 자기 심령의 전부로써 감당하면 그 감당하는 그때 곧 초월을 체행[行]하게 되는 것이다.

　나는 눈 많이 내리는 어느 날 아침 어떤 곳에서 어린 남자 한 사람이 노는 모양을 보았다. 그는 한울을 우러러 끊임없이 내리는 눈을 점점이 쳐다보더니 눈이 7촌 가량 쌓인 땅에 벌떡 드러누우며 네 활개를 떡 벌리고 눈을 휘적거리며 웃음이 얼굴에 가득하였다. 내가 유심히 그를 볼 때 그는 빙그레 웃으며 "내 모양이 어떻습니까?" 하였다. 그 소년은 그 순간에 있어 완전히 초월을 행한 것이다.

　이것은 내가 사실로 본 것이 아니요 글로 써 본 말이다. 러시아의 어떤 농군 한 사람은 자기 담배쌈지의 배가 홀쭉한 것을 보았다. 속을 뒤집어 보아도 담배 부스러기 하나 남지 아니하였다. 농군은 그 쌈지를 바다에 던져 버렸다. 바닷물은 그 쌈지를 받아가지고 해안으로부터 얼마큼 먼 곳까지 갔으나 그 선물이 빈껍데기인 것을 보고 그만 성을 내며 도로 해안까지 쫓아 보냈다. 이를 본 농군은 노기등등하여 "네가 그것이 쓸데없다 하는 수작이냐? 쓸데가 있든지 없든지 좌우간 그것은 네 것이니…" 하며 그는 그 젖은 쌈지를 집어내 그 속에 조약돌을 넣어서 멀리 바다에 던졌다. 그 농군은 그 순간에 완전히 초월을 행하였다.

　마호메트의 이산이수설(移山移水說)은 당시 여러 제자가 선앙(羨仰-우러러 사모함)하는 표적이 되었다. 하루는 여러 제자가 마호메트의 앞[門]에 나아가 이산이수의 영적 보여주기를 청한즉, 그는 쾌히 허락하고 문득 문 밖에 나서며 자기 집 맞은편에 있는 남산을 향하여 "내가 그대에게 이곳까지 걸어올 것을 말하노니 그대여 이에 응함이 있으라." 하였다. 그러나 그 남산은 묵묵히 말이 없었다. 이때 그는 여전히 좋은 말로 "그러면 오늘은 사고(事故)가 있어 못 오겠다는 말이지? 그러면 내가 가지." 하며 훨훨 달려 나갔다. 제자들은 묵묵히 그 뒤를 쫓을 뿐이었다. 성자(聖者)를 따르는 범인(凡人)의 태도 그대로 마호메트는 그때 있어 완전히 초월을 행하였다.

초월은 이러한지라. 그의 앞에는 인순(因循-머뭇거리고 선뜻 내키지 않음)이 없으며 주저가 없으며 패뉵(敗衄-승리하지 못하고 패배함)이 없나니, 세상[世間]에 완전한 승리는 초월의 한 가지[一事]가 있을 뿐이다.

【4. 죽음과 초월】

죽음! 얼마나 좋은 이름이냐. 백년에 차지 못하는 짧은 시일의 기간에 손 힘, 발 힘, 피의 힘, 머리의 힘을 다하여 자기표현이라는 한 가지 일에 온 힘을 다 하다가 그 손, 그 발, 그 피, 그 머리의 힘이 족히 감당하지 못함을 발견하는 때에 쾌히 그것의 전부를 드러나게 하여 표현의 사공(事功)을 촉진하는 그 태도! 세상 말대로 하면 죽음, 우리말대로 하면 초월! 과연 얼마나 좋은 이름이냐.

위에서 말한 것과 같이 쓸쓸하기가 찬 재[灰]보다도 심한 우주의 티끌―그 추조(醜粗: 더럽고 조악한)한 원질―은 다만 유동·활동이 부쳐주는 따뜻한 정[溫誼]에 적셔져서 이만한 생명을 가진 인간이 되기에 이르렀으며, 다시 무궁의 발전을 영원에 계속하게 되는 수단으로서 우리는 '죽음[死]'이라는 한 방법을 취하게 되었다. 즉 인간의 몸이 직접 자기의 생명력을 표현하지 못하거나 혹은 표현할 수 없는 경우를 만날 때, 또는 인간의 심정이 자기표현으로 나타나는 기쁨의 온 감정을 감상할 수 없을 때는 이 몸뚱이[形軀]를 우주의 큰 항아리[大鑪]에, 이 심정을 주위의 형제에게 던져서 이에 동반하여 일어나는 가장 엄숙한 파문(波紋), 가장 기쁜 방기(放棄)로서의 건곤일척의 대이동을 야기하나니, 이러한 의미에서 죽음은 그 자체가 초월이다.

그러나 세상의 보통 사람은 많이 죽음의 의미를 알지 못하고, 죽음을 생의 끝장[終局]이라 하여 슬픔과 공포로 죽음을 맞이하는지라, 초월은 고사하고 그만 죽음에 압박되어 일생의 승리가 그 순간에 희생되고 박탈되고 마나니, 그리되는 개인 그 자가 불행한 것은 물론이고 그로 말미암아 전 우주의 심령이

다치고 부서지며, 모든 생물의 진전이 저희(沮戱: 남을 지근덕거려 방해)됨을 어찌 하리오. 다행히 고왕금래(古往今來)에 뛰어난, 순수한 몇 사람이 있어 겨우 한 줄기의 광명을 전하였나니 이제 죽음과 초월의 실례를 말하기를 겸하여 두어 사람의 최후의 일을 보이면 이러하다.

로마의 철학자 세네카는 당시 로마인의 사치음일(奢侈淫佚: 사치하고 음탕, 방일함)을 미워하고 극기복례의 엄정한 철학을 숭봉하여 실천궁행하는 사람으로 그 이름이 당시 세상은 물론 이후 세상에 높은 것은 일반이 잘 아는 바이어니와, 그가 반역 혐의로 당시의 폭군 네로 황제의 노여움을 사서 네로가 곧 그[세네카]에게 죽음을 명하고, 당장 실행할 것을 강제하였다. 세네카는 이에 조용히 명을 받고 당시 관습에 의하여 그 손의 혈관을 자르고 죽음에 이르는 출혈을 기다렸는데 그 처가 간절히 순사(徇死)하기를 청하여 그와 같이 혈관을 잘랐다. 그런데 세네카는 노년이요 또 거친 밥 먹기를 해 온 결과로 출혈이 적어서, 다시 다리의 혈관을 잘랐으나 오히려 여전히 시원치 못하므로, 또 다시 독약을 마시고 출혈을 재촉하고자 욕실에 들어가 따뜻한 물에 목욕하기를 시도하였다. 보통 사람은 이 참담·음울한 광경과 상황을 생각만 하여도 코가 시큰하겠거늘 그는 그 현장에 있으면서 안색이 태연하여 그 주위에 울고 있는 친구들과 제자에게 철리(哲理)를 설명하여 그치지 아니하고, 손으로써 그 피 섞인 탕수(湯水)를 사방에 뿌리며 가르되 "이는 우리에게 자유를 준 주피터 신에게 받드는 관제(灌祭, drink offering)"라고 하며 드디어 눈을 감았다.

이러한 일은 멀리 로마까지 갈 것 없이 우리 조선의 철학자 중에도 그 예가 적지 아니하니, 고려조의 정포은, 이조의 육신[死六臣]과 같은 어른은 덕이 높은 분이라 물론이요, 지난 갑자(甲子, 1864) 3월에 대구장대에서 명(命)을 바친 동학의 원조 최수운 같은 어른은 형을 받기 바로 전에 형리에게 말하여 청수한 그릇[一器]을 받들고 조용히 심고(心告)를 행한 후 참수대(斬首臺)에 올랐다[奉淸水, 心告는 동학의 의식의 하나]. (이러한 예를 말하려면 물론 열 스물의 사람뿐이 아닐지나 요컨대 죽음에 즈음하여 초월을 행한다 함은 대개 이러한 일을 지칭함인 것만 생각하였으면 그만이다.)

　사실대로 말하면 내가 소유한 이 신체는 자기표현에 바치는 한 개의 기구에 지나지 아니하는 것이다. 따라서 이 신체의 존재가 자기생명의 표현에 아주 쓸모[用處]가 없이 되며, 또 혹 그러한 표현을 행할 여유를 가지지 못하게 될 그때에는 흔쾌히 최후의 초월을 행하여서 그 생을 한 층의 윗 단계[臺]에 인도하게 할 것이라. 세네카는 일렀으니 가르되, "누가 끝끝내 이 신체라는 감옥 내에 포로 되기를 원할 것이냐. 자유의 지경에 도달할 길은 사방에 열렸도다. 보라 저– 절벽, 저 바다, 저 우물을. 그 밑에는 자유의 서울이 누워 있도다."

　그러나 여기에 말하는 '죽음의 초월'이라 하는 것은 한갓 슬프되 흔쾌[悲快]하게 최후를 보내는 그것뿐(만)을 지칭함은 아니다. 자기의 안방에서 천년을 마치는 노야(老爺-할아범)로도 완전히 초월을 행할 수 있는 것이니, 석가모니의 죽음과 증삼(曾參-자여=증자)[i]의 죽음은 이 예의 하나가 된다.

　요컨대 죽음에 즈음하여 죽음을 지배하면 이것이 초월이며, 이와 같이 사람사람이 다 각기 자기의 죽음을 지배하게 되면 모든 인간 아니 전 우주의 심령은 특별[非常]한 속력으로 전진될 것이다.

【5. 현대 문명과 초월】

현대 문명이라 함은 주로 서구인의 문명을 지칭하는 것이다. 그런데 서구인의 문명은 인도의 타고르가 일찍이 지적한 바와 같이 성벽(城壁-전쟁: 역자주)과 기왓장[煉瓦]을 이웃하여 성장한 문명이다. 그래서 먼저 "분할[區分]하고, 다음 그를 지배하겠다."는 것이 구미 문명의 유일한 정신이다. 다시 말하면 정복과

---

i　중국 춘추시대 노나라의 유학자. 자는 자여(子輿)로 공자의 제자임. 높이어 증자(曾子)라 함. 효도를 역설하였으며, 공자의 덕행과 학설을 정통으로 조술(祖述)하여 이를 공자의 손자 자사(子思)에게 전했음. 맹자는 이 공자의 정통 도통이라고 함. 『효경』의 저자라고도 함

격리가 유일한 특질이다. 즉 국민으로부터 국민을, 계급으로부터 계급을, 지식으로부터 무지를, 자연으로부터 인간을 아주 절연히 분리하게 하였다. 그리하여 자기가 세워 놓은 장벽 바깥에 있는 모든 것에 대해서 강렬한 적개심, 시의심(猜疑心: 시기하고 의심하는 마음)을 야기하게 하여 권력의 확장을 유일의 목적으로 삼는 습관을 양성하여 왔다. 따라서 오늘날의 사람들은 그들의 온 정신을 주변 정복이라는 사건에 두고 자기 권력 확대 일방에만 절대의 노력을 기울여 왔다. 소위 자연 정복, 이민족 정복은 오늘날 사람들이 가장 즐겨하는 일이다. 그래서 그들(문명인)의 심사는 날로 독해져 가며 그들의 기계는 날로 날카로워져 왔다.

그러나 극단적으로 구분을 일삼고 권력을 주로 하는 현대의 문명은 그 앞길이 길지 못할 것이다. 자기 주위에 성벽을 쌓고 스스로 그것을 뛰어넘어 널리 다른 무엇과 통할 줄을 모르는 현대인의 운명은 비유하면 인류 아니 가장 고독한 자기 한 사람이라 칭하는, 다만 한 줄의 노끈 위를 밟고 건너가는 광대와 마찬가지로, 그의 외양은 심히 득의에 차 활발한 듯하나 그 실은 전전긍긍하여 신경과 근골(筋骨)을 긴장하면서 한 걸음 한 걸음 근근이 평형을 유지하여 나갈 뿐이다. 이러한 자의 생활에 행복과 즐거움이 있을 리 없다. 이에 그들은 우주 전체 생명을 부인하며 자기 이외의 사람과 민족과 자연을 적대시하고 도륙하면서 스스로 기쁨을 느끼는 것과 같은 병적 심리로서, 그 피곤한 신경을 지탱하여 왔다.

그러므로 현대의 사람은 자기를 위하여 활동한다 하면 활동하는 그만큼 자기 심성을 죽이며 자기 자신의 성벽을 높이 할 뿐이다. 어떻게 하면 그들이 쌓고 있는 성벽을 깨뜨릴 수 있으며, 어떻게 하면 날마다 그릇되어 가는 그들의 심리를 바르게 할까. 오늘날의 문제는 실로 여기에 있다.

그런데 이 문제를 해결하는 데는 오직 이 글에서 말하는 '초월의 진리'를 사람 사람으로 하여금 체득케 하는 데에 있다. 왜 그러냐 하면 초월이라 하는 것은 인간의 전 활동을 가장 순수한 의미에서 정화된 그것을 지칭하는 것인바 우리 인간의 일상 활동이 온전히 이 초월의 형식에 의하여 나타나는 때에는 스스로 구분을 인식할 수 없으며, 구분을 인식할 수 없는 곳에 성벽의 필요가 없기 때문이라.

동무여! 당신의 모든 활동을 종래의 악착으로부터 분리하여 완전히 그것을 정화(淨化)하라. 그래서 그 활동—새로이 정화된 활동—이 먼저 그 성벽 속에 유폐된 당신의 자아를 해방하여 우주의 대(大)자아에 접속하게 하라. 그리하여 그 대자아의 속에서 모든 동무의 자아를 방문하며 거기에서 생기는 큰 즐거움으로써 당신 일상 행로에 임하라. 초월의 근본 묘미는 실로 여기에 있다.

【6. 일상의 행사(行事)와 초월】

인간의 모든 활동을 정화하면 그 활동이 곧 초월이라 함은 앞에서 일찍 말한 바이다. 그러면 그 정화하는 도(道)가 어떠할까. (1) 인간의 모든 활동을 종래의 속악(俗惡)한 동기에서부터 벗어나게 하라. (2) 그리하여 인간의 모든 심령의 발동으로써 일상의 활동에 임하게 하라. (3) 그러면 우리의 일상은 언제든지 탁월—대담(大膽)할 것이니, 이것이 곧 우리의 활동을 정화하는 도이며, 우리의 일상 행위를 초월에 인도하는 순서이라.

내 입장에서 우리 인간의 일상 행사를 본다면 우리의 형체 속에 들어 있는 무엇이 그렇게 많지도 못하려니와 많지 못한 그것까지도 우리 일상 행사를 통하여 나타나지 못한다. 나타내려고 하지도 않는다. 그래서 사람들의 말하고 행동하는 모든 꼴—말하는 것, 웃는 것, 걸음 걷는 것, 행주좌와(行住坐臥)하는 것 기타 무엇이 너무 용쾌(勇快)하지 못하며 대담하지 못하다. 가령 어른[長者]을 위하여 나무 한 가지를 꺾는 일일지라도 고색난색(苦色難色)을 나타내며, 비록 백지 한 장을 들고 비 한 자루를 옮겨 놓는 때일지라도 그 모양은 의외에 활발하지 못한바, 마치 자기의 전 역량을 그대로 한편에 감추어 놓고 새끼손

가락 하나만으로 천근의 무거운 것을 들고자 하는 자의 작태와 같은 감이 있으며, 더욱이 이해(利害) 문제에 이르러는 주책없이 덤비며 한없이 주저하여 그 위풍이 어떻게 늠름하고 그 방식이 어떻게 정정(井井: 질서와 조리가 정연한 모양)하다 할지라도 그 장면을 둘러싸는 공기는 말할 수 없이 야비하며 천박하다. 그래서 사람의 심령은 점차로 상패(傷敗)하며 사람의 행사는 나날이 속화하며 우주의 감응은 각각으로 냉각하여 간다. 이와 같은 퇴폐의 대세를 만회하여 그 바름에 돌아오게 하는 도는 사람사람이 자기 일상 행위에서 초월을 감행하는 한 가지 방법이 있을 뿐이다.

실제의 경험에 의하면, 우리는 같은 일일지라도 내가 그 일에 당하는 심정 태도의 여하에 의하여 그 일이 의외로 어렵기도 하고 또는 쉽기도 하나니, 쉬운 그때는 즉 초월을 행한 때라. 모든 일과 모든 경우에 당하되 조금도 주저하지 말고 또는 덤비지 말며, 다만 우리 각자가 소유한 모든 심력(心力)으로써 응하면 일에 임하여[수처 얻는 즐거움과 여유와 승리를 가히 주체하지 못할 만큼 클 것이다.

그리고 초월의 세력이 맹렬한 정도로 나타날 때는 특별한 경우를 만나는 그때이다. 특별한 경우를 당하면 뛰어난 사람[偉人]은 물론 용렬한 사람[庸人]도, 용인은 물론 일반 동물도 능히 초월을 행한다 하는 것은 위에서도 잠깐 말한 바이거니와, 엄정한 의미에서 관찰하면 평상시에 있는 초월과 비상시에 있는 초월은 하나요, 둘이 아니다. 다만 전자는 초월을 행하는 당사자가 자유의사로 행하는 것임에 반하여, 후자는 그 당사자가 필연의 기세에 못 이기어 무아(無我) 비몽사몽 중[夢中]에 그것을 행하는 차이가 있음에 지나지 않는 것이다.

가만히 생각하면 우리 사람은 부단히 초월의 심리를 가지고 있다. 즉 언제든지 자기의 모든 세력으로써 상대방을 향하여 절충하고 싶어 하며, 멀리멀리 하늘[天一方]을 향하여 그 날개를 벌리고 싶어 하나니, 마치 어머니의 품을 본 새끼 새[鳥] 모양으로, 이는 우리 사람이 가진 생명력의 활동이 부단히 피안(彼

岸)을 향하여 돌진하고자 하는 까닭이라.

【7. 초월과 수양】

초월은 정화된 활동의 다른 이름이요 활동은 생명력의 발작(發作)인즉, 초월을 행하고자 하는 자는 먼저 생명력의 충실을 꾀하지 아니 할 수 없다. 웅덩이에 차지 못한 물이 그 주위로 흐를 수 없나니 초월을 행하고자 하는 자는 그에 준비하는 수양의 제일로 생명력의 충실을 꾀하여야 할 것은 물론이다. 초월은 초월이라. 일반적으로 행하는 초월의 예에 의하여 그리하기에 상당하는 여행을 떠나는 듯[竹杖芒鞋] 가벼운 차림[輕裝]을 행하지 않을 수 없을 것이다. 즉 자기 한 몸[一身]이 의용(儀容)을 항상 단정히 하고 심지(心志)를 경쾌히 할 것은 물론 먼저 자기의 뇌리에 박힌 인습 전부를 소각하고, 자기 주위에 뒤섞인 연줄 일반에 초연해야 할 것이며, 최후로 이렇게 하기에 마땅한 인생관을 가져야 할 것은 물론이다.

오늘날이야말로 세상의 사람 사람은 쓸모없는 소심(小心)과 단념(斷念)에 피폐하였으며, 이 피폐한 신경에 순간순간의 위로와 즐거움을 주기 위하여 한편으로는 토벌잔학(討伐殘虐)을 감행하며, 한편으로는 화미음일(華靡淫佚: 사치하고 음란 방탕함)을 일삼으니[是事] 전자를 적극적인 타락이라 하면 후자를 소극적인 타락이라 할 것인바 양자가 그 모양은 서로 다르나 인간으로 하여금 타락을 야기하기는 모두가 한가지라.

인간으로서의 타락! 과연 얼마나 끔찍한 말이냐. 이를 구제하고 치유하는 한 방책으로 나는 대담히 이 글을 간단히 제시[草]하는 바이다. 나의 심중에는 그럴 듯한 답인이 떠오르지 않는 것도 아니지만, 아직까지의 나는 불행히 이 답안을 가장 명료하게 적을 수양과 여유를 가지지 못하여 우선 거친 붓으로써 그 윤곽만을 보이고 마는바, 말은 거칠지만 뜻은 깊을까 하노니, 자기의 영(靈)

을 크게 하고 우주의 영(靈)을 거룩하게 하기에 봉사하는 일도(一道: 한가지 길)
로써 다 같이 이 문제의 연구 실행에 착미(着味: 맛을 들임, 취미를 붙임)함이 있기
를 모든 인간의 이름으로 간구한다.

【해설】

이 글은 이 우주 삼라만상의 존재 방식이 유동-활동-초월의 삼 단계로 성장-
성숙하는 것으로 구분한다. 유동은 만물[물질]이 태생적으로 존재하는 양상
이며, 활동은 자극이나 의지에 의하여 움직이는 것이며, 초월은 유동과 활동이
라는 자연적인 상태를 넘어서는 특별한(기적적인) 활동 양상을 말한다. 김기전
은 이 우주는 유동-활동-초월의 순서로 그 수준이 향상-심화하며 성장하고,
인간의 성령(性靈)은 그중 초월적 양상을 대표하는 현상이라고 말한다. 그런데
이 세 양상은 또한 이 우주에 동시적, 상호보완적으로 현존하는바, 인간은 오
랫동안 이 중에서 인간이 특징적으로 감당해야 할 '초월적 영역'을 상실하고
'활동'에 급급하여 현대문명의 온갖 적폐를 양산하고 구애되어 왔다고 지적
한다. 그러나 한편으로 초월은 활동으로부터 이탈한 별계(別界)가 아니라 활
동을 포월(包越)하는 것인바, 활동, 즉 인간사회에서의 일상적인 삶에서 지극
한 정성과 순수함 그리고 머뭇거림 없이 약진하는 데서 이루어지는 것이라고
강조한다. 김기전은 '죽음' 또한 그것을 지배하게 되면 '초월'의 중요한 한 부
분이라고 보며 그 실례로 역사상의 순도자(殉道者)의 사례를 열거한다. 반면에
현대 문명에서 이르러서는 '분할 – 지배'가 문명의 근저를 차지하고 작동하면
서 현대 역사는 정복과 자기 확장으로 점철하면서 오히려 사람과 사람, 나라
와 나라, 사람과 자연이 서로 자기 장벽 속에 갇혀 파괴와 분열을 일삼고 결국
은 행복과 즐거움으로부터 멀어진 파탄에 봉착하고 말았다고 진단한다. 그리
고 이에 대해서는 "성벽 속에 유폐된 당신의 자아를 해방하여 우주의 대(大)

자아에 접속하게 하라. 그리하여 그 대자아의 속에서 모든 동무의 자아를 방문하며 거기에서 생기는 큰 즐거움으로써 당신 일상 행로에 임하라. 초월의 근본 묘미는 실로 여기에 있다."라고 하여 '대자아'에로의 초월을 권장한다. 이는 일찍이 수운 최제우 선생이 당대의 세태를 각자위심(各自爲心)이라고 파악하고 이를 돌이켜 동귀일체(同歸一體=天人一體)를 회복하는 것이 '다시 개벽'임을 설파한 것을 떠올리게 한다. 이는 일상의 속악한 동기를 벗어내고 심령(心靈)을 발동하여 일상을 정화(淨化)함으로써 본래아(本來我=無窮我=한울로서의 나)를 회복하는 것으로 가능해진다. 또한 "초월은 정화된 활동의 다른 이름이요 활동은 생명력의 발작(發作)인즉, 초월을 행하고자 하는 자는 먼저 생명력의 충실을 꾀하지 아니 할 수 없다."고 말한다. 이 생명력의 충실을 꾀하는 활동이 바로 수양(修養)이다. 김기전은 당대의 인간이 한편으로는 침략 전쟁을 비롯한 자기 확장을, 다른 한편으로는 현대문명(물질문명)에 취하여 방탕하고 음란하며 제멋대로 살아가는 '활동'을 '정화'함으로써 대자아, 혹은 전 지구적인 소통과 조화의 삶을 회복하는 것이 바로 '초월적인 삶'이라고 강조하며, 활동을 포월하는 초월의 삶을 제안한다. 이 글의 핵심어로 '초월 – 의지 – 힘'과 같은 용어가 쓰인 데서도 알 수 있듯이, 이 글에는 당대 조선 사회에서 큰 호응을 얻고 있던 니체의 초인(超人)-초월주의(超越主義)의 느낌이 묻어나지만, 또 한편으로는 이를 동학-천도교의 성령-대자아-수양 등의 용어로써 재해석하여 수용하고 있다는 점도 분명하다. 김기전이 파악한 당대-현대문명의 폐해는 '전 지구적 파멸'을 야기하고 있다는 점, 그리고 그 대안으로 인간의 '초월적 수양'을 강조하고 있다는 점에서, 이 글은 100년의 시간을 건너와서, 지금-여기에서도 여전히 생생(生生)한 살과 활활(活活)한 피가 느껴지는 글이라고 할 수 있겠다.

김명옥

◈ 10여 년 전부터 개벽 원문 읽기를 하고 싶었으나,
게으름과 강제성이 없으면 움직이지 않은 성향 탓으로
실천하지 못했습니다 ◈ 후배가 개벽 원문 읽기 모임을
소개할 때는 일이 많고, 공부 모임에 빠지게 되면 함께 하는
이들에게 피해를 줄까 봐 망설였습니다 ◈ 뒤늦게 참여한
것을 후회하며, 1920년대의 시공간을 드나들고 있습니다
◈ 당대의 지식인 눈으로 그때 그 시절을 '읽어가는' 시간을
소중히 여깁니다.

시侍 자 문답

원암재(오지영)
박길수

천도교회월보
제2호(1910.9.15)/제3호(1910.10.15)/제6호(1911.01.15)

문1 한울[ㅎ늘]은 스스로 한울이요 사람은 스스로 사람이거늘, 한울을 사람이 모셨다 말함은 어찌된 일입니까?

답1 하늘은 사람으로 말미암아 하늘이요 사람은 하늘로 말미암아 사람이니 사람의 성령(性靈)과 육신(肉身)이 곧 모신 하늘이십니다.

문2 성령과 육신이 하늘이신 자취[증거]가 어디 있습니까?

답2 사람이 말하고 활동하는 것[言語動靜]과 수족을 구부리고 펴는 것[手足屈伸]은 다 한울이 하시는 바입니다.

문3 사람이 활동하고 움직이는 것[動靜屈伸]은 사람이 하는 것인데, 어찌 한울이 하신다고 합니까?

답3 사람은 유형한 한울이요 한울은 무형한 사람이니, 사람은 곧 한울이요 한울은 곧 사람이라. 어찌 무형한 한울은 알고, 유형한 한울은 알지 못합니까?

문4 한울 속에 한울 모신 자가 사람뿐이겠습니까?

답4 사람 이외에 만물이 다 한울 아니 모신 것이 없습니다.

문5 만물도 한울을 모셨다 한다면 어찌 홀로 사람이 한울을 모셨다 말합니까?

답5 사람은 만물 중 특별히 신령하여 한울 모심을 알고, 만물은 지극히 어리석어 모셔도 한울 모신 줄을 알지 못하는 것입니다.

문6 세상 사람이 다 한울을 모셨거늘, 어떤 사람은 모심을 알고 어떤 사람은 모심을 알지 못하는 것입니까?

답6 사람이 대개 한울 속에 있으나 다만 먼저 깨달은 사람[先覺]과 뒤에 깨달은 사람[後覺]의 구별이 있으니, 한울 모신 줄 먼저 아는 자가 알지 못하는 후인을 일깨워 가르치는 것입니다.

문7 사람이 정녕히 한울을 모셨을진대, 한울은 예와 지금[古今]이 일반이라, 어찌하여 이 시대에 비로소 모셨다 하는 말이 세계에 반포되는 것입니까?

답7 한울은 이치가 하나로되 때가 다름이 있고, 성인의 도(道)는 한가지로되 행함이 다름이 있습니다.

문8 도(道)라 하는 것은 무엇입니까?

답8 한울이 품부하신 만물 가운데 가장 정대하고 광명한 큰 길을 세계에 통달한 것입니다.

문9 만물이 다 한 가지 이 길로 다니나이까?

답9 사람 외에 다니는 것이 없습니다.

문10 초목조수곤충은 사람과 한가지로[똑같이] 세상에 처하지 아닌 바가 아니거늘 어찌하여 이 길을 다니지 못합니까?

답10 초목은 움직이지 못하는 것[不動物]이라 길 아닌 데 처하며, 조수곤충은 동물이지만 감각력이 희미하여 반계곡경(盤溪曲徑)[1]과 험로위경(險路危徑)[2]을 자행자지(自行自止)[3]합니다.

문11 사람이 이목구비도 서로 같고 사지백체도 서로 같은데, 어떤 사람은 이 좋은 길로 가고 어떤 사람은 저 희미한 길로 갑니까?
답11 사람의 겉모습[形容]은 하나이지만 마음이 서로 같지 못하여 상-중-하의 차별이 스스로 있나니, 상등 사람은 가르치지 아니 하여도 이 길로 가고, 중등 사람은 가르친 후에 가고, 하등 사람은 가르쳐도 오히려 가지 못하는 것입니다.[4]

문12 사람이 사람 다니는 길로 가지 못하면 어느 길로 갑니까?
답12 이 사람은 새와 짐승, 곤충[鳥獸昆蟲]이 다니는 길로 한가지로 돌아갑니다.

문13 그러면 세계에 큰 길로 다니는 사람이면 저 사람들을 어떻게 대우합니까?
답13 사람이 다 이르기를 저 사람은 조수곤충과 동등하다고 봅니다.

문14 성인은 하늘의 대표(代表)요 선각이라, 사람이 저 금수와 같이 가는 것을

1 　"소용돌이치는 계곡과 구불구불한 길"이라는 뜻. 인간에 있어서는 일을 바른 길을 좇아서 순탄하게 하지 않고 정당하지 않은 방법으로 그릇되고 억지스럽게 함을 이르는 말.

2 　험난하고 위태로운 길. 인간에 있어서는 요행을 바라고 무리하게 일을 진행하는 것을 이르는 말.

3 　계획 없이 가거나 서거나를 함. 사람에게 있어서는 예의규범이나 사회질서가 없이 제멋대로 함을 이르는 말.

4 　cf. 『동경대전』 「수덕문」, "元亨利貞 天道之常 惟一執中 人事之察 故 生而知之 夫子之聖質 學而知之先儒之相傳 難有困而得之 淺見薄識 皆由於吾師之盛德 不失於先王之古禮(원형이정은 천도의 떳떳한 것이요, 오직 한결같이 중도를 잡는 것은 인사의 살핌이니라. 그러므로 나면서부터 아는 것은 공부자의 성인 바탕이요, 배워서 아는 것은 옛 선비들의 서로 전한 것이니라. 비록 애써서 얻은 천견박식이라도 다 우리 스승의 성덕으로 된 것이요 선왕의 옛 예의를 잃지 아니한 것이니라." 생이지지, 학이지지, 곤이득지와 같은 말은 〈중용〉이나 〈논어〉에도 수차례 나온다.

어찌 (그냥) 보십니까?

답14 그러므로 성인이 종교(宗敎)를 베풀어 인간세상[人界]에 반포하셨습니다.

(이상 제2호)

문15 종교는 성질이 어떠합니까?

답15 내 몸에 모신 한울님[하늘님]⁵을 신앙(信仰)하여 영세토록 불망하는 것입니다.

문16 신앙은 무엇입니까?

답16 나의 사상, 화복, 고락을 순전히 한울[하늘]이 (주장)하시는 것으로 아는 것입니다.

문17 사람의 사생, 화복, 고락이 한울에 매였다는 증거가 무엇입니까?

답17 몸은 내 몸이나 한울이 만일 영혼을 거두시고, 호흡을 통하여 주시지 아니하면 죽었다 할 것이요, 영혼이 모셔 계시고 호흡을 통하게 하여 주실진대 살았다 할 것이요, 성령(性靈=以心, 天心: 역자주)이 마음(治心, 人心: 역자주)을 따라 악한 땅에 빠지면 재앙과 고생이 돌아오고, 성령이 마음을 단속하여 착한 땅에 거하면 복록과 안락에 이르게 됩니다.

문18 신앙하는 절차(의 종류: 역자주)가 얼마나 됩니까?

답18 사람의 억천만사에 (조응하므로) 그 수가 무궁합니다.

문19 신앙하는 도리를 가히 드러낼 수 있습니까?

---

⁵   2호에서는 '후눌'의 용례만 보이는데, '하눌님'이라는 용례가 여기서 처음 보인다. 사람이 곧 '한울'이라고 할 때는 '후눌'을 '신앙의 대상'을 지칭할 때는 '한울님[하눌님]'을 쓰는 것으로 보인다.[홍승진 說]

답19 첫째, 식고(食告)이니 밥은 하늘이 주신 바라. 감히 먼저 먹지 못하고 한울님[하늘님]께 고한 후에 비로소 먹습니다.

문20 식고는 사람의 도리로 하는 것인가, 무슨 진득[진덕, 긴밀한]한 이치가 있는 것입니까?

답20 사람의 도리라 할 것도 있거니와, 한울님[하늘님]이 응감하시는 이치가 있습니다.

문21 응감하는 자취가 어디 있습니까?

답21 지성이라야 감천이며 응감하는 자취는 무위화기(無爲和氣) 가운데 내가 살아도 내가 스스로 알지 못하는 것입니다.

문22 천도교인은 모두 다 식고를 할 터이니 식고하는 사람이 모두 징험(徵驗)을 보았습니까?

답22 식고하는 사람은 다 징험을 보았습니다.

문22 식고하다가 중도에 그만두는[半途而廢] 사람도 징험을 보았다 할 수 있습니까?

답22 이 사람은 식고에 정성이 있었다 말하지 못할 것입니다.

문23 한 번 식고나 열 번 식고나 식고는 매한가지이거늘 어찌 한울님이 후박(厚薄)을 두십니까?

답23 한울님이 어찌 후박을 두시겠습니까? 내가 내게 후박이 있게 하였을 뿐입니다.

문24 식고 외에 또 무슨 고(告)함이 있습니까?

답24 출입할 때 심고[出入告]와 잠잘 때 심고[就寢告]와 잠자리에서 일어날 때 심고[起寢告]와 말할 때의 심고[言語告]며 백천만사에 고하지 아니하는 일이 없습니다.

문25 천도교 믿는 집안[敎家]의 제사 예절은 어떠합니까?
답25 신주는 없애고 제사상은 향아설위(向我設位)로 합니다.

문26 사람은 사람이요 귀신은 귀신이거늘, 귀신을 대하여 지내는 제사를 어찌 사람에게 향하여 베푸는 것[設位]입니까?
답26 한울님[하늘님] 말씀이 '귀신도 나라'고 여기시니 천지부모 일체시라. 부모의 신령과 육신이 이미 내게 모셔 계시니 허공을 향하여 제상을 설치함은 (근거가: 역자주) 대단 희미합니다.

문27 공자, 불자, 노자는 다 성인이라, 이치를 통달하였을 것인데, 다 향벽설위로 한 것은 무슨 까닭입니까?
답27 다 그 때가 있는 것[時在 時在]입니다. 공자, 불자, 노자는 한울[하늘]과 사람이 나뉘어 특별히 위한 사상은 있고, 모셨다 한 말씀은 없으셨습니다.

문28 공자, 불자, 노자는 성인이라, 어찌 사람이 한울님 모셨다는 말씀이 없었습니까?
답28 천시(天時)와 인사(人事)가 다름이 있나니 성인이 그 때에는 시대 조류[時潮]의 마땅함을 따라 가르치신 것입니다.

문29 천도교와 유불선교의 관계가 어떠합니까?
답29 선천으로 보면 한울[하늘]이 유불선 세 가지로 나뉘어 있고, 후천으로 보면 유불선 세 가지가 하늘 속에 도로 들어온 것입니다.

문30 선천에는 어찌 나뉘어 있고 후천에는 어찌 합하여 있게 되었습니까?

답30 선천은 (인지 발달의-역자주) 정도가 유치해서 각자 주견을 세우고, 후천은 (인지의) 범위가 광대해서 통합 의견이 발생한 것입니다. (이상 3호)

문31 선천에 각각 나누어 보고[各見] 후천에 모두 합하여 보는[合衆] 목적이 어디 있습니까?

답31 선천 각견은 선도는 양생주의(養生主義)로 기운을 호흡하여 불로불사 할 방법으로 티끌세상[塵世]를 초탈하리라 하고, 불도는 깨달음[悟覺] 주의로 마음을 곧게 세워 불생불멸할 방법으로 업장(業障)을 해탈하리라 하고, 유도(儒道)는 정치주의로 윤리를 제정하여 수신제가치국평천하[修齊治平]의 방법으로 세계를 조직하리라 한 사상입니다. 후천 합중은 도량을 정결하게 하여 신선한 공기를 마시며, 영부영약으로 장생불사할 방법을 지으며, 성령을 수련하여 마음을 굳게 지켜 영통할 거울을 조성하며, 육신은 마음[心君]의 광명정대한 지휘를 받아 천국천민의 자격을 지키는 것입니다.

문32 유불선 삼도를 편벽되이 믿는 사람들[人族]은 어찌됩니까?

답32 이 사람은 내 몸에 갖춰져 있는 삼도를 다 찾지 못한 것입니다.

문33 유불선 삼도를 합중한 도를 무엇이라 부릅니까?

답33 천도교라 부릅니다.

문34 선자도 한울[ㅎ날]을 말하였고, 불자도 한울을 말하였고, 유자도 한울을 말하였거니 어찌 홀로 천도교라 칭합니까?

답34 유불선 삼도는 천도의 한 부분을 지키었고, 우리 교는 천도의 대부분을 꿰뚫어 관활하였기 때문입니다.

문35 사람이 각기 나뉘어 있던 세 가지 교가 이제 어찌 합하여 돌아오게 된 것입니까?

답35 한울님[ᄒ늘님] 말씀이 광제창생하고 포덕천하하리라 하셨으며 대신사 말씀이 산해대운이 다 이 도에 돌아온다 하셨으니 한울님과 대신사는 결코 나를 속이시지 아니하십니다. 이제 동서양 사람과 만물이 교통 왕래함을 보지 못합니까?

문36 세계 만국이 다 각기 자기 사상을 주장하고 자기 종교를 신앙하나니 그 마음을 어찌 하겠습니까?

답36 한울[하날] 속에 사는 사람[人族]이 한울님[하날님] 명령을 결국에는 어길 자가 없습니다.

문37 한울님 명령이 어떤 것입니까?

답37 수심정기(守心正氣)하고 재차 생각하여야 비로소 천어(天語)를 듣는 것입니다.

문38 한울님 말씀이 사람의 말씀과 한가지입니까?

답38 한울[하늘]은 곧 사람이요 사람은 곧 하늘이라 언어가 한가지로 나오는[發] 것입니다.

문39 한울과 사람이 한가지일진대 세상 사람이 다 한울이십니까?

답39 그러할 이치가 있으리오? 지성으로 한울님을 모셔 확실히 지키는 사람에게 한울님이 계십니다.

문40 한울님 모셔 지키는 방법은 무엇으로 합니까?

답40 성경신법(誠敬信法) 네 과정을 일시도 잊지 말고 염념불망(念念不忘)하는 것입니다.

문41 성경신법은 무엇입니까?

답41 정성 성, 공경 경, 믿을 신, 법 법, 네 글자니 한울님께 정성하며 한울님을 공경하며 한울님을 믿으며 한울님을 법 받아 일일이 한울이요 말말이 한울이면 나도 또한 한울입니다.

[편역자 주]

'시자(侍字) 문답'은 『천도교회월보』에 3회에 걸쳐 연재된, 41개의 문답으로 구성된 글입니다. 1910년대, 천도교의 근대적 교리가 체계를 잡아가는 시기에 천도교 교리의 핵심이 이미 모실 시(侍) 한 글자로부터 시작됨을 인식하고 있음 보여줍니다. 또한 이 시(侍) 자로부터 시작되는 다양한 주제를 통해 천도교 교리를 이해하고, 이해시키고자 기획된 글입니다. 당대에 천도교에 입교하는 사람이나, 천도교를 비판하는 사람이 모두 '사람이 한울님을 모셨다'는 말과 '사람이 곧 한울이요, 한울이 곧 사람'이라고 하는 천도교 교리에 대하여 깊은 감동과 의구심을 동시에 느끼고 있음을 보여줍니다.

이 글은 시, 즉 한울[天]을 모셨다는 말에 대한 문답으로부터 출발하여 도(道), 교[宗敎]에 대한 이해로 나아가 '천도교론'을 말하고, 이어서 식고(食告), 출입, 취침, 기침, 언어의 심고[出入告, 就寢告, 起寢告, 言語告]와 만물의 심고, 향아설위(向我設位), 선천과 후천, 천도교와 유불선의 관계, 천도교 신앙과 종교적 목적, 천도교의 수양법 등을 두루 말합니다. 각각의 문답은 앞의 문답과 계기적으로 연속성을 띠고 있습니다. 그러므로 이 글은 전체적으로 여러 개의 문답으로 구조적으로 기술해 놓은 한 편의 '천도교론'이라고 해도 좋습니다. 이 글은 당대 천도교에 입교자나 천도교에 대한 회의론자를 위한 글이기도 하지만, 천도교인 스스로가 천도 교리를 내면화하고 자신(自信)의 근거를 다지기 위한 글이라고 할 수도 있습니다.

이 시자문답에 보이는 천도교 수행법의 핵심은 '심고'(식고)입니다. 즉 아직은 주문수련을 통한 (강령-강화-)자천자각-해탈-견성(각심)이라는 심화된 수도법이나 수도의 단계에 관한 관념이 보이지 않습니다. 이러한 수도법을 상세히 전개하는 <무체법경>이 1909년에 간행되었으나 아직 보편화되지 않았던 사정과도 관련이 있어 보입니다. 오늘날은 제도종교의 측면이나 교리에 대한 공부보다는 영성의 계발이나 수행(수양)이 종교 활동의 주요 양식으로 주목을 받고 있습니다. 천도교는 그 태생에서부터 영부와 주문을 통해 시천

234

주를 직각하고 조화정을 체득하여 만사지의 삶을 살아가는 것을 주요한 특성으로 한다는 점에서 일상에서의 수양, 수도, 수련이 중요한 요소라고 할 수 있습니다. 이런 점에서 이 글에서 보이는 심고(식고)의 수양적인 의의와 가치는 다시 한번 주목할 필요가 있습니다.

이 글의 최종 편역은 필자가 하였으나, 그동안 '천도교회월보' 읽기 과정에서 시도되었던 여러 사람의 노력의 결과를 토대로 한 것임을 밝혀 둡니다. 이 글 원문에서 '天(천)'은 "ㅎ날/ㅎ눌/하눌/ㅎ날/하날(님)" 등이 모두 사용되어, 매우 혼란스러운 형태를 보입니다. 모두 한울(님)으로 통일하고, 필요한 위치에 [ ] 안에 원문 표기를 밝혔습니다.

'서구의 것이냐 우리만의 것이냐'라는 선택지는 올바르지 않은 선택지일 수 있다. '우리만의 것'에 집착하는 사고방식은 배타적 민족주의, 순혈주의, 인종주의 등의 위험에 빠질 수 있기 때문이다. 그보다 더 근본적인 문제는 '무엇이 근대성의 문제점을 극복할 수 있느냐'이지 않을까? 검은 고양이든 흰 고양이든 쥐만 잘 잡으면 된다. '서구' 자체가 쥐는 아니다. '서구적 근대성'이 바로 그쥐다. 더 정확히 말하자. 서구적 전통 속에도 고통의 원인이 되는 전통(쥐)뿐만아니라 고통을 겪은 자들의 전통(고양이)이 분명 존재할 것이고, 동양에도 고통을 겪은 자의 전통(고양이)뿐만 아니라 고통의 원인이 되는 전통(쥐)이 있을 것이다. 그렇다면 동양의 고양이와 서구의 고양이가 힘을 합해야 한다. 쥐를 잡는 방법은 다양할수록 좋을 것이다. (이러한 측면에서 '서구의 쥐 잡는 방식만이 세련된 것이고 한국의 쥐 잡는 방식은 후진 것'이라는 획일적·수동적·관습적 사고가 오늘날까지도 만연한 것은 큰 문제이다.) 그 고양이를 '억압받는 자의 전통'이라 부르고 싶다. 동서양의 쥐 같은 것이 '억압하는 자의 전통'일 테고.

서구 근대를 우리가 따라잡아야 할 모델로 삼는 태도는, 서구 근대가 그동안 수많은 한계를 드러내어 왔다는 점에서도 문제이지만, 우리의 창조성이 발화되지 못하게 한다는 점에서도 문제라고 생각한다. 새로운 정치·경제·학문·문화의 창조는 서구에서만 이루어지고, 나머지는 그것을 모방/수입/유통만 하면 충분하다고 생각하게 될 위험이 큰 것이다. 이처럼 서구가 창조한 모델에 나머지가 맞추기만 하면 된다는 서구중심주의는 일종의 전체주의가 아닐까? 수동적 자아를 넘어서 능동적 자아가 되는 것이 전체주의 사회의 위험에서 벗어나는 길이라면, 그것은 곧 모방하는 자아에서 창조하는 자아가 되는 것과 상통한다고 볼 수 있겠다.

편집위원의 인원수 부족 등과 같은 문제 때문에 이번 제6호(봄호)의 발간이 너무나도 늦어졌다. 독자 여러분께 진심으로 죄송하다는 말씀을 올린다. 제7

호(여름호)부터는 새로운 편집위원 두 분을 모시기로 하였다. 창간호에서 계획한 바와 같이, 『다시개벽』의 매 여름호는 기후위기에 맞서 생명과 살림의 문명을 모색하는 사유의 자리가 되고자 한다. 살림 문명으로의 참된 전환은 인간과 자아에 관한 낡은 통념을 근본적으로 바꾸는 데에서 출발해야 한다. 동학에서 자아를 '하늘님을 모신 존재자'로 새롭게 규정하는 것처럼. 서구에서는 이에 관한 논의가 20여 년 동안 이어져 오고 있다. 제7호에서는 그 논의를 이끈 중요 이론가 중의 하나인 브뤼노 라투르를 소개할 예정이다. 이론을 소개하는 글뿐만 아니라 죽임 문명과 살림 문명이 삶의 구체적 현장 속에서 어떻게 벌어지고 있는지를 증언하는 글도 7호에 실을 것이다.

홍박승진

정기구독 안내

『다시개벽』을 함께 만드는
동사(同事)가 되어 주십시오.

정기구독 혜택

1. 10% 할인된 가격으로 구독할 수 있습니다.
2. 구독 기간 중 가격이 오르더라도 추가 부담이 없습니다.
   (기본 배송비 무료, 해외/제주/도서/산간 지역은 배송비 추가)
3. 다양한 이벤트와 혜택의 우선 대상이 됩니다.

2022년 정가 및 구독료 인상 안내

1. 2022년 봄호(제6호)부터 『다시개벽』 가격이 인상되었습니다
   12,000원 ⇒ 15,000원 / 1권
2. 이에 따라 정기구독료도 변경되었습니다
   1년(4개호) 55,000원
   2년(8개호) 110,000원
   3년(12개호) 165,000원

정기구독 신청 방법

전화   02.735.7173(도서출판 모시는사람들)

이메일   sichunju@hanmail.net

인터넷   https://forms.gle/j6jnPMzuEww8qzDd7

             (오른쪽의 QR코드를 통해 정기구독 신청)

위의 방법으로 신청 후 아래 계좌로 구독료를 입금해 주시면 정기구독 회원이 됩니다.

계좌정보

국민은행 817201-04-074493

예금주: 박길수(도서출판모시는사람들)

책을 만드는 사람들

발행인	박길수
편집인	조성환
편집장	홍박승진
편집위원	성민교 안마노 이원진 조성환 홍박승진
편집자문위원	가타오카 류 김용휘 김인환 박맹수 박치완
	방민호 손유경 안상수 이우진 차은정
편집	소경희 조영준
아트디렉터	안마노
멋지음	이주향
마케팅 관리	위현정

다시개벽 제6호

발행일	2022년 3월 31일
등록번호	종로 바00222
등록일자	2020.07.28
펴낸이	박길수
펴낸곳	도서출판 모시는사람들
	서울시 종로구 삼일대로 457 (경운동 수운회관) 1207호
인쇄	(주)성광인쇄 (031.942.4814)
배본	문화유통북스 (031.937.6100)

도서출판 b의 여성주의 인문학

상상적 신체

모이라 게이트스 지음 | 조꽃씨 옮김 반양장본, 319쪽, 값 20,000원

페미니즘 이론의 난점 가운데 하나인 '젠더-섹스' 이분법을 넘어서 양자를 통합적으로이 해할 수 있는 지평을 열었다. 섹스-젠더가 전제하고 있는 신체-정신 더 나아가 수동-능동, 자연-문화 등과 같은 서구의 유서 깊은 이분법은 한 편의 항에 가치를 부여하고 다른 항을 억압하는 작용을 해왔다. 따라서 게이트스는 '섹스의 대립물로서의 젠더'를 대체할 새로운 개념을 모색한다. 그것이 바로 이 책의 제목이기도 한 '상상적 신체'이다.

해러웨이, 공-산의 사유

최유미 지음 양장본, 303쪽, 값 22,000원

도나 해러웨이는 동물학·철학·영문학을 공부하고 생물학사와 생물철학 연구로 박사학위를받은 뒤, 산타크루즈 캘리포니아대학에서 과학사와 여성학을 가르친 학자다. 복잡한 이력에서 짐작할 수 있듯이, 학문의 장벽을 넘나드는 융합적 사유로 페미니즘 이론의 전선을확장했다는 평가를 받는다. 최유미 씨가 이 독특한 페미니즘 이론가의 저작들을 따라가며 그의 사상을 깊숙이 들여다본다.

원문보기:여자들의 무질서

캐롤 페이트먼지음 | 이성민, 이평화 옮김 반양장본, 348쪽, 값 22,000원

페미니즘의 고전. 쉬운 사례로 지금까지도 수많은 미디어와 문화 텍스트들은 여성들의 '노'를 '예스'로 해석한다. 페이트먼은 '여자들의 문제'를 단순히 '여성쟁점'으로서가 아니라 민주주의 이론의 급진화의 계기로 사유할 것을 제안한다. 혁명적 사고의 전환 없이는 어떤 사회의 발전도 여성의 배제와 종속이라는 딜레마에서 벗어날 수 없다는 게 저자의 지적이다.

여자가 없다고 상상해봐

조운 콥젝지음 | 김소연, 박제철, 정혁현 옮김 양장본, 423쪽, 값 25,000원

라캉주의 정신분석학자 조운 콥젝은 충동과 윤리를 매개하는 수단으로 승화라는 개념을 끄집어낸다. 콥젝은 프로이트에게서 승화 개념이 불충분하게 발달되었다고 진단하고, 승화를 통해 우리의 결점을 꾸짖기 위해 초자아가 설정하는 상상적 이상들에 대한 우리의 굴종을 촉진시키는 그런 감정들로부터 정화될 수 있다고 말한다. 정신분석에서 통상 초자아는 윤리의 자리였지만, 콥젝은 초자아로부터의 해방을 승화와 연결시킨다.

도서출판 b 08772 서울시 관악구 난곡로 288 남진빌딩 302호 I 전화: 02-6293-7070 I 팩스: 6293-8080 I 메일: bbooks@naver.com I 웹: b-book.c

<해월 치시령>, 김용운, 2021
파스타이프그라피배젠 소장

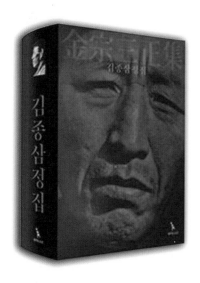

열두 가지 주제로 들여다본 한국 디자인의 현실

디자인평론가 최 범의 『한국 디자인 뒤집어 보기』

디자인으로 본 한국 사회
사회로 읽은 한국 디자인

우리나라 어느 도시에 살든 길거리 조잡한 간판이나 기괴한
조형을 보며 한 번쯤 눈살 찌푸린 적이 있을 테다.
어쩌다 한국의 공공 시각문화는 이런 모양새가 되었을까?
한국의 공공 디자인은 시민과 교감하지 못하게 되었을까?
『한국 디자인 뒤집어 보기』는 이 같은 질문을 따라 어그러진
한국의 디자인 풍경을 근현대사와 그간 있었던 이슈를 통해
낱낱이 살펴본다.

최 범의 『한국 디자인과 문화의 전환』『한국 디자인의 문명과
야만』『한국 디자인 신화를 넘어서』『한국 디자인 어디로 가는가』
『한국 디자인을 보는 눈』을 이은 여섯 번째 디자인 비평서이며
날카로운 사회 비평서이기도 하다. 더욱이 이 책은 단순히
디자이너만의 이야기가 아닌 민주주의 공화국에서 살아가는
시민 모두의 이야기이기도 하다.

안그라픽스

https://agbook.co.kr/books/

Instagram @ahngraphics

시대의 사유를 통한 현실인식의 가능성

오늘의 시인에게 필요한 것은 일상과 물신의 안에 깊숙이 들어가서 그 너머의 것을 볼 수 있는 마음의 눈이라고 말한다. 그에 따라 저자는 현실에 대한 비판적인 관심을 보여온 작품을 살펴 이 시대의 내면적 사유가 일구어낼 수 있는 현실 인식의 가능성을 타진한다. 한국 시가 가야 할 길을 모색하고 본원적인 성찰의 시선이 필요한 오늘날, 인간적인 삶과 세상을 위해 분투하는 시인들은 보다 나은 환경을 새로 구축해야 할 것이다.

환경의 재구성

:현대시의 현실주의적 지향과 비판적 기능성

박윤우 평론집

http://www.prun21c.com   http://blog.naver.com/prunsasang   푸른사상
PRUNSASANG

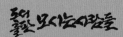

방정환과 어린이 해방 선언 이야기

돋는 해와 지는 해를 꼭 보기로 해요

> **나는 이 선언에 담긴 정신을 우리 겨레와 나라는 물론 세계 인류 발전을 위해서라도 깊이 살펴서 실천해야 한다고 생각한다.** —여는 말 중에서

1923년 5월 1일 '제1회 어린이날'에 반포되어 널리 선전되었던 "어린이 선언"으로부터 100주년을 앞두고, 그 선언의 현재적인 의미와 세계적인 의미를 돌아보면서, 오늘 우리 사회 어린이들이 처한 현실을 이해하고, 어린이가 더 살기 좋은 미래를 전망한다. 당시의 어린이 선언 한 구절 한 구절을 깊이 음미하면서, 그 이후 지속적으로 계승되었던 여러 종류의 어린이 선언을 비교하며 고찰하고 또 세계 전역의 어린이 선언과도 비교하여, 방정환이 중심이 되었던 100년 전 어린이 해방선언의 선구적인 성격을 흥미진진하게 풀어나간다. 어린이는 약자이지만, 미성숙한 존재가 아니라 온전한 인격체로서 대우받아야 함을 저자의 생각과 연구와 삶을 통해 드러낸다.

이주영 지음
224쪽 | 13,000원

*전국 주요 서점에서 구입할 수 있습니다.

일제 강점기부터 팬데믹 시대까지,
대한민국의 희로애락을 함께한
천도교중앙대교당 100년 이야기 출간*!!*

이동초 · 박길수 편저 | 개벽라키비움 · 동학천도교사전연구회 기획 | 928쪽 | 100,000원
구입문의 : 도서출판 모시는사람들 TEL 02-735-7173 FAX 02-730-7173

1921 — 2021